Dr. Willy Cullmann

Kakteen

Einführung in die Kakteenkunde
und Anleitung zu erfolgreicher
Kakteenkultur

Vierte Auflage
332 Schwarzweiß- und 60 Farbfotos
13 Zeichnungen

Verlag Eugen Ulmer Stuttgart

Die Bilder in diesem Buch entstanden zum größten Teil in der Sammlung Dr. Cullmann, viele auch in den Sammlungen Andreae (Bensheim), Delrue (Menton, Côte d'Azur), Hösslinger (Nürnberg) und Katzenberger (Leinach); sie stammen, soweit nichts anderes vermerkt, vom Verfasser, ebenso wie die Zeichnungen.

CIP-Kurztitelaufnahme der Deutschen Bibliothek

Cullmann, Willy
Kakteen: Einf. in d. Kakteenkunde u. Anleitung zu erfolgreicher Kakteenkultur. – 4. Aufl. – Stuttgart: Ulmer, 1976.
ISBN 3-8001-6080-3

Printed in Germany
Schutzumschlag: Alfred Krugmann, Stuttgart
mit einem Foto von Dr. Willy Cullmann
Satz und Druck: Tübinger Chronik, Tübingen

lichen unverändert, jedoch mit einigen Ergänzungen (siehe Seite 276) und einer Anzahl weiterer Farbaufnahmen (s. Seite 48–55) neu aufzulegen.
Die wichtigsten letzten Forschungsergebnisse in der Systematik sollen jedoch bereits hier erwähnt werden:

Die Gattung *Arequipa* Br. et R. wurde von BUXBAUM in die Gattung *Oreocereus* A. Berger einbezogen;
die Gattung *Bolivicereus* Card. wurde durch BUXBAUM als Untergattung zu *Borzicactus* Riccob. gestellt;
die Gattung *Cullmannia* Distef. wurde von BUXBAUM in die Gattung *Peniocereus* (Berg.) Br. et R. einbezogen;
die Gattung *Hildewintera* Ritt. wurde von BUXBAUM als Untergattung zu *Loxanthocereus* Backeb. gestellt;
die Gattung *Islaya* Backeb. wurde durch DONALD und ROWLEY (nicht unbestritten!) als Untergattung zu *Neoporteria* Br. et R. gestellt;
nach den Untersuchungen BUXBAUMS ist *Mammillaria zephyranthoides* Scheidw. eine echte *Mammillaria* und keine *Dolichothele;*
die Gattungen *Seticereus* Backeb. und *Submatucana* Backeb. wurden von BUXBAUM eingezogen und wegen der im Innenbau völlig gleichen Blüten zur Gattung *Matucana* Br. et R. gestellt.

Dem auch wissenschaftlich ernstlich interessierten Liebhaber kann man natürlich nicht zumuten oder auch nur raten, sämtliche Kakteenzeitschriften der Welt zu abonnieren, um auf dem laufenden zu sein. Er würde sich auch infolge vielfach bestrittener oder sich widersprechender Veröffentlichungen kaum zurechtfinden. Man kann ihm aber das Abonnement der wissenschaftlich höchststehenden Veröffentlichungen „KRAINZ, Die Kakteen" aus dem Franckh-Verlag in Stuttgart empfehlen, wo er alle wichtigen Forschungsergebnisse findet, die erst nach eingehender Prüfung in Druck gehen.

Marktheidenfeld, Herbst 1974 — Willy Cullmann

Kakteen-Gesellschaften

Deutsche Kakteen-Gesellschaft e. V.
1. Vorsitzender: Kurt Petersen, Klosterkamp 30, D-2860 Osterholz-Scharmbeck.
Beitrittserklärungen an Frau Christa Hönig, Ahornweg 9, D-7820 Titisee-Neustadt 1.

Gesellschaft Österreichischer Kakteenfreunde
Präsident: Dr. Ernst Prießnitz, Gerichtsstraße 3, A-9300 St. Veit/Glan.

Schweizerische Kakteen-Gesellschaft
Präsident: Hans Thomann, Schluchen, CH-6020 Emmenbrücke.

Die Zeitschrift »Kakteen und andere Sukkulenten« ist das monatlich erscheinende Organ dieser drei Kakteengesellschaften. Der Bezugspreis ist im Mitgliedsbeitrag inbegriffen.

Inhalt

Geschichtlicher Rückblick auf Kakteenkunde und -liebhaberei

Das Wort Kaktus stammt aus dem Griechischen, wo ἡ κάκτος „die stachelige Pflanze" bedeutet.

Wann die ersten Kakteen nach Europa gekommen sind, ist unbekannt. Es ist aber anzunehmen, daß Kolumbus und seine Begleiter äußerst überrascht auf diese ihnen so ungewohnten Pflanzen blickten und daß sie deshalb auch welche mit nach Europa brachten. Die erste Erwähnung in der Literatur mit bildlicher Darstellung eines *Cereus* dürfte vielleicht diejenige des Arztes und Botanikers MATTHIAS DE L'OBEL aus dem Jahre 1576 sein, in seinem Buche „Stirpium Adversaria Nova" (lat. = Neue Notizen über Pflanzen). In der Folgezeit erschienen wiederholt Bücher oder einzelne Berichte über Kakteen. Es soll hier nur noch das ebenfalls illustrierte Buch BRADLEYS „History of Succulent Plants" (Geschichte sukkulenter Pflanzen) aus dem Jahre 1716 erwähnt werden. Aber es dauerte noch bis zum Anfang des vorigen Jahrhunderts, bis die Kakteen allgemein bekannt wurden und ihre wissenschaftliche Erforschung und ihre Verbreitung und Pflege als Liebhaberei sich in größerem Maße durchsetzten. Es waren damals französische, bald auch belgische und deutsche Importeure, die große Mengen und immer wieder neue Arten auf den Markt brachten. So kam es dann auch bald zum Aufbau bedeutender Kakteensammlungen, unter denen unter anderen die des Fürsten JOSEPH ZU SALM-REIFFERSCHEIDT-DYCK, des Fabrikanten HERMANN GRUSON in Magdeburg und die MONVILLES in Belgien herausragten. Entsprechend der Verbreitung der Pflanzen fanden sich bald die Botaniker, die ihre wissenschaftliche Bearbeitung übernahmen. Als die bedeutendsten unter ihnen seien genannt: PHILIPP MILLER (England), der schon Mitte des 18. Jahrhunderts sehr gute Beschreibungen gab, dann HAWORTH (England), DE CANDOLLE (Frankreich), Fürst JOSEPH ZU SALM-REIFFERSCHEIDT-DYCK, ALEXANDER VON HUMBOLDT, Dr. PFEIFFER, FÖRSTER, RÜMPLER, ENGELMANN (USA, gebürtiger Frankfurter), Dr. WEBER (Frankreich), LABOURET (Frankreich) und LEMAIRE (Frankreich). Um die Jahrhundertwende war es dann Prof. Dr. KARL SCHUMANN (Berlin), der das erste größere Kakteenwerk „Gesamtbeschreibung der Kakteen" herausgab. Es folgen noch viele bedeutende Namen, die aufzuzählen zu weit führen würde. Nur das kurz nach dem 1. Weltkrieg erschienene vierbändige Werk der beiden Amerikaner N. L. BRITTON und I. N. ROSE „The Cactaceae" und das bereits zur neuen Literatur überleitende Buch von ALWIN BERGER „Kakteen" aus dem Jahre 1929 seien als Marksteine der Kakteenforschung aus den ersten Jahrzehnten dieses Jahrhunderts noch erwähnt. Die vergangenen 40 Jahre brachten dann eine Fülle von Kakteenbüchern, auf deren Nennung im Rahmen dieses Kapitels verzichtet werden muß. Der Leser kann sich in jeder Buchhandlung hierüber informieren. Nur auf zwei bedeutende Erscheinungen in der Kakteenliteratur muß hier noch hingewie-

sen werden: seit 1956 erscheint in Loseblattausgabe in Lieferungen das bisher bedeutendste wissenschaftliche Kakteenwerk „Die Kakteen" von H. Krainz unter Mitarbeit von F. Buxbaum und W. Andreae, und 1958–1962 erschien das große sechsbändige Handbuch „Die Cactaceae" von Curt Backeberg mit einer enormen Fülle von Bildmaterial. Die Kakteenpflege als Hobby nahm vom Ende des 19. Jahrhunderts an einen ungeheuren Aufschwung. Bereits 1892 wurde die Deutsche Kakteen-Gesellschaft gegründet, die heute mehr als 2000 ordentliche Mitglieder aufweist und die mit ihrer Zeitschrift immer einen der wichtigsten Stützpunkte für Forschung und Liebhaberei bildete und heute noch bildet. In vielen Ländern entstanden ebenfalls Kakteengesellschaften, so in Österreich, der Schweiz, in Holland, Belgien, Frankreich, England, den USA, in Japan und in Mexiko. Die Deutsche Kakteen-Gesellschaft gibt zusammen mit der Gesellschaft Österreichischer Kakteenfreunde und der Schweizerischen Kakteen-Gesellschaft eine sehr gute, reichbebilderte monatliche Zeitschrift „Kakteen und andere Sukkulenten" heraus. Auch die auf nationaler Ebene gegründeten Kakteengesellschaften haben sich um die Wissenschaft bedeutende Verdienste erworben.
Die durch die weite Verbreitung der Liebhaberei entstandene starke Nachfrage nach Pflanzen und vor allem neuen Arten hatte zur Folge, daß Kakteensammler auszogen, um die Kakteengebiete Mittel- und Süd-Amerikas zu durchsuchen. Es seien hier vor allem die beiden Deutschen Curt Backeberg und Friedrich Ritter aufgeführt, die sich durch die Auffindung einer sehr großen Zahl neuer, schönster Arten und Gattungen unvergeßliche Verdienste um Forschung und Liebhaberei erworben haben. Für rein wissenschaftliche Zwecke wurde schließlich im Jahre 1950 in Zürich die Internationale Organisation für Sukkulentenforschung (I. O. S.) gegründet. Sie stellt – ein Gegenstück zu den in erster Linie der Liebhaberei dienenden Kakteengesellschaften – einen Zusammenschluß von Forschern auf internationaler Ebene dar, die die wissenschaftliche Bearbeitung der Kakteen und der anderen sukkulenten Pflanzen oder die Förderung der Forschungen betreiben. Die Bearbeiter gleicher Sachgebiete tauschen ihre Erfahrungen und ihre Meinungen aus, stellen sich auch gegenseitig Material zur Verfügung. Die Meinungsfreiheit des einzelnen bleibt hierbei unangetastet. Es finden alle zwei Jahre Kongresse statt, auf denen ein großer Teil der z. Z. etwa zwanzig verschiedenen Ländern angehörenden Mitglieder vertreten ist. In den Jahren zwischen 1950 und 1960 haben unter anderen die I.O.S.-Mitglieder P. Hutchison von der Universität Kalifornien, Prof. Dr. Cardenas (Bolivien) und Prof. Dr. W. Rauh von der Universität Heidelberg mehrere erfolgreiche Expeditionen namentlich nach Peru unternommen, an dessen Anden-Hängen noch viele unbekannte Arten ihrer Entdeckung harren. Einige wichtige Reisen erst in jüngster Zeit unternahm sodann der bekannte holländische Kakteenfachmann A. F. H. Buining zusammen mit dem Kakteensammler Horst vor allem in die bisher nur unzureichend erforschten Kakteengebiete Brasiliens. 1970 führte eine weitere Forschungsreise Prof. Dr. Rauh nach Peru und nach Niederkalifornien. Man fragt sich, wie ein so enormer Aufschwung des Interesses überhaupt möglich war. Es dürfte vor allem daran liegen, daß die meisten Kakteen es an Schönheit z. B. mit den Orchideen aufnehmen können und sie gar übertreffen, dabei aber wesentlich leichter zu halten, leicht zu vermehren und so durch den Handel billig zu beschaffen sind, die Kakteenliebhaberei also ebenso erfreulich wie erschwinglich ist.

Die Heimat der Kakteen

Den Kakteenliebhaber wird es sicher interessieren, zu wissen, wo seine Pflanzen herstammen; darüber hinaus aber ist es für eine erfolgreiche Kakteenpflege unerläßlich, hierüber Näheres zu erfahren, denn wenn man ein freudiges Gedeihen und Blühen seiner Lieblinge erwartet, dann muß man das Klima ihrer Heimat nachzuahmen versuchen. Bei der Frage nach der Heimat der Kakteen stoßen wir nun auf eine verblüffende Antwort: Kakteen wachsen von den Rocky Mountains in Kanada über den ganzen Doppelkontinent hinweg bis hinunter nach Patagonien in die Nähe der Magalhaes-Straße im südlichen Argentinien und Südchile. Das ist die ungeheure Entfernung von etwa 12 000 km Landstrecke. Sie reicht etwa vom 53. nördlichen bis 50. oder 51. südlichen Breitengrad, umfaßt also die verschiedensten Klimata: Im Bergland der Rocky Mountains eisige Winter mit Tiefsttemperaturen von 30–40 °C unter Null und tiefem Schnee; in den Steppengebieten von Texas, Mexiko und Süd-Amerika sind sehr lange Trockenperioden bei großer Hitze anzutreffen, und auch im ständig feuchtheißen Urwald wachsen ebenso Kakteen wie auf den Andenhöhen Perus, Boliviens und Chiles, wo in mehr als 4000 m Höhe (die letzten Tephrocacteen wachsen noch bis zu 4700 m hoch) das Thermometer nachts in Bodennähe auf 10–20 °C unter Null fallen kann, um am nächsten Nachmittag bei strahlender Höhensonne wieder auf 25–30 °C zu steigen. Bei den Expeditionen Prof. RAUHS (Heidelberg) wurden hierbei Temperaturdifferenzen bis zu 45 °C festgestellt. Bei so verschiedenartigen Standorten sind natürlich auch die Bodenverhältnisse außerordentlich verschieden. Wir finden Kakteen z. B. in reinem Sand, in vulkanischem Staub, in Steingeröll, auf Felsen, auf lehmigen Wiesen, im tiefen feuchten Humus tropischer Urwälder und auf hohen Urwaldbäumen, wo sie in dem auf rissiger borkiger Rinde oder in Astgabeln angesammelten Laubhumus wurzeln — sog. Epiphyten.

Es gibt kaum einen Standort, der für Kakteen unmöglich wäre. Man sollte es nicht für möglich halten, daß Pflanzen aus so extrem verschiedenartigen Verhältnissen bei uns am Leben erhalten werden können, und doch machen wir beim Besuch von Kakteensammlungen immer wieder die Erfahrung, daß ein großer Teil der in Frage kommenden Arten einträchtig beisammen steht, daß sie wachsen und größtenteils auch blühen. Das ist nur zu erklären mit einer ans Wunderbare grenzenden Anpassungsfähigkeit dieser Pflanzen. Im äußersten Norden und äußersten Süden des Verbreitungsgebietes finden sich natürlich nur wenige Arten: im Norden sind es die bei uns vielfach in Steingärten gezogenen, willig blühenden Freiland-Opuntien; im Süden ebenfalls opuntienartige oder peireskienartige Kakteen, namentlich die Gattung *Maihuenia*, die dort noch vorkommen. Das klassische Land der Kakteen ist Mexiko, das ebenso wie es alle Klimata

von der Meeresküste bis zum ewigen Schnee seiner Vulkanriesen Iztaccihuatl und Popocatepetl umfaßt, eine ungeheure Vielfalt von Gattungen und Arten hervorgebracht hat. Mexiko ist unter anderen die Heimat der meisten Mammillarien, der auch ohne Blüten stets schönen Warzenkakteen, die allgemein bekannt und beliebt sind und kaum in einer Kakteensammlung fehlen. Ein weiteres Hauptgebiet der Kakteenvorkommen ist das mittlere Südamerika, und zwar insbesondere Peru, Bolivien und Argentinien. Von Peru stammt der größte Teil der auch für kleinere Sammlungen geeigneten, in bunten Farben bestachelten Säulenkakteen, aus Bolivien kommen die sehr reich und schön blühenden Lobivien (der Gattungsname *Lobivia* ist ein Anagramm, eine Buchstabenversetzung des Landesnamens Bolivia), und in Nord-Argentinien sind die so willig gelb und rot blühenden Rebutien beheimatet, ohne die man sich eine Kakteensammlung nicht vorstellen kann.
Die Heimat der Kakteen ist also die neue Welt. Und doch finden wir Vertreter der Gattung *Rhipsalis* auch in Afrika und zwar insbesondere vom Kongo bis Ost-Afrika, ferner auf Madagaskar und auf den Inseln des Indischen Ozeans bis einschließlich Ceylon. Da es sich aber um annähernd die gleichen Arten wie in Süd-Amerika handelt, kann angenommen werden, daß Samen durch Vögel nach Afrika und von da weiter nach Osten verschleppt worden sind. Die ebenfalls vertretene Meinung, daß Samen eventuell durch Treibgut nach Afrika gelangt sein könnten, hat wenig Wahrscheinlichkeit für sich, da Treibgut wohl zu lange unterwegs ist, als daß der Same durch das Seewasser unzerstört und keimfähig bleiben könnte.
Die Kakteen, namentlich Opuntien, die man in verschiedenen Gebieten der Erde, z. B. im Mittelmeergebiet, in Afrika, in Australien usw. oft weit verbreitet findet, wurden alle durch den Menschen dorthin gebracht und sind in für sie günstigen Klimaten so verwildert, daß sie zum Teil eine Landplage geworden sind.

Vorwort

Zur zweiten Auflage

In den letzten drei Jahrzehnten ist die Kakteenliebhaberei in Europa, ausgenommen im äußersten Süden, stark angewachsen, und die europäischen Kakteengesellschaften haben immer noch ständig steigende Mitgliederzahlen aufzuweisen. Der Zauber der Kakteenblüten, der bizarren Pflanzenformen und der oft leuchtend farbigen Bestachelung schlägt immer neue Bewunderer in seinen Bann. Wenn in Städten eine blühende Königin der Nacht irgendwo in einem Schaufenster steht, ist dieses bald von einer großen Menge von Interessenten belagert. In den Blumengeschäften sieht man jetzt meist ansehnliche Sortimente von schönen Kakteen, von den einfachsten bis zu wirklich seltenen Arten. Eine Reihe von Kakteen-Spezialgärtnereien in vielen europäischen Ländern zieht gleichzeitig Hunderttausende von Sämlingen heran, um den Bedarf des Marktes zu decken.
Entsprechend diesem erstaunlichen Aufschwung der Liebhaberei erschien denn auch in den letzten Jahren eine Reihe von neuen Kakteenbüchern. Den Ausschlag für den Entschluß, der Anregung des Verlags zu folgen und ein weiteres Kakteenbuch zu schreiben, gab schließlich die Erfahrung, daß junge Amateure immer äußerst dankbar für neue Anregungen, für jede Mitteilung von Kulturmethoden und -erfahrungen anderer sind. Denn diese sind bei verschiedenen erfolgreichen alten Liebhabern durchaus nicht gleich, sondern oft recht verschieden, ebenso wie ja auch die Bedingungen, unter denen die Kakteen hier und anderswo gehalten werden, oft sehr unterschiedlich sind. Es ist sicher, daß man aus einer größeren Fülle verschiedener Erfahrungen am meisten lernt, und so mag es denn nützlich sein, die eigenen, rund 40jährigen Erfahrungen in der Kakteenpflege und ihre jüngsten Ergebnisse bei einer erfolgreichen Sämlingsanzucht in diesem Buch zu veröffentlichen. Damit sind auch der Zweck, der hauptsächliche Inhalt und der Umfang dieses Buches gekennzeichnet. Es wendet sich an den Liebhaber, will ihn mit den schönsten, dankbarsten und wichtigsten Kakteengattungen und -arten bekannt machen und will ihm helfen, eine schöne gesunde Kakteensammlung aufzubauen, bei der Blüten nicht nur eine gelegentliche Seltenheit sind. Gleichzeitig ist damit auch gesagt, was das Buch nicht sein will, nämlich kein wissenschaftliches Werk, das nur einen ganz kleinen Kreis der in der Forschung Tätigen interessieren könnte, und auch kein Handbuch, das die gesamte Kakteenkunde umfaßt.
Seit Erscheinen der ersten Auflage sind nunmehr 8 Jahre vergangen, die auf dem Gebiet der Kakteenforschung sehr fruchtbar waren. Es wurde auf neuen Expeditionen, insbesondere auch in das bisher etwas stiefmütterlich behandelte Brasilien – hier war insbesondere A. Buining (Holland) erfolgreich –, eine große Zahl neuer und interessanter Arten gefunden. Neue Gattungen mußten geschaffen und alte Gattungen infolge der jüngsten Untersuchungsergebnisse eingezo-

gen oder anders abgegrenzt werden. Namentlich Prof. Dr. BUXBAUM (Österreich) hat in dieser Beziehung enorme Arbeit geleistet. Durch die große Anzahl von Neufunden ist aber auch die Zahl der Synonyme nicht kleiner, sondern leider noch größer geworden. So bedauerlich das ist, man wird diesen Zustand auch in Zukunft in Kauf nehmen müssen, denn es gibt keine Kakteensammlung und keinen natürlichen Standort auf der Erde, wo man dieses umfangreiche Pflanzenmaterial in all seiner Variabilität zu Vergleichszwecken beisammen haben und beobachten könnte. Herbarmaterial aber vermag die lebende Pflanze zwar weitgehend, aber nicht völlig zu ersetzen. Der Mitautor HEINZ BALZER hat in den vergangenen Jahren seine Kakteensammlung aufgegeben und ist ins Ausland verzogen. Die Bearbeitung dieser Neuauflage erfolgte deshalb durch den Unterzeichneten allein. Er hat keinerlei Züchtertricks und Züchtergeheimnisse für sich behalten. So möge dieses Buch hinausgehen zum Wohle unserer Liebhaberei.

Marktheidenfeld, Herbst 1971 — Willy Cullmann

Zur 3. und 4. Auflage

Seit der Bearbeitung der zweiten Auflage dieses Buches vor einigen Jahren hat die Kakteenforschung wieder Fortschritte gemacht. Es sind sowohl in den Kakteenzeitschriften als auch allgemeinen wissenschaftlichen botanischen Zeitschriften in aller Welt zahlreiche Publikationen erschienen. Diese betrafen teils Neubeschreibungen von Arten, teils Berichtigungen der Stellung von Gattungen im System, einschließlich der Einziehung von Gattungen, die als zu bereits bestehenden anderen Gattungen gehörig erkannt wurden.

Was die Neubeschreibung von Arten anlangt, so ist zu bedauern, daß oft wegen geringer Unterschiede in Stachelzahl, Stachelfarbe oder Stachellänge oder auch nur in der Blütenfarbe, Blütengröße oder rein äußeren Blütenform zahlreiche neue „Arten" von jeher beschrieben wurden und auch noch heute beschrieben werden, die man angesichts der allgemein bekannten starken Variationsbreite bei der Familie *Cactaceae* höchstens als Varietäten und oft nur als Formen anerkennen kann. Einen großen Teil der Schuld hieran tragen die meist äußerst mangelhaften unvollständigen Beschreibungen früherer Jahrzehnte. Die bereits entstandene Synonymik hat nun schon derartige Ausmaße erreicht, daß bei einer in künftigen Jahrzehnten unausbleiblichen Bereinigung schätzungsweise 50–80 % aller heutigen Kakteennamen eingezogen werden müssen.

In den beschreibenden, alphabetischen Teil der Gattungen und Arten wurden deshalb nur wenige Neufunde aufgenommen, die für den Liebhaber besonders wertvoll erscheinen. Die Arbeiten auf dem Gebiet der Systematik sind noch in vollem Gange, und einzelne Gattungen sind erst ungenügend erforscht. Es kann hierbei vielleicht auch in vielen Fällen die moderne Methode der Pollenuntersuchung Klärungen bringen. Zum jetzigen Zeitpunkt ist es deshalb absolut unmöglich, ein systematisch abgeklärtes Kakteenbuch herauszubringen, und so haben sich Verlag und Verfasser entschlossen, das Buch zunächst im wesent-

Die kulturelle Bedeutung der Kakteen und ihre Verwendung als Nutzpflanzen

Die Kakteen als auffallendste Landschaftserscheinungen in den Gebieten der mittelamerikanischen Indianerhochkulturen haben dort eine bedeutende kultische Rolle gespielt. Die Azteken verehrten Kakteengötter; den als Gottheiten verehrten Kakteen wurden Tempel gebaut und es wurden ihnen sogar grausige Menschenopfer dargebracht. Ein besonderer Kult entwickelte sich um den sog. Rauschgiftkaktus, die *Lophophora williamsii*, Peyote von den Indios genannt. Diese Pflanze enthält verschiedene starke Alkaloide, insbesondere das Meskalin. Der Genuß der Pflanze ruft seltsame Halluzinationen hervor: man sieht die schönsten ineinander schwimmenden Farben oder hört unirdisch anmutende schöne Musik. Vor Eintreten der Halluzinationen sind jedoch Übelkeit im Magen, Kopfschmerz, Schwindel und Sehstörungen die schlimmen Begleiterscheinungen. Daß ein lang andauernder Kater nachfolgt, ist klar. Dabei ist der Geschmack der Pflanzen so äußerst übel, daß ihr Verzehr einen Weißen wahre Überwindung kostet. Der Peyote wurde teils selbst als Gott verehrt, größtenteils spielte er aber wohl nur die Rolle eines Kultgegenstandes. Dieser Kult ist heute noch weit verbreitet und es gibt sogar eine 1911 in Oklahoma gegründete christliche Sekte, bei der anstelle der Hostie den Gläubigen Scheiben des Peyote gereicht werden. Diese Sekte ist unter den nordamerikanischen Indianern heute noch sehr weit verbreitet. Andererseits aber hat der Staat Kalifornien deswegen selbst das Halten der *L. williamsii* in Kakteensammlungen verboten.

Die Erwähnung der Kakteen als Nutzpflanzen wird bei manchem Anfänger Verwunderung hervorrufen, und doch ist ihre Verwendung zu diesem Zwecke von ganz erheblicher Bedeutung. Das innere verholzte Zellulosegerüst großer alter Cereen wird als Bauholz und zur Herstellung vieler Gegenstände (darunter sogar von Wagenrädern) benützt, die man üblicherweise aus Holz fertigt. Verholzte Reste dienen als Brennmaterial. Zur Abgrenzung von Grundstücken pflanzt man außer Opuntien-Hecken auch stark wachsende Cereen, die bald hohe, dichte und undurchdringliche Wände bilden, z. B. *Cereus lanuginosus*, *Cereus griseus* und *Cereus marginatus*. Die Cephalien von *Espostoa* dienen zum Füllen von Polstern und Matratzen. Die Gerippe von Melokakteen werden zu Mützen verarbeitet. Auf Opuntien wurde die Cochenillelaus gezogen, die für lange Zeit einen wertvollen leuchtend roten Farbstoff lieferte, bis schließlich die modernen Anilinfarben diese alten Naturfarbstoffe entbehrlich machten. Die Giftwirkung von *Machaerocereus* wird ebenso wie die einiger Agaven von Indianern durch Einwerfen zerstampfter Triebe in Gewässer dazu benutzt, Fische zu betäuben, um sie leichter fangen zu können. Aus den Trieben der bekannten Königin der Nacht *(Selenicereus grandiflorus)* gewinnt man ein Herzmittel, das auch bei uns in der Pharmazie eine Rolle spielt. Auch als Lieferanten von Nahrungsmitteln haben viele Kakteen eine nicht zu unterschätzende Bedeutung: selbst bei uns in Europa z. B. ist bekannt, daß Opuntienfrüchte ein saftiges, wohlschmeckendes Obst bilden. Diese werden nicht nur in den Mittelmeerländern den Reisenden angeboten, sondern sind teilweise auch bei uns in Deutschland in Geschäften käuflich. In Nord- und Mittelamerika gibt es sogar richtige Farmen, die sich auf das Heranziehen, die Ernte und den Versand von solchen Früchten spezialisieren. Außer Opuntienfrüchten kommen die Früchte von vielen Cereen in Frage, die teilweise sogar faustgroß werden. Die Beeren von *Myrtillocactus* und anderen Gattungen, z. B. *Echinocereus,* werden gerne gegessen und am Markt gehandelt. In Arizona hat eine *Echinocereus*-Art sogar den bezeichnenden Namen „strawberry cactus", auf deutsch Erdbeerkaktus. Junge Triebe von *Cereus repandus* werden gegessen. Das Fleisch von Ferokakteen wird zu Kompott oder wie kandierte Früchte verarbeitet. Man findet sie z. B. in nordamerikanischen Konditorläden als „candy cactus" angeboten. Junge Kakteentriebe bereitet man zu wie bei uns Spargel oder Salat. Manche Kugelkakteen, z. B. *Neowerdermannia,* kocht man und ißt sie wie Kartoffeln. Die Samen mancher Kakteen werden zu Grütze verarbeitet oder geröstet. Die saftigen Riesenkugeln der Ferokakteen haben schon manchen Wanderer, der zu Fuß oder zu Pferd die ungeheuren Weiten wasserloser Steppen durchquerte, mit ihrem Saft und ihrem jungen Fleisch vor dem Verdursten bewahrt. In Trockenzeiten spielen schließlich Kakteen, namentlich abgesengte Opuntientriebe, eine ganz bedeutende Rolle als Viehfutter.

Die Stellung der Kakteen im Pflanzenreich – botanische Systematik

Um einen Überblick über die außerordentliche Vielfalt im Pflanzenreich zu gewinnen, war es nötig, die Pflanzen nach jeweils ähnlichen Eigenschaften in Gruppen zu unterteilen, also jeweils ähnliche, in wesentlichen Merkmalen übereinstimmende Pflanzen in kleinere oder größere Einheiten zusammenzufassen. Die Summe dieser Einheiten nennt man System; die Wissenschaft von der Aufstellung eines Systems und der Einordnung der Pflanzen in das System heißt Systematik. Die erste bedeutende wissenschaftliche Leistung auf diesem Gebiet war die Aufstellung des nach seinem Urheber, dem großen schwedischen Botaniker CARL V. LINNÉ benannten „Linnéschen Systems", das dieser bereits 1735 veröffentlicht hat. Es handelt sich um ein sogenanntes künstliches System, das die Einteilung nicht nach der vermutlichen Entstehung der Arten, also nach natürlichen Verwandtschaften, sondern auf der Grundlage der Fortpflanzungsorgane, im wesentlichen nach deren äußerem Erscheinungsbild, vornahm. LINNÉ teilte das ganze Pflanzenreich in 24 Klassen ein, und zwar 23 Klassen für die Phanerogamen (Blütenpflanzen) und eine Klasse für die Kryptogamen (Verborgengeschlechtige), bei welch letzteren Geschlechtsorgane äußerlich nicht ohne weiteres sichtbar sind, z. B. Algen, Pilze und Farne. Das Linnésche System war zirka 150 Jahre absolut führend, und der Einfluß LINNÉS auf die heutige Botanik ist ganz bedeutend und wird es auch künftig bleiben.

Die heutige Systematik arbeitet nach dem auf den Botaniker ADOLF ENGLER (1844–1930) zurückgehenden natürlichen System, das die durch die moderne Forschung festgestellte Phylogenie (stammesgeschichtliche Entwicklung) und die entsprechenden natürlichen Verwandtschaftsverhältnisse der Pflanzen zur Grundlage hat. Dieses natürliche System ist folgendermaßen gegliedert: Abteilung – Unterabteilung – Klasse – Unterklasse – Ordnung oder Reihe – Familie – Gattung – Art – Varietät – Form.

Die Kakteen gehören in diesem System in die 5. Abteilung: *Spermatophyta* (Samenpflanzen),

2. Unterabteilung: *Angiospermae* (bedecktsamige),

1. Klasse: *Dicotyledoneae* (zweikeimblättrige Pflanzen).

Sie bilden in dieser Klasse in der 24. Ordnung *Centrospermae* (Zentralsamige) die Familie *Cactaceae* (Kakteen). Sie werden gekennzeichnet als fast ausschließlich in Amerika beheimatete Stammsukkulenten (im Stamm wasserspeichernde Pflanzen), der Stamm säulenförmig, kugelförmig oder abgeflacht mit Längsrippen oder Höckern (Warzen), die Blätter fast immer in Dornen (fälschlich als Stacheln bezeichnet) oder Borsten oder Haare umgewandelt; die Gattungen *Peireskia* und *Peireskiopsis* tragen als Ausnahme noch richtige Laubblätter, die Gattung *Opuntia* vielfach im Neutrieb deutlich erkennbare Blattrudimente. Das markanteste

Charakteristikum der Familie sind die Areolen, meist filzige Höcker, die Stacheln, Borsten, Haare oder Blätter tragen. Diese Areolen sind nichts anderes als die ruhenden Endpunkte von Seitensprossen, aus denen durch Weiterwachsen ihres Vegetationskegels wieder Seitensprosse oder Blüten entstehen können. Die fast durchweg stiellosen Blüten (nur scheinbar stiellos, denn die Anlage eines Blütenstiels ist feststellbar) haben, von Ausnahmen abgesehen (bei der primitiven Gattung *Peireskia*), einen unterständigen Fruchtknoten.
Die Kakteen sind demnach nur eine Gruppe der sog. Sukkulenten, der wasserspeichernden Pflanzen. Solche Sukkulenten kommen in den verschiedensten Pflanzenfamilien vor, indem sich einzelne Vertreter dieser Familien Standortverhältnissen mit langen Trockenperioden angepaßt haben.

Farbb. 1. *Azureocereus hertlingianus*

Farbb. 2. *Acanthocalycium violaceum* var.

Farbb. 3. *Arthrocereus rondonianus*

Farbb. 4. *Arrojadon penicillata*

Farbb. 5. *Calymanthium substerile*

Farbb. 6. *Cleistocactus brookei*

Farbb. 7. *Coleocephalocereus pluricostatus* (Foto: Buining)

Farbb. 8. *Coryphantha* spec. (Foto: Katzenberger)

Farbb. 9. *Cullmannia viperina*

Farbb. 10. *Echinocereus dasyacanthus*

Farbb. 11. *Echinocereus brandegei*

Farbb. 12. *Echinocereus fitchii* var. (Foto: Katzenberger)

Farbb. 13. *Echinocereus baileyi*

Farbb. 14. *Echinocereus* (ohne Namen), *Echinocereus pectinatus* nahestehend

Farbb. 15. *Echinocereus pentalophus*-Varietät

Farbb. 16. *Echinopsis*-Hybride

Farbb. 17. *Echinocereus salm-dyckianus* (Foto: Katzenberger)

Farbb. 18. *Ferocactus latispinus*

Farbb. 19. *Ferocactus acanthodes*

Farbb. 20. *Ferocactus stainesii* (Foto: Hößlinger)

Farbb. 21. *Gymnocalycium mihanovichii* var. *friedrichii* (rote Mutation)

Farbb. 22. *Echinocactus (Homalocephala) texensis*

Farbb. 23. *Heliocereus speciosus* (Foto: Katzenberger)

Farbb. 24. *Hildewintera aureispina*

Farbb. 25. *Haageocereus rubrospinus*

Farbb. 26. *Haageocereus turbidus* f. *cristata*

Farbb. 27. *Islaya molendensis* mit ihren ungewöhnlichen Früchten

Farbb. 28. *Mammillaria (Krainzia) guelzowiana*

Farbb. 29. *Lobivia* (ohne Namen), *Lobivia pectinifera* nahestehend

Farbb. 30. *Lobivia jajoiana*

Farbb. 31. *Lobivia jajoiana* var. *nigrostoma*

Farbb. 32. *Mammillaria fasciculata* (Foto: Katzenberger)

Farbb. 33. *Mammillopsis senilis*

Farbb. 34. *Neochilenia aerocarpa*

Farbb. 35. *Mammillaria theresae*

Farbb. 36. *Parodia mairanana*

Farbb. 37. *Opuntia azurea*

Farbb. 38. *Parodia penicillata*

Farbb. 39. *Espostoa (Thrixanthocereus) senilis*

Farbb. 40. *Weberocereus biolleyi*

Farbb. 41. *Thelocactus schwarzii* (Foto: Schreier)

Farbb. 42. *Matucana (Submatucana) madisoniorum* (Foto: Andreae)

Farbb. 43. *Uebelmannia pectinifera*

Farbb. 44. *Austrocephalocereus dybowski* (Foto: Buining)

Farbb. 45. *Espostoa (Vatricania) guentheri*

Farbb. 46. *Notocactus uebelmannianus*

Farbb. 47. *Echinocereus sciurus*

Farbb. 48. *Echinopsis*-Hybride

Farbb. 49. *Mediolobivia kesselringiana*

Farbb. 50. *Thrixanthocereus cullmannianus*

Farbb. 51. *Bolivicereus serpens*

Farbb. 52. *Selenicereus*-Hybride

Farbb. 53. *Bolivicereus samaipatanus*

Farbb. 54. *Mammillopsis senilis*

Farbb. 55. *Trichocereus*-Hybride

Farbb. 56. *Trichocereus (Helianthocereus) enneacanthus*

Farbb. 57. *Cylindropuntia vestita*

Farbb. 58. *Lobivia breviflora* var. *chereauniana*

Farbb. 59. *Trichocereus grandiflorus*

Farbb. 60. Sammlung von Kugelkakteen. *1 Neolloydia grandiflora, 2 Mammillaria albilanata, 3 Mammillaria hidalgensis, 4 Mammillaria (Krainzia) guelzowiana, 5 Leptocladodia (Mammillaria) elongata* f. *cristata, 6 Mammillaria celsiana, 7 Mammillaria wiesingeri, 8 Mammillaria saetigera, 9 Mammillaria woodsii, 10 Mammillaria nivea bicolor, 11 Mammillaria albilanata, 12 Mammillaria celsiana, 13 Mammillaria pseudoperbella, 14 Mammillaria lanata, 15 Mammilloydia (Mammillaria) candida, 16 Mammillaria spinosissima, 17 Mammillaria hahniana, 18 Mammillaria marksiana, 19 Mammillaria lanata, 20 Mammillaria woodsii, 21 Mammillaria marksiana* (Jungpflanze), *22 Epithelantha micromeris, 23 Mammillaria hahniana, 24* zwei *Mammillaria pringlei, 25 Mammillaria (Krainzia) guelzowiana, 26, 27 Mammillaria albilanata, 28* zwei *Echinomastus macdowellii, 29 Mammillaria parkinsonii* var., *30, 31, 32 Mammillaria spinosissima, 33 Mammilloydia (Mammillaria) ortiz rubiona, 34 Mammillaria bocasana, 35 Mammillopsis senilis, 36 Mammillaria elegans, 37 Mammillaria rhodantha* (gelbstachelig), *38 Echinocereus albatus, 39 Machaerocereus eruca, 40 Haageocereus turbidus (H. marksianus).*

Das System der Familie Cactaceae

Die Familie der *Cactaceae* ist botanisch eine der schwierigsten im ganzen Pflanzenreich. Es mag in erster Linie daran liegen, daß es sich um eine entwicklungsgeschichtlich offensichtlich noch sehr junge Pflanzengruppe handelt – so sind z. B. keine zuverlässig erkennbaren fossilen Reste gefunden worden, und auch die ungewöhnlich starke Variabilität der Mehrzahl der Kakteenarten spricht für die Annahme, daß sie nicht nur konstante, durch lange Zeiträume gefestigte Erbfaktoren besitzen, und so gibt es denn auch nur relativ wenig Kakteenarten, bei denen wirklich die unter genau gleichen Bedingungen wachsenden Individuen wie ein Ei dem andern gleichen. In der Tat ist die Variationsbreite bei Sämlingsanzuchten auch aus Samen, die von einer einzigen Pflanze stammen, oft enorm groß. Es ist anzunehmen, daß durch Mutationen (sprunghafte Veränderungen der Erbanlagen) und natürliche Auslese in viel größerem Ausmaße und in relativ kürzeren Zeiträumen als bei den meisten anderen Pflanzenfamilien neue Arten und neue Gattungen entstehen. Die systematische Forschung wird dann weiter noch dadurch erschwert, daß vor allem in den weiten, teilweise noch unerforschten Gebieten der Anden laufend neue Arten und selbst neue Gattungen gefunden werden. Nach der Auffindung muß man erst noch lange Jahre auf Blüten warten, deren Merkmale erst die Einordnung des Fundes ermöglichen. Daß es unter diesen Umständen auch Meinungsverschiedenheiten unter den Fachleuten geben muß, ist selbstverständlich. Es ist demnach auch unmöglich zu sagen, wieviele Kakteenarten oder Kakteengattungen es gibt. Diese Zahlen kann man nur schätzen, und als Anhaltspunkt möchten wir nur angeben, daß man mit etwa 150 bis 200 unanfechtbaren Kakteengattungen und mit mindestens 3000 Kakteenarten rechnen kann. Im Rahmen dieses Buches kann natürlich nur ein kleiner Bruchteil davon erfaßt werden, und wir werden uns bemühen, die Auswahl so zu treffen, daß wir die schönsten, interessantesten und kulturwürdigsten beschreiben und, soweit der Platz reicht, auch abbilden.

Die erste große systematische Bearbeitung der *Cactaceae* erfolgte durch Prof. Dr. Karl Schumann am Botanischen Garten in Berlin in seiner „Gesamtbeschreibung der Kakteen" (1898–1903), wo er 21 Gattungen aufführte. Inzwischen wurde eine große Anzahl von Pflanzen gefunden und in vielen neuen Gattungen und Arten beschrieben und veröffentlicht. Wir schließen uns im Nachfolgenden im wesentlichen dem von Prof. Dr. Buxbaum (Österreich) aufgestellten und dem heutigen Stand der Forschung entsprechenden System an. Es unterteilt die Familie der *Cactaceae* in Unterfamilien, diese hinwiederum in Stämme und Unterstämme, die Unterstämme zerfallen dann teilweise nochmals in Linien. Die sodann folgende Einheit ist die Gattung, die in Arten und Varietäten zerfällt. Diese letzten 3 Taxa (Bezeichnung systematischer Gruppen, griechisch, Einzahl Taxon, Mehrzahl Taxa) sind es allein, mit denen der Liebhaber laufend zu tun hat; sind doch die Pflanzennamen jeweils aus dem großgeschriebenen Gattungsnamen und dem kleingeschriebenen Artnamen zusammengesetzt. z. B. *Selenicereus grandiflorus,* die bekannte Königin der Nacht. Gegebenenfalls wird dann noch der Name der Varietät kleingeschrieben hinzugefügt. Bei vollständiger Namensbezeichnung steht dann auch noch der Name des Autors, der die Pflanze beschrieben und benannt hat, abgekürzt dahinter, z. B. *Rebutia senilis* Backeb. var. *kesselringiana.* Bew. (*Rebutia* ist die Gattung, die Art wurde von Backeberg, die Varietät von Bewerunge beschrieben). Finden wir vor einem Autorennamen einen weiteren Autorennamen in Klammern, dann bedeutet das, daß der in Klammern stehende Autor die Pflanze zuerst beschrieben hatte, daß sie aber durch den zweiten Autor im System anders eingruppiert wurde. Nachstehend seien die drei für den Liebhaber in Frage kommenden Taxa näher definiert: der Hauptname einer Pflanze ist der Artname. Unter einer Art (species) versteht man eine Gruppe von Pflanzen, die sich in allen wesentlichen Merkmalen, in Form und Wuchs gleichen, die sich gegenseitig befruchten und wieder gleiche Nachkommen ergeben. Zu bemerken ist, daß sich auch bei der Art kaum zwei Pflanzen 100prozentig gleichen, die Abweichungen sind aber minimal und nicht erblich. Kann man die Abweichung deutlich unterscheiden, so spricht man von einer Form (forma). Liegt aber eine Abweichung vor, die auch bei der Nachkommenschaft unverändert auftritt, also erblich fixiert ist, dann haben wir es mit dem Begriff der Varietät (varietas abgekürzt var.) zu tun. Wenn man von Variationsbreite einer Art spricht, meint man die Spanne, innerhalb deren eine Art variieren kann. Die Gattung (genus) ist eine Gruppe von Arten gemeinsamer Abstammung, die eine Anzahl von Merkmalen gemeinsam aufweisen.

Jede Einteilung von Pflanzen, auch wenn sie auf den natürlichen Verwandtschaftsverhältnissen beruht, ist naturgemäß Menschenwerk und nicht naturgegeben. Es ist Ansichtssache, wie weit man z. B. den Begriff einer Art oder einer Gattung faßt. Noch um die Jahrhundertwende umfaßte die damalige Gattung *Echinocactus* eine große Zahl aller möglichen, in keiner Weise verwandter Kugelkakteen. Es gehörten also zu dieser Gattung sowohl Zwergkakteen von weniger als 1 cm Durchmesser als auch die mächtigen mexikanischen Ferokakteen, die bis 4 m Höhe und 20 Zentner Gewicht erreichen können und ganz anders gestaltete Blüten aufweisen. Ebenso fand man unter der Gattung *Cereus* damals Zwergkakteen von wenigen Zentimetern Höhe und jahrhundertealte, völlig anders geartete Riesen von 15–26 m Höhe, und sogar jenen gigantischen *Hylocereus,* der in Zentralmexiko sich im Urwald bis 100 m weit von Baumkrone zu Baumkrone schlängelt.

Es war selbstverständlich, daß die fortschreitende Forschung diese unübersichtlichen Riesengattungen nach verwandtschaftlichen Gesichtspunkten in eine größere Anzahl von Gattungen aufteilen mußte. Dies ist dann auch geschehen, und man ist dabei im Eifer der Arbeit teilweise auch zu weit gegangen und hat mehr Gattungen als nötig aufgestellt, diese also zu eng gefaßt. Zur Zeit geht der Trend wieder dahin, Gattungen zusammenzulegen und große Gattungen zu schaffen. Das Pendel schlägt dabei wieder nach der entgegengesetzten Richtung aus. Beide Extreme sind falsch; es gilt hier wie überall das Gesetz der

goldenen Mitte. Da die Pflanzennamen sich aus den Namen von Gattung und Art zusammensetzen, kann man sich bei mittelgroßen Gattungen sofort ein klares Bild über das Charakteristische einer Pflanze machen, wenn man einen neuen Pflanzennamen hört und bereits eine Art der betreffenden Gattung kennt. Bei zu großen Gattungen dagegen ist die Möglichkeit, sich die Pflanze vorzustellen, nicht mehr gegeben; es könnte sich z. B. um eine Säule, um eine Kugelform oder selbst um eine hängende Pflanze handeln. Wenn Verfechter der Großgattungen erklären, man könne durch Aufstellung von Untergattungen diesem Mangel abhelfen, dann ist das kein überzeugendes Argument, denn da die Untergattung im Namen der Pflanze nicht erscheint, müßte man bei einer neuen unbekannten Pflanze erst nachforschen, zu welcher Untergattung sie gehört, um sich überhaupt ein Bild von ihr machen zu können. In gleicher Weise sind Kleinstgattungen abzulehnen. Sie widersprechen dem taxonomischen Begriff der Gattung, der zu seiner Definition charakteristische Merkmale verlangt, wie sie normalerweise nur einer größeren Anzahl von Arten gemeinsam sind, unbeschadet der Tatsache, daß es vereinzelt auch monotype Gattungen geben kann und gibt, bei denen zur Zeit nur eine Art bekannt ist. Bei einer Anzahl von vielen Hunderten von Gattungen ginge zudem die Übersicht ebenfalls verloren und es würde kaum mehr einen Fachmann geben, der die Mehrzahl dieser Gattungen wirklich kennt.
In der 1. Auflage dieses Buches wurde in erster Linie wegen der weitgehend vorhandenen Unsicherheit über viele Verwandtschaftsverhältnisse davon abgesehen, eine stammesgeschichtlich begründete Übersicht und Gliederung der Familie *Cactaceae* zu geben. Dieser Verzicht erwies sich als richtig. Inzwischen aber konnten von der Mehrzahl der unsicheren Gattungen Blüten beschafft werden, und in mühevoller Kleinarbeit konnte vor allem Prof. Dr. BUXBAUM eine Menge verwandtschaftlicher Zusammenhänge klären. Im folgenden Kapitel kann daher nunmehr eine systematische Übersicht gegeben werden, bei der wesentliche Änderungen nicht mehr zu erwarten sind.

Übersicht über das phylogenetische System der Familie Cactaceae

Die Familie zerfällt in 3 Unterfamilien, nämlich:

1. *Pereskioideae* Schum.
mit den Gattungen *Peireskia (Pereskia)* und *Maihuenia*

2. *Opuntioideae* Schum.
mit den Gattungen *Brasilopuntia, Grusonia, Maihueniopsis, Marenopuntia Opuntia, Peireskiopsis (= Pereskiopsis), Pterocactus, Quiabentia, Tacinga*

3. *Cactoideae*
In diese Unterfamilie fallen alle anderen bisher bekannten Gattungen. Sie wird daher so umfangreich und vielgestaltig, daß ihre weitere Aufgliederung in Tribus (Stämme) und Subtribus (Unterstämme) notwendig ist. Auch einzelne Subtribus kann man nochmals in Lineae unterteilen. Das kommt aber nur für den Forscher eines Spezialgebietes in Frage und soll hier unterbleiben, um die Übersichtlichkeit des systematischen Überblicks nicht leiden zu lassen.

TRIBUS I *Leptocereae* F. Buxb.
Armatocereus, Calymmanthium, Eriosyce, Eulychnia, Leocereus, Leptocereus, Neoabbottia, Neoraimondia, Samaipaticereus

TRIBUS II *Browningieae* F. Buxb.
Browningia, Castellanosia, Rauhocereus

TRIBUS III *Hylocereae* F. Buxb.

SUBTRIBUS *Nyctocereinae* F. Buxb.
Acanthocereus, Aporocactus, Brachycereus, Cullmannia, Dendrocereus, Eriocereus, Harrisia, Heliocereus, Nyctocereus, Peniocereus

SUBTRIBUS *Hylocereinae* F. Buxb.
Cryptocereus, Deamia, Eccremocactus, Hylocereus, Mediocactus, Selenicereus, Strophocactus, Weberocereus, Werckleocereus, Wilmattea

SUBTRIBUS *Epiphyllinae* F. Buxb.
Epiphyllum

SUBTRIBUS *Disocactinae* F. Buxb.
Chiapasia, Disocactus, Nopalxochia, Pseudohipsalis, Wittia

SUBTRIBUS *Rhipsalinae* F. Buxb.
Acanthorhipsalis, Erythrorhipsalis, Hatiora, Lepismium, Rhipsalis, Rhipsalidopsis, Pfeiffera, Schlumbergera, Zygocactus

TRIBUS IV *Pachycereae* F. Buxb.

SUBTRIBUS *Pterocereinae* F. Buxb.
Exontria, Pterocereus

SUBTRIBUS *Pachycereinae* F. Buxb.
Heliobravoa, Neobuxbaumia, Pachycereus, Pseudomitrocereus

SUBTRIBUS *Stenocereinae* F. Buxb.
Carnegiea, Lophocereus, Machaerocereus, Stenocereus

SUBTRIBUS *Cephalocereinae* F. Buxb.
Cephalocereus, Mitrocereus

SUBTRIBUS *Myrtillocactinae* F. Buxb.
Polaskia, Myrtillocactus

TRIBUS V *Cereae* F. Buxb.

Brasilicereus, Cereus, Coleocephalocereus, Jasminocereus, Monvillea, Praecereus, Pseudopilocereus, Stephanocereus, Stetsonia

TRIBUS VI *Trichocereae* F. Buxb.

SUBTRIBUS *Trichocereinae* F. Buxb.

Acanthocalycium, Arthrocereus, Austrocephalocereus, Echinopsis, Espostoa, Haageocereus, Lobivia, Setiechinopsis, Soehrensia, Thrixanthocereus, Trichocereus, Weberbauerocereus

SUBTRIBUS *Borzicactinae* F. Buxb.
Arequipa, Arrojadoa, Borzicactus, Cephalocleistocactus, Cleistocactus, Denmoza, Hildewintera, Loxanthocereus, Matucana, Micranthocereus, Oreocereus, Oroya, Seticereus

Subtribus *Rebutiinae* F. Buxb.
Aylostera, Chamaecereus, Cylindrorebutia, Digitorebutia, Mediolobivia, Mila, Rebutia, Sulcorebutia

Tribus VII *Notocacteae* F. Buxb.

Subtribus *Corryocactinae* F. Buxb.
Austrocactus, Corryocactus

Subtribus *Neoporteriinae* F. Buxb.
Copiapoa, Islaya, Neochilenia, Neoporteria, Pyrrhocactus

Subtribus *Notocactinae* F. Buxb.
Astrophytum, Blossfeldia, Frailea, Notocactus, Parodia, Uebelmannia

Subtribus *Gymnocalyciinae* F. Buxb.
Gymnocalycium, Neowerdermannia, Weingartia

Subtribus *Melocactinae* F. Buxb.
Melocactus, Discocactus

Tribus VIII *Echinocereae* F. Buxb.

Bergerocactus, Echinocereus, Wilcoxia

Tribus IX *Cacteae* F. Buxb.

Subtribus *Echinocactinae* F. Buxb.
Echinocactus

Subtribus *Thelocactinae* F. Buxb.
Ancistrocactus, Ariocarpus, Aztekium, Cumarinia, Echinomastus, Encephalocarpus, Epithelantha, Hamatocactus, Leuchtenbergia, Lophophora, Mammiloydia, Neolloydia, Normanbokea, Obregonia, Ochmea, Pediocactus, Pelecyphora, Rapicactus, Sclerocactus, Strombocactus, Thelocactus, Toumeya, Utahia

Subtribus *Cactinae* F. Buxb.
Cochemiea, Coloradoa, Dolichothele, Echinofossulocactus, Escobaria, Ferocactus, Leptocladodia, Mammillaria, Mammillopsis, Neobesseya, Pseudomammillaria

Subtribus *Coryphantinae* F. Buxb.
Coryphantha

Das Wichtigste aus Morphologie, Anatomie und Physiologie der Kakteen

Gewisse Grundkenntnisse aus der Morphologie (Lehre von der Gestalt), Anatomie (Lehre vom inneren Bau) und Physiologie (Lehre von den Lebenserscheinungen wie Atmung und Ernährung) sind für eine erfolgreiche Kakteenpflege unerläßlich und dürften den ernsten Liebhaber ohnedies interessieren. Wir wollen deshalb diesen Gebieten ein eigenes Kapitel widmen.

Die Kakteen zählen zu den Sträuchern, also zu den perennierenden (ausdauernden) Gewächsen. Einjährige Arten sind unbekannt. Wie schon gesagt, gehören sie zu den Dikotyledonen, zu den zweikeimblättrigen Pflanzen. Dies können wir sofort beim eben gekeimten Sämling feststellen: wir sehen oben zwei sich gegenüberstehende Keimblätter, aus deren Mitte der Sproß sich entwickelt. Diese Keimblätter sind bei manchen Gattungen, z. B. bei *Peireskia* und *Opuntia,* sehr groß und auffallend, bei anderen Gattungen, wie z. B. bei *Mammillaria,* sind sie winzig klein und oft nur Schüppchen oder Höcker. Der Körperteil unter den Keimblättern heißt das Hypokotyl. Es ist nicht oder sehr wenig sukkulent, weshalb man eine Saatschale mit keimenden Samen nie trocken werden lassen darf. Sobald die zwischen den Kotyledonen wachsenden winzigen Körperchen eine bis mehrere Wochen alt sind, vertragen sie bereits erstaunlich gut Trockenheit. Das Maß der Trockenheitsresistenz ist dabei natürlich je nach den Arten sehr verschieden. Der junge Keimling sendet zuerst eine verhältnismäßig lange und starke Hauptwurzel aus, bevor er durch den Druck seines Wachstums die Samenschale endgültig sprengt und schließlich abwirft.

Wurzel: Normalerweise ist eine sich allmählich verjüngende Hauptwurzel vorhanden, die sich verzweigt. Die jüngsten Wurzeln sind dicht mit feinen Haaren besetzt, die Wasser- und Nährlösungen aus dem Boden aufnehmen. Das Wurzelsystem ist je nach Gattung oder Art sehr verschieden. Wir kennen bei Cereen starke tiefe Pfahlwurzeln, dann wieder reich verzweigte dünne Faserwurzeln wie z. B. bei *Rebutia,* regelrechte Wurzelrüben z. B. bei *Peniocereus, Rapicactus* und *Lophophora,* während *Wilcoxia* Knollen bildet wie die bekannte Pflanze Topinambur. Bei diesen Gattungen ist die Sukkulenz, die Fähigkeit des Wasserspeicherns, in erster Linie oder fast völlig in die oft gewaltig große und schwere Wurzel verlegt, während die dünnen Triebe fast kein Wasser zu speichern vermögen. Die Kakteen sind befähigt, leicht Wurzeln aus dem zylindrischen Leitgefäß-System der Zentralachse zu bilden. Deshalb bildet auch das Heranziehen aus Stecklingen meist keinerlei Schwierigkeiten. Kletternde, epiphytische oder am Boden liegend wachsende Arten bilden solche Wurzeln normalerweise in großer Zahl auch aus den höheren Stammteilen. Ausnahmsweise ist die Wurzel auch befähigt, Sproßvegetationspunkte zu bilden, also echte Wurzelausläufer auszusenden. Nach BERGER soll dies z. B. bei *Trichocereus macrogonus* beobachtet worden sein.

Pflanzenkörper: Die Körper der Kakteen zeigen eine außerordentliche Vielfalt: Wir finden hohe, mächtige Säulen, z. B. die großen Cereen, von denen bis zu 26 m hohe Riesen gefunden wurden, dann wieder 1–4 cm starke anlehnende oder kletternde Triebe von mehreren Metern Länge (z. B. *Peireskia, Peniocereus*) oder ähnliche herabhängend wachsende Triebe (z. B. *Aporocactus*), Kugelformen (z. B. *Mammillaria*), am Boden entlang kriechende Triebe (z. B. *Machaerocereus*, manche Haageocereen), abgeflachte Triebe wie bei den sogenannten Blattkakteen (*Epiphyllum*), bei denen es sich natürlich nicht um Blätter, sondern, wie das Vorhandensein der Areolen beweist, um den Pflanzensproß selbst handelt; weiter finden wir gegliederte Triebe (insbesondere bei *Rhipsalis* und Opuntien), wobei die Einzelglieder rund, oval oder zylindrisch sowie von rundem oder ovalem Querschnitt sein können. Die meisten Kakteen tragen Rippen, die sehr stark ausgeprägt oder aber auch nur ganz flach sein können; ihre Zahl kann von drei (*Cereus trigonodendron*) bis zu 40 und mehr schwanken. Manche Kakteen haben fast glatte Körper (*Peireskia*), andere sind dicht mit Warzen besetzt (z. B. *Mammillaria*). Die Pflanzenkörper sind oft einzelne Säulen oder Kugeln, in anderen Fällen reich verzweigt. Es gibt Säulenkakteen, bei denen wie bei Orgelpfeifen Zweig an Zweig senkrecht nebeneinander steht, oder es gibt reich verzweigte Polster von Kugelkakteen oder von kurzen Säulchen mit vielen hundert Einzelköpfen. Man spricht im letzteren Falle von rasenförmigem Wuchs. Im Innern des Sprosses befindet sich das Mark, das ringförmig von den Strängen der Gefäßbündel umschlossen wird, die das Aufsteigen des Wassers mit den Nährstoffen und in ihrem äußeren Sieb- oder Bastteil das Befördern der Assimilate, der verarbeiteten Nahrung, nach unten bewirken. Das Körpergewebe ist mehr oder weniger schleimig saftig und vermag ganz beträchtliche Wassermengen zu speichern. Eine Ausnahme bilden unter anderem *Peireskia* und *Peireskiopsis*, bei denen die Sukkulenz nur ganz schwach ausgeprägt ist. Bei Arten mit großer Rübenwurzel hinwiederum wie z. B. bei *Peniocereus* ist die Sukkulenz, das Wasserspeicherungsvermögen, fast ganz auf die Rübe beschränkt, die bis zu 50 kg schwer werden kann. Die Epidermis (Oberhaut) der Kakteen ist ganz auf Verdunstungsschutz eingestellt, ihre äußerste Schicht, die Cuticula, ist sehr zäh und mit einer Wachsschicht überzogen, wie sie besonders auffällig z. B. bei dem blauen *Azureocereus hertlingianus* oder bei dem stark weiß bereiften *Stenocereus (Lemaireocereus) beneckei* in Erscheinung tritt (Abb. 302). Die Epidermis enthält unzählige Stomata (Spaltöffnungen), die den Gasaustausch und die Verdunstung regeln und nach Bedarf geöffnet oder geschlossen werden. Bei Tageshitze bleiben sie, wohl um Wasserverdunstung zu vermeiden, geschlossen und nehmen nachts die lebenswichtige Kohlensäure auf, die dann tagsüber verarbeitet wird. Unter der Epidermis liegt das Assimilationsgewebe, d. h. das Gewebe, in dem der Assimilationsprozeß (die Umwandlung anorganischer Grundstoffe in organische, für den Pflanzenaufbau notwendige Verbindungen) stattfindet. Dies geschieht, soweit es sich um die Kohlensäureassimilation handelt, durch die sogenannte Photosynthese, dem grundlegenden Lebensprozeß der Pflanze, bei dem durch die Spaltöffnungen Kohlensäure, aus dem Boden Wasser, aufgenommen oder aus den Wasserspeichern der Pflanze zur Verfügung gestellt wird. Mit Hilfe des Chlorophylls (Blattgrüns) und der Lichtenergie werden dabei Kohlensäure und die Bestandteile des Wassers – Wasserstoff und Sauerstoff – zu Traubenzucker und Stärke verarbeitet. Im Prozeß der sogenannten Stickstoffassimilation baut die Pflanze sodann aus Wasserstoff und Sauerstoff, dem in der Kohlensäure enthaltenen Kohlenstoff und aus dem Boden entnommenen Stickstoff Eiweißstoffe auf. Den freien Stickstoff direkt aus der Luft jedoch vermögen nur niederste Pflanzen, wie Bakterien, einige Blaualgen und niedere Pilze zu verarbeiten.

Von den Gefäßbündeln der Zentralachse führen bereits im Scheitelpunkt des Hauptsprosses angelegte Abzweigungen nach außen. Es handelt sich dabei um Seitensprosse. Ihre Endpunkte sind die Areolen (Stachelpolster), die mehr oder weniger mit Filz bedeckt sind. Dieser Filz ist ein Gebilde der Epidermis (Oberhaut). Die Vegetationsscheitel sind selten radial-symmetrisch, sondern meist nach

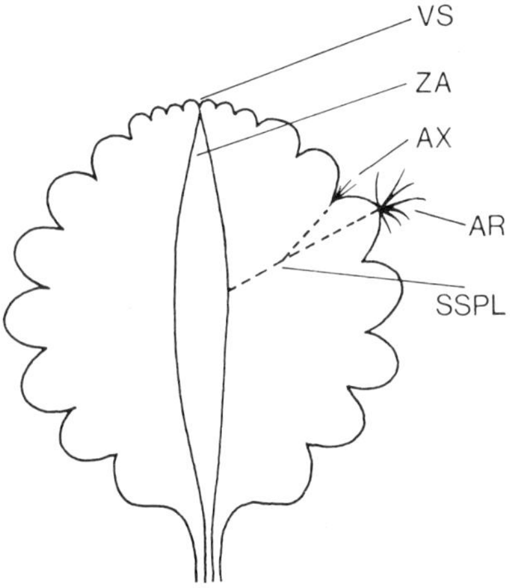

Längsschnitt durch eine *Mamillaria.*
AR Areole; AX Axille; SSPL Seitenspoß-Leitgefäße; VS Vegetationsscheitel; ZA Zentralachse, umgeben von den Leitgefäßbündeln.

oben in die Länge gezogen, wobei oft eine doppelkammartige Bestachelung entsteht, wie z. B. bei *Sulcorebutia.* Der die Blüte hervorbringende Teil kann bis in eine Furche oberhalb der Areole rücken (bei *Coryphanta*) oder der Scheitelpunkt ist verzweigt (sogenannte Serialspaltung), wie bei der Gattung *Mammillaria,* wo die Blüte aus der in der Axille zwischen den Warzen liegenden Abzweigung des Sproß-Scheitels entsteht (Abb. oben).

Wie jeder Sproß haben auch diese Seitensprosse Blattanlagen, die auch mehr oder weniger ausgeprägt zur Entwicklung kommen, nämlich, abgesehen von *Peireskia* und *Peireskiopsis,* die richtige Blätter ausbilden, in Form von Schuppen, Stacheln, Borsten oder Haaren. All diese Gebilde entstehen primär nicht aus der Epidermis (Oberhaut), wie die Stacheln (z. B. bei der Rose), sondern in erster Linie aus den Blattanlagen. Nach dem botanischen Sprachgebrauch sind sie demnach keine Stacheln, sondern ausnahmslos Dornen. Dem allgemeinen Sprachgebrauch folgend nennen wir sie aber im folgenden „Stacheln", um Mißverständnissen vorzubeugen. Die Stacheln treten in einer ungeheuren Vielfalt auf: es gibt winzige, mit bloßem Auge kaum sichtbare Stachelchen und bis zu 30 cm lange gefährliche Dolche. Manche Stacheln sind gerade, andere gebogen, mit Hakenspitzen versehen, gedreht oder auch ganz unregelmäßig gewunden. Manche Stacheln sind äußerst spitz und stechend, andere wiederum stumpf, manche matt, andere glatt oder auch geringelt. Sie können im Querschnitt rund, abgeflacht oder kantig sein. Es gibt sogar behaarte Stacheln (z. B. *Mammillaria pennispinosa*). Die Stacheln können als feinste Flaumhaare ausgebildet sein, als Borsten oder auch als grobe, bis 20 cm lange Haare *(Oreocereus)*. Die Bestachelung weist oft prächtige Farben auf; von schneeigem Weiß über Gelb, Rot, Braun bis zum tiefsten Schwarz sind alle Schattierungen vertreten. Die Begriffe „Mittelstacheln" und „Randstacheln" kennzeichnen nicht etwa eine wirkliche Wesensverschiedenheit dieser Stacheln, sondern nur ihre Stellung auf der Areole. In sehr vielen Fällen stehen sie aber nicht deutlich getrennt, so daß man diese Unterscheidung gar nicht treffen kann. Es müssen hier noch drei besondere Stachelarten eigens erwähnt werden:

1. Die Glochiden, winzige Stachelchen, bei den Opuntienartigen vorkommend, und zwar oft in sehr großer Zahl auf einer Areole. Die Oberhaut der Spitze dieser Stachelchen schülfert ab, wobei regelrechte Widerhaken entstehen. Der Fuß der Glochiden ist dabei meist sehr spröde und brüchig, so daß diese bei der leichtesten Berührung sofort abbrechen und infolge ihrer äußerst feinen Spitze sofort in die Haut eindringen und nur schwierig zu entfernen sind;
2. die Hosenstacheln, wie sie z. B. bei *Opuntia tunicata* sehr ausgeprägt vorkommen, haben eine äußere, locker über dem eigentlichen Stachel liegende abziehbare pergamentartige Hülle, deren Entstehung nicht geklärt ist;
3. bei manchen Kakteen (z. B. *Ferocactus, Hamatocactus*) findet man kurz bleibende, nicht verhärtende Stacheln, die mehr wie eine kleine Saugwarze aussehen und die Nektar ausscheiden.

Über die Bedeutung der Bestachelung wurde schon viel geschrieben: sie bilde eine Wehr gegen Tierfraß, einen Schutz gegen zu starke Sonnenbestrahlung, gegen Kälte und gegen Verdunstung. Zu bedenken bleibt jedoch dabei, daß oft neben ganz dicht behaarten oder bestachelten Pflanzen nahezu unbewehrte wachsen. Sicher aber ist eines: die Kakteenstacheln vermögen Feuchtigkeit, also z. B. nächtlichen Tau, aufzunehmen.

Zur Abrundung des morphologischen äußeren Bildes der Kakteen müssen wir noch auf die anormalen Erscheinungen der Cristaten(Cristata = Verbänderung oder Kammform), der sonstigen monströsen Wuchsformen und der chlorophyllarmen oder chlorophyllfreien Mutationen eingehen; besonders auffallend sind die Cristaten (Abbn. 133, 172, 319, 325). Bei ihnen ist der Vegetationsscheitel, der sonst punktförmig weiterwächst, zur Linie geworden, d. h. der Vegetationspunkt verzweigt sich fortlaufend in eine Unzahl in einer Geraden liegender Vegetationspunkte. Durch die bei Größerwerden der Cristata entstehende Spannung bzw. den Druck, der durch Anliegen des einen Endes oder beider Enden der Pflanze an einem Hindernis, z. B. der Erde oder der Pfropfunterlage entsteht, legt sich die Cristata schließlich in Windungen und bietet dann oft ein bizarres Bild, das noch verstärkt wird, wenn es sich um eine auffallend farbig bestachelte oder behaarte Cristata handelt. Es gibt Liebhaber, die sich nur auf die Haltung von Cristaten spezialisieren. Diese sind am besten zu halten, wenn man sie auf etwa 10–20 cm hohe Cereenunterlagen pfropft. Wenn schließlich die Enden der Cristata nach unten wachsend die Unterlage von außen berühren, schneidet man die Enden so schräg ab, daß die Schnittfläche nicht nach unten, sondern schräg nach außen zeigt. Auf diese Weise erzielt man schöne Windungen und verhindert, daß die ungehindert nach unten und nach innen weiterwachsende Cristata durch den Druck auf die Unterlage sich selbst lossprengt. Die Entstehung der Cristaten ist völlig ungeklärt. Es sollen schon durch Verletzung des Scheitels, durch senkrechtes Einschneiden oder durch Stechen in den Scheitel Cristaten entstanden sein, doch scheint uns dies nicht sicher verbürgt. Bei allen Scheitelverletzungen, die wir erlebten, entstanden jedenfalls nur neue normale Sprosse in der Nähe des Scheitels. Cristaten sind keinesfalls Krankheitserscheinungen. Es handelt sich fast stets um kerngesunde, äußerst wüchsige Pflanzen, bei denen gewöhnlich das vegetative Wachstum stark überwiegt. Man erlebt deshalb bei der Mehrzahl der Arten keine oder nur wenige Blüten, und nur wenige Kakteenarten blühen als Cristatform genauso reich wie die Normalform. Cristaten können oft aus dem Scheitel von alten Kakteen entstehen, die jahrzehntelang vorher ganz normal gewachsen waren. Andererseits können Cristaten ohne erkennbare Ursache plötzlich sich wieder auflösen und ganz oder teilweise normale Sprosse bilden. Cristaten können sich bei jeder Kakteenart bilden, wenn sie auch bisher nur bei einem kleinen Teil der Arten bekannt geworden sind. Die Cristatbildung (Fasciation) beschränkt sich durchaus nicht etwa nur auf die Familie der *Cactaceae,* sondern sie kann überall im Pflanzenreich vorkommen. Wir verweisen z. B. auf die in Gärten häufig zu findende Sommerblume *Celosia cristata* oder Hahnenkammblume. Vererblich scheint die Cristatbildung bei Kakteen nicht zu sein, wenn auch einzelne Züchter schon glaubten, aus Samen von Cristaten einen größeren Prozentsatz zur Cristatbildung schreitender Sämlinge gewonnen zu haben, als er normalerweise auftritt. Sehr bekannt ist auch die monströse Wuchsform, die man Felsenkaktus nennt. In diesem Falle handelt es sich um eine scheinbar regellose Seitensproßbildung, bei der die Seitensprosse ganz kurz bleiben, in anderen Fällen wieder länger werden können. Die meisten dieser Pflanzen sehen aus wie eine grüne Korallengruppe oder, wie der Name sagt, wie ein grünes Felsstück. Es können aber auch andere vollkommen unregelmäßige Wuchsformen auftreten, z. B. eine Ansammlung von dicht aneinander gerückten Areolen, es können sich massenhaft Blütenknospen bilden, die aber nicht zur Entwicklung kommen und die sich wieder in vegetative Sprosse umbilden. In manchen Fällen entsteht ein vollkommen kahler areolenloser Sproß, bei dem man nur mit Schwierigkeit einen Vegetationspunkt feststellen kann. Aus all diesen Formen, die ebenfalls wüchsig sind wie die Cristaten, können in gleicher Weise wieder vollkommen normale Sprosse entstehen. Die dichotomische Teilung dagegen kann man nicht unter die Monstrositäten rechnen. Bei der dichotomischen Teilung teilt sich der Vegetationsscheitel in zwei Scheitelpunkte, wodurch dann beim Weiterwachsen zwei Köpfe entstehen. Diese Teilung ist bei vielen polsterbildenden Kakteen normal (z. B. *Mammillaria parkinsonii*). Durch sie entstehen aus der einzelnen Jungpflanze bei einer gewissen Größe derselben zuerst zwei, dann vier, acht, sechzehn Köpfe usw., indem jeder Kopf sich in gleicher Weise weiterteilt. Es können so Gruppen von vielen hundert Köpfen und mehr als einem Quadratmeter Fläche entstehen, die alle eigentlich nur eine einzige Pflanze darstellen. Bei Kakteenaussaaten tauchen manchmal durch Mutation chlorophyllose, also an sich nicht lebensfähige Sämlinge auf. Sie können durch Pfropfung auf grüne, gut assimilierende Unterlagen am Leben erhalten und zu gutem Wachsen gebracht werden. Bekannt sind z. B. die gelbe Form des *Chamaecereus silvestrii* und die leuchtend rote Form des *Gymnocalycium mihanovichii* var. *friedrichii* (Farbb. 21). Es kommen hierbei auch Formen vor, die nur teilweise Chlorophyll besitzen und dementsprechend gelb oder weiß gefleckt oder gestreift (panaschiert) sind (Farbb. 21). Diese letzteren vermögen aufgrund ihres Chlorophylls selbst zu assimilieren und sich so zu ernähren, können also auch auf eigenen Wurzeln gehalten werden.

Blüte. Die Kakteenblüte zeigt deutlich ihre Sproßnatur und zwar bei den primitivsten Gattungen am ausgeprägtesten. So kann man z. B. eine jüngere Opuntienknospe noch kaum von einem normalen Sproß unterscheiden. Sie ist grün, also assimilationsfähig, dick und fleischig und trägt viele Areolen mit Blattrudimenten, mit Stacheln und zahlreichen Glochiden. Diese Areolen sind auch jederzeit imstande, auch noch, nachdem sich der Blütensproß längst zur Frucht entwickelt hat, normale Sprosse zu treiben, oder auch nochmals eine Blüte zu bilden. Als Gegenstück dazu sei z. B. auf die Blüten bei der Gattung *Mammillaria* hingewiesen: hier kann man ohne genaue Untersuchung nichts mehr vor der Sproßnatur erkennen, und doch hat man ausnahmsweise selbst an den langen, sonst glatten und oft leuchtend roten Mammillaria-Früchten schon regelrechte Areolen mit Stacheln festgestellt. Im folgenden wollen wir den Bau einer (laienhaft gesprochen) „Durchschnittsblüte" näher ins Auge fassen, nachdem der Raum es nicht erlaubt, auf mehrere spezielle Blütentypen einzugehen. Der unterste Teil der Blüte, abgesehen von dem nicht ausgeprägten Blütenstiel (Pedicellargewebeteil), heißt Ovarium (Fruchtknoten), d. i. die Samenhöhle mit ihrer Umhüllung. Die Innenwand des Ovariums wird durch die Karpelle (Fruchtblätter) gebildet, die in Längsrichtung miteinander verwachsen sind. Normalerweise entspricht die Zahl der Karpelle der Zahl der Narbenstrahlen. Auf dem Karpell findet sich die Plazenta (Samenleiste), mit der die Samenanlage durch ein einfaches oder verzweigtes Stielchen, den Funiculus (Samenstrang), verbunden ist. Den den Fruchtknoten umhüllenden äußeren Gewebeteil der Blütenachse nennt man das Perikarpell. Über dem Fruchtknoten liegt das Receptaculum, die Blütenröhre. Diese ist bei fast allen Kakteenblüten nicht ein Perianth (eine von unter sich verwachsenen Blütenhüllblättern gebildete Röhre), sondern vielmehr eine röhrenförmige Verlängerung der Sproßachse, wie die an ihr befindlichen Areolen beweisen. Diese Röhre kommt dadurch zustande, daß der mittlere Sproßteil im Wachstum zurückbleibt und der äußere in der Länge weiterwächst. Erst am oberen Ende dieser aus der Sproßachse gebildeten Röhre sitzen dann die Blütenhüllblätter. Bei diesen kann man kaum zwischen Kelchblättern (Sepalen) und inneren Blumenblättern (Petalen) unterscheiden, da sie ohne erkennbare Grenze ineinander übergehen. Am Röhrengrunde findet man die Nektarien, Drüsen, die zur Anlockung von Insekten und anderen Bestäubern Nektar ausscheiden, Duftstoffe, die auf den menschlichen Geruchsinn als sehr angenehm süßlich, in manchen anderen Fällen aber auch als abstoßend übel (z. B. bei *Thrixanthocereus*) empfunden werden. Aus der Röhrenwand entspringen die meist sehr zahlreichen Filamente (Staubfäden), die an ihrem oberen Ende die zwillingsweise angeordneten Antheren oder Pollensäcke (Staubbeutel) tragen, die große Menge feinsten Blütenstaubes (Pollen) enthalten und bei ihrer Reife freigeben. Den unteren Röhrenraum, der bis zu den untersten Staubfäden reicht, nennt man Nektarkammer. Von einer geschlossenen Nektarkammer spricht man dann, wenn die untersten Staubfäden bis zum Griffel hin miteinander verwachsen sind und so ein sogenanntes Diaphragma (häutige Scheidewand, Querwand) bilden oder durch Auswulstung der Staubfädenbasen oder des Röhrengewebes ein ähnlicher geschlossener Abschluß entsteht. Bei den meisten Arten ist jedoch die Nektarkammer offen oder halboffen. Als Abschluß der Nektarkammer findet man manchmal Haar- oder Wollbildungen. Diese können Gebilde der Epidermis sein, es kann sich aber auch um umgewandelte oder verkümmerte Staubfäden handeln. Man spricht in letzterem Falle von Staminodien bzw. Staminodialhaaren. Auf dem Fruchtknoten sitzt als stielartige Verlängerung desselben der Stylus (Griffel), der an seinem oberen Ende die der Zahl der Fruchtblätter entsprechende Zahl von Narbenstrahlen trägt. Ihre samtartige Oberfläche besteht aus Papillen, feinsten Ausstülpungen der Epidermis, die eine klebrige Flüssigkeit ausscheiden und so die Pollenkörner festzuhalten vermögen. Fruchtknoten, Griffel und Narben bilden das weibliche Geschlechtsorgan, das man in seiner Gesamtheit Stempel (Pistillum) nennt.

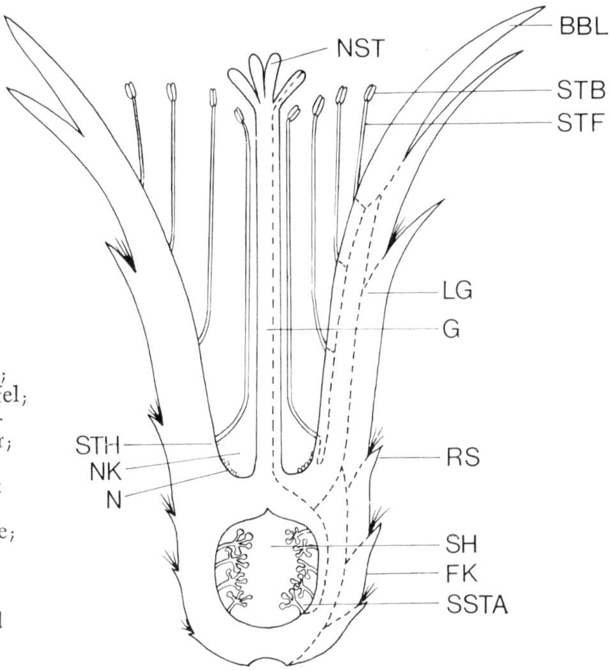

Schema einer Kakteenblüte. BBL Blütenblätter; FK Fruchtknoten; G Griffel; LG Leitgefäße; N Nektarien; NK Nektarkammer; NST Narbenstrahlen; RS Röhrenschuppen mit Stacheln, Borsten oder Haaren; SH Samenhöhle; STB Staubbeutel; STF Staubfäden; STH Staminodialhaare; SSTA Samenstränge und Samenanlagen.

Die Befruchtung kommt dadurch zustande, daß das an der Narbe hängengebliebene Pollenkorn zu wachsen beginnt und – nun Pollenschlauch genannt – durch den Griffel in die Tiefe und durch den Funiculus bis in die einzelne Samenanlage in den Embryosack wächst, wo sich seine beiden generativen (Zeugungs-)Kerne mit dem Embryosackkern und der Eizelle vereinigen. Es gibt unter den Kakteen Tagblüher und Nachtblüher. Die Blüten können dabei, wenn sie mehrtägig sind, entweder ständig offen bleiben oder sich jeweils schließen und wieder öffnen. Es gibt Kakteenblüten von nur wenigen Stunden Dauer und solche, die bis etwa 12 Tage lang befruchtungsfähig bleiben. Bei manchen Kakteen (z. B. *Thrixanthocereus*) schiebt sich der befruchtungsfähige Griffel mit den Narben bereits bis zu 24 Stunden vor dem Öffnen der Blüte aus der noch völlig geschlossenen Knospe heraus, d. h. die Narbe wird entsprechend früher reif als der Pollen. Bei anderen Arten wieder reift der Pollen zuerst. Als Bestäuber kommen je nach der Tageszeit des Hochstands der Blüte Tag- und Nachtinsekten, Fledermäuse und Kolibris, vereinzelt vielleicht auch der Wind in Frage. Manche Kakteen sind Selbstbestäuber (z. B. *Frailea, Rebutia*), d. h. die Bestäubung tritt ohne jede fremde Mitwirkung ein, sei es, daß der Pollen auf die tiefer gelegene Narbe fallen kann oder daß durch Wachstums- oder Reifebewegungen der Blütenteile eine Berührung von Narbe und Staubbeuteln zustande kommt. Vereinzelt kommt auch Cleistogamie (cleistogam = verborgenfruchtend) vor und ist bei der Gattung *Frailea* z. B. sogar normal. In diesem Falle findet Bestäubung und Samenbildung statt, ohne daß sich die Knospe überhaupt öffnet. Die Kakteen sind teils selbstfertil (selbstfruchtbar) d. h. sie können mit Pollen befruchtet werden, der von der gleichen Pflanze stammt, teils sind sie selbststeril (selbstunfruchtbar), so daß also der Pollen von einer aus einem anderen Samenkorn entstandenen Pflanze stammen muß.

Die Kakteenblüten stehen meist einzeln, selten zu zweien oder gar in einem regelrechten Blütenstand z. B. bei *Peireskia*, sie entspringen normalerweise aus der Areole (z. T. auch aus der „Axille" genannten Seitensproßabzweigung), die zwischen 2 Warzen mündet (*Mammillaria*, Abb. Seite 65) oder aus einer Seitensproßabzweigung, die in einer oben auf der Warze befindlichen Furche (z. B. bei *Coryphantha*) endet. Bei manchen Gattungen kommen die Blüten nur aus einer ausgesprochenen Blühzone, deren Areolen sich durch dichte Borsten-, Haar- oder Wollentwicklung auszeichnen. Man spricht dabei von einem Cephalium, wenn die Blühzone bereits im Scheitel der Pflanze angelegt ist und sich demnach beim Weiterwachsen des Sprosses zugleich mit ihm entwickelt (z. B. bei *Thrixanthocereus*) oder aber von einem Pseudocephalium, wenn die blühfähigen Areolen erst nachträglich zu besonderer Borsten- und Haarbildung schreiten (z. B. bei *Cephalocleistocactus, Seticereus*). Beim Pseudocephalium ist die Lage der Rippen und Areolen unverändert, das Cephalium hingegen liegt meist wie in einer Rinne etwas eingesenkt im Pflanzenkörper. Kakteenblüten gibt es in einer ungeheuren Vielfalt. Es gibt solche von nur wenigen Millimetern *(Rhipsalis)* bis zu 40 cm Größe *(Selenicereus)*; es gibt solche von flacher Rad- oder Tellerform, dann findet man wieder glockenförmige, trichterförmige und solche von sehr enger, langer kaum öffnender Röhrenform wie bei manchen Arten der Gattung *Cleistocactus*, die der Laie oft gar nicht als Blüten erkennt. Im Längsschnitt ist die Mehrzahl der Kakteenblüten allseits symmetrisch gebaut; bei einzelnen Gattungen findet man aber auch abgeschrägt gestaltete (zygomorphe) Blüten. Als Beispiel für besonders stark ausgeprägte Zygomorphie sei *Bolivicereus samaipatanus* erwähnt (Abb. 17). An Farben sind nur rein blaue Töne nicht vertreten, aber von weiß über gelb, rosa, orange, rot, karminviolett, und selbst grün bis braun gibt es unzählige Schattierungen; es gibt leuchtende, blendende Farben bis zu den zartesten Pastelltönen. Die Blütenblätter können dabei matte Oberfläche zeigen oder aber fettigen, metallischen oder reinen Seidenglanz. Die normale Kakteenblüte enthält sowohl männliche als auch weibliche Geschlechtsorgane, d. h. die Kakteen sind einhäusige Pflanzen, von einigen Ausnahmen abgesehen: so ist z. B. *Mammillaria dioica* zweihäusig, die Individuen sind entweder männlichen oder weiblichen Geschlechts, ihre Blüten tragen demnach auf der männlichen Pflanze nur Staubgefäße, auf der weiblichen Pflanze dagegen nur den Stempel, wobei die anderen Geschlechtsorgane jeweils in verkümmerter Form vorhanden sein können.

Frucht: So vielgestaltig wie die Kakteenblüten sind auch die Früchte, deren Wandung (Perikarp), wie oben beim Fruchtknoten bereits ausgeführt, durch die Karpelle und das Perikarpell gebildet wird. Die Frucht kann eine kleine Beere von einigen Millimetern Durchmesser sein, wie bei *Rhipsalis* oder bei *Epithelantha,* aber auch eine Kugel bis fast 10 cm Größe, wie wir sie schon im Mittelmeergebiet sahen (bei *Piptanthocereus*); sie kann kugelrund, oval, eiförmig oder stark länglich sein, wie z. B. bei vielen Mammillarien; die Früchte mancher Arten, z. B. bei *Rebutia,* sind bei der Reife trocken und ihre Wandung ist oft nur eine pergamentartige Haut, während andere Früchte sehr saftig sind, wobei die Samen in ein saftiges, meist duftendes, wohlschmeckendes Fruchtfleisch eingebettet liegen (z. B. bei *Opuntia, Haageocereus*). Das Fruchtfleisch (die Pulpa) besteht dabei größtenteils aus den dick, fleischig und saftig gewordenen Samensträngen (Funiculi). Bei den Früchten kommen auch alle Farbtönungen vor von fast weiß, z. B. bei *Pfeiffera,* bis zu schwarz. Häufig findet man auch ein weithin leuchtendes glänzendes Rot *(Mammillaria, Haageocereus, Eriocereus),* das die Vögel anlockt und so die Erhaltung und Verbreitung der Art sichern hilft. In vielen Fällen ist die leuchtende Frucht viel schöner und auffallender als die Blüte. Die Reifedauer der Früchte schwankt zwischen wenigen Wochen und einem ganzen Jahr oder mehr. In der Frucht finden sich die Samen in außerordentlich verschiedener Zahl. Bei der Gattung *Islaya* finden wir in der etwa 4 cm großen länglichen, mit Luft aufgeblasenen Frucht normalerweise nur 1–3 Samenkörner, während wir bei *Thrixanthocereus blossfeldiorum* oft mehr als 1500 Samenkörner in einer einzigen Frucht finden.

Samenkorn: Auch der Samen ist mannigfaltig. Während bei Opuntien Samenkörner bis zu 5 mm Durchmesser vorkommen, sind manche Parodiensamen beinahe staubfein und machen deshalb große Schwierigkeiten bei der Aussaat. An Formen findet man kugelige, ovale, nierenförmige, abgeplattete, mützenförmige und geflügelte Samen. Bei den Samen findet man Farben von hellbraun *(Mammillaria)* bis zu tiefschwarz. Manche sind glänzend, andere wieder matt, die Oberfläche kann ganz glatt, warzig oder grubig punktiert sein. Um unseren morphologischen Streifzug zu vervollständigen und zu beenden, wollen wir noch den Bau eines Samenkorns näher betrachten (Schemazeichnung Seite 72). Die äußere Hülle heißt Samenschale oder Testa. Wir bemerken an ihr eine weit heller gefärbte, sich deutlich von der übrigen Oberfläche abhebende Stelle, nämlich den Samennabel (das Hilum). Auf dem Samennabel erkennen wir deutlich die Samenstrangabrißnarbe, die Stelle, an der das Samenkorn mit dem Funiculus verbunden war. Darüber entdecken wir ein kleines Loch, das aber auch außerhalb des Hilums liegen kann: es ist die Mikropyle oder das Mikropylarloch (Keimmund), und zwar die Öffnung, durch die beim Befruchtungsvorgang der Pollenschlauch in den Embryosack eindrang. Durch dieses Loch wird zwar nicht die Wurzel des Embryos nach außen wachsen, wie sein irreführender deutscher Name vermuten ließe, es wird aber vermutlich durch dasselbe wenigstens zum Teil die zur Keimung nötige Feuchtigkeit nach innen geleitet. Innerhalb der Samenschale liegt gebogen der Embryo, an dem man die beiden Keimblätter (Kotyledonen mit dem dazwischenliegenden Vegetationsscheitel, den Hauptkörper des Embryos (das Hypokotyl) und die Keimwurzel (die Radikula) erkennt. Zwischen dem gebogenen Embryo liegt (in der Abb. schraffiert) sein Nährgewebe (das Perisperm). Beim Keimungsvorgang saugt sich der Embryo voll, wird prall und beginnt zu wachsen. Durch den starken Innendruck sprengt er die durch die Feuchtigkeit weicher gewordene Samenschale und die Keimwurzel tritt durch den entstandenen Spalt zuerst ins Freie, um sich sofort nach unten in die Erde zu senken. Sodann streckt sich der Keimling gerade und hat dann oft noch die gesprengte Samenschale auf seinem Kopf sitzen. Die Keimdauer ist nach Arten und Gattungen sehr unterschiedlich. Sie kann nach unseren Erfahrungen von 4 Tagen *(Rebutia)* bis zu 1 Jahr und darüber betragen *(Opuntia)*. Die Keimfähigkeit bleibt bei manchen Arten nur etwa 1 bis höchstens 2 Jahre erhalten *(Rebutia)*, bei anderen wieder mehrere Jahrzehnte. Samen

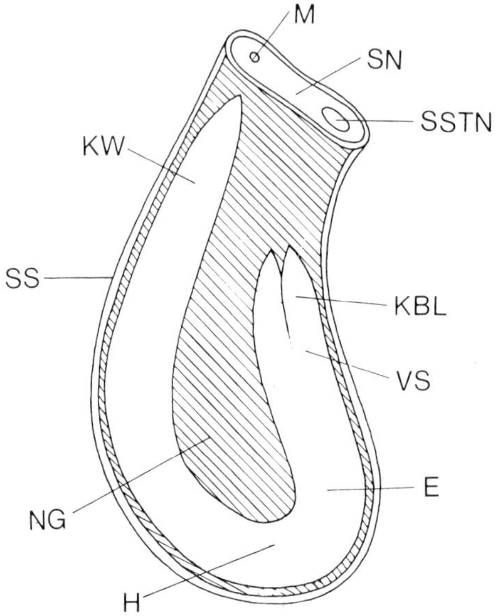

Längsschnitt durch ein Samenkorn. E Embryo; H Hypokotyl; KBL Keimblätter (Kotyledonen); KW Keimwurzel (Radikula); M Mikropyle oder Mikropylarloch; NG Nährgewebe (Perisperm); SN Samennabel (Hilum); SS Samenschale (Testa); SSTN Samenstrangabrißnarbe; VS Vegetationsscheitel.

von *Thrixanthocereus blossfeldiorum* haben wir noch nach 15–20 Jahren zum Keimen gebracht. Manche Arten keimen sofort nach der Samenreife am besten, während andere Arten eine Samenruhe von 1–2 Jahren verlangen. Manche Samen müssen auch im Winter dem Frost ausgesetzt sein, um überhaupt zum Keimen zu kommen *(Tephrocactus, Opuntia)*. In manchen Fällen keimt der Samen bereits in der gut ausgereiften Frucht; so haben wir z. B. bei *Haageocereus chosicensis* und *Pfeiffera erecta* Sämlinge direkt aus der Frucht in die Saatschale mit Erfolg pikiert. Manche dieser Sämlinge hatten sogar die ersten Stachelchen bereits in der Frucht entwickelt.

Aufbau und Pflege einer Kakteensammlung

1 Unterbringung

Hauptvoraussetzung für eine erfolgreiche Kakteenhaltung ist eine geeignete Unterbringungsmöglichkeit für die Sammlung. Zur Unterbringung einer Kakteensammlung im Sommer muß mindestens ein sonniges, nach Osten, Süden oder Westen gelegenes Fenster vorhanden sein. Ein Nordfenster oder ein durch hohe Bäume dauernd beschattetes Fenster hingegen ist absolut ungeeignet. Hier würden Kakteen dank ihrer Anpassungsfähigkeit wohl am Leben erhalten werden können, sie würden aber nur eben vegetieren und keinesfalls durch freudiges Gedeihen oder gar Blühen ihrem Pfleger dauernd Freude machen. Wer aber über ein sonniges Fenster verfügt, kann gute Erfolge haben. Es ist dabei von großem Vorteil, sich einen verglasten Kasten ans Fenster zu bauen oder durch einen Schreiner bauen zu lassen. Am vorteilhaftesten ist dabei wegen der besseren Belichtung ein *vor* dem Fenster stehender Kasten, der natürlich durch entsprechende, in die Mauer eingelassene Winkeleisen gut gesichert sein muß. Der Kasten soll ein mit Zinkbleck ausgeschlagenes Unterteil besitzen, um darin die Töpfe mit Hilfe von Torfmull oder ähnlichem einzufüttern; sie würden andernfalls viel zu schnell austrocknen und die zarten jungen Saugwurzeln würden verbrennen. Ferner muß für den Kasten eine gute Lüftungsmöglichkeit vorgesehen werden, wobei man auch an eine Sicherung gegen starken Wind denken muß. Auch eine windsichere Vorrichtung zur Beschattung des Kastens bei starker, brennender Sonne darf nicht vergessen werden. Von Vorteil ist es, wenn der Deckel des Kastens abgenommen werden kann, um den Pflanzen bei nicht zu glühender Sonne ein Sonnenbad gönnen zu können, nachdem ja bekanntlich das Normalglas einen Teil der wirksamen Sonnenstrahlen abfiltert. Eine allgemein gültige Bauanleitung kann hier nicht gegeben werden, da die Verhältnisse nirgends gleich sind. Ein guter Bastler wird aber aufgrund der vorstehend gegebenen Hinweise einen geeigneten Kasten bauen können oder man muß sich eben durch einen tüchtigen Handwerker einen solchen machen lassen. Der Fensterkastenpfleger wird sich hauptsächlich mit Kugelformen befassen, von denen sich viele auf kleinem Raum unterbringen lassen; er braucht aber auch auf einzelne, leicht blühende und niedrig bleibende Cereen nicht ganz zu verzichten.

Wesentlich besser stellt sich jedoch der Besitzer eines sonnigen Gartens. Er hat die idealsten Vorbedingungen für eine erfolgreiche Kakteenpflege, wenn er an der hellsten Stelle des Gartens seine Glasbeete und Cereenkästen aufstellt. Alle niedrigen Kakteen bringt man in den Glasbeeten unter, wo sie nahe am Glas, d. h. am Licht stehen können. Die Neigung der Fenster soll dabei nach Süden oder Südosten gehen. Hat man aber Doppelglasbeete, bei denen je zwei Fenster oben gegeneinander stoßen, dann gibt man den Beeten die Richtung Nord-Süd,

weil dann die Morgensonne durch die nach Osten geneigten Fenster und die Abendsonne durch die nach Westen geneigten am besten scheinen kann. Aus dem gleichen Grunde stellt man einen Cereenkasten mit seiner Längsachse von Nord nach Süd auf. Ein solcher Kasten läßt sich unschwer herstellen. Es genügt ein Holzgerüst, das man mit sogenanntem Rollglas (Bizella-Glas) oder mit Polyäthylenfolie bespannt. Natürlich muß eine Tür bzw. eine gute Lüftungsmöglichkeit vorgesehen werden, die möglichst hoch oben öffnet, weil sich oben durch die in die Höhe steigende warme Luft die größte Hitze ansammelt. Der untere Teil des Kastens kann ein normaler Glasbeetkasten sein. Wenn es sich um einen kleineren Holzkasten handelt, empfiehlt es sich ebenfalls, einen Zinkblecheinsatz vorzusehen, der genügend kleine Löcher im Boden haben muß, damit überschüssiges Wasser ablaufen kann; darin futtert man die Töpfe ein, um ein zu starkes Austrocknen zu vermeiden. Die Töpfe können selbstverständlich auch in die Erde eingelassen werden, wobei aber besonders auf Erdungeziefer zu achten ist. Der Besitzer eines solchen Cereenkastens kann bei vielen kleineren Cereen mit Blüten rechnen.
Glasbeete, sog. Frühbeete oder Mistbeete, kauft man am besten fertig. Sie sind in bester Qualität im Handel erhältlich. Man bekommt sie mit Betonseitenteilen und normalen Glasbeetfenstern aus Holzrahmen oder aber auch mit den wegen ihrer Wetterunempfindlichkeit und Wartungsfreiheit vorzuziehenden feuerverzinkten Blechrahmenfenstern. Abzulehnen sind die immer noch weit verbreiteten Fenster mit Eisenrahmen, weil diese zu viel Pflege erfordern, um Rost zu vermeiden, und weil sie außerdem viel zu schwer und deshalb schlecht zu handhaben sind. Am empfehlenswertesten sind die seit einigen Jahren in den Handel gekommenen Frühbeete, die ganz aus Kunststoff bestehen. Sie sind sehr leicht, also mühelos aufzustellen, und die Wände sind durchsichtig, geben also auch den an den Wänden und in den Ecken stehenden Pflanzen genügend Licht, die bei den üblichen Beeten viel zu dunkel stehen.
Für einen Bastler ist, wie schon gesagt, die Herstellung eines geeigneten Cereenkastens kein Problem. Wir wollen deshalb im folgenden noch nähere Angaben hierzu machen. Es gibt dabei zwei Möglichkeiten, nämlich man baut entweder einen beweglichen Kasten, den man überall aufstellen kann, z. B. auf einer Terrasse oder auch auf einem Balkon, oder man fertigt einen fest mit der Erde verbundenen, nur im Garten verwendbaren Kasten. Im ersten Fall stellt man zunächst einen Kasten von der Form einer Kommodenschublade her. An Länge sollte man etwa 130 cm und an Breite etwa 70 cm nicht überschreiten, um die Stabilität zu gewährleisten. Die Wände dieses Kastens macht man 20–25 cm hoch. Dann nagelt man in jede der Ecken eine Dachlatte von normalem Querschnittsmaß und von etwa 150 cm Höhe. Die oberen Dachlattenenden verbindet man sodann durch ein Rechteck aus weiteren Dachlatten. Dieser Oberseite kann man eine leichte Neigung nach vorn geben, damit das Regenwasser leichter abfließt. Schließlich bespannt man die vordere Längsseite und die beiden Schmalseiten des Cereenkastens mit Drahtrollglas oder auch einfacher Plastikfolie. Man verwendet dabei nur Breitkopfnägel oder Reißnägel. Vor dem Einschlagen der Nägel legt man diesen kleine Stückchen fester Pappe oder auch 1–2 mm starke Querschnitte von Flaschenkorken unter, um einem Einreißen der Folie vorzubeugen. Die als Öffnung für den Kasten vorgesehene Längsseite schließt man durch ein von

oben herabhängendes Stück Folie, das man nach Bedarf hochrollen kann. Man macht dieses Folienstück am obersten Rahmen ebenfalls mit Nägeln fest und befestigt auf die gleiche Weise am unteren Ende einen waagrechten Stock, den man auf den Seiten etwa je 5 cm überstehen läßt. Wenn man dann rechts und links längere Nägel in die senkrechten Latten schlägt, in verschiedener Höhe und in gleichen Abständen, dann kann man verschieden hoch lüften oder auch bei warmem Wetter die ganze Rückseite des Cereenkastens offenlassen.
Ein unbeweglicher Cereenkasten im Garten ist noch viel einfacher herzustellen: Man schlägt 4 Pfähle in den Boden, die natürlich senkrecht und parallel stehen müssen. Während man beim beweglichen Kasten auch ohne Zinkblecheinsatz auskommt, ist hier ein solcher allerdings unerläßlich, um böse Überraschungen, z. B. das Umwühlen des Einfutterungsmaterials und das Umwerfen der ganzen

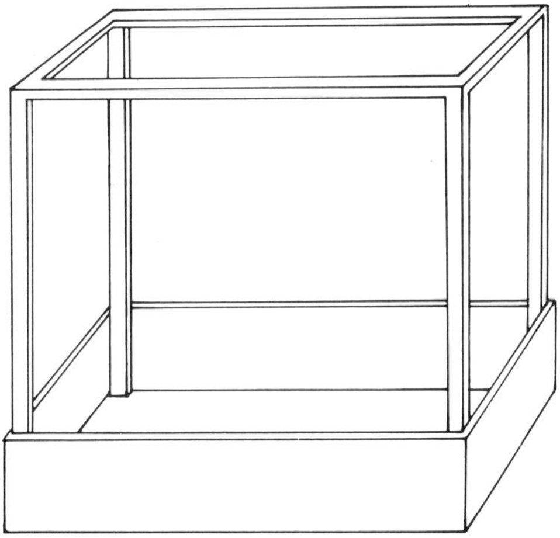

Cereenkasten

Pflanzen durch einen Maulwurf, zu vermeiden. Diesen Zinkblecheinsatz stellt man am besten auf eine etwa 10 cm dicke Dränageschicht aus Flußsand. Bespannt wird der Kasten in gleicher Weise wie der bewegliche Kasten.
Die Lüftung der Cereenkästen kann auch so geschehen, daß man auf dem oberen Abschlußrahmen einen weiteren, mit Scharnieren befestigten beweglichen Rahmen anbringt, der dann allerdings eine Feststellvorrichtung für das Lüften in verschiedener Höhe besitzen muß. Solche Feststellvorrichtungen muß man sich in einem Fachgeschäft für Schreinereibedarf beschaffen.
Der Traum jeden Kakteenfreundes aber ist ein mehr oder weniger großes Gewächshaus, das natürlich die bequemste Möglichkeit zu einer erfolgreichen Kakteenpflege bietet. Wie dieses Gewächshaus beschaffen sein soll, hängt weitgehend von den örtlichen Gegebenheiten ab. Die einfachste Form ist das mit einer Längsseite an ein Gebäude angelehnte Gewächshaus mit einseitig nach außen abfallendem, sogenanntem Pultdach. Man kann dabei je nach seiner Breite den Gang an der Wand vorsehen und eine Seitenstellage auf der Fensterseite, oder bei größerer Breite den Gang in der Mitte, ein Cereenbeet an der Gebäudewand und auf der Fensterseite die Stellage für die niedrigeren Formen. Der Nachteil dieses Hauses ist aber, daß es verhältnismäßig wenig Licht erhält, denn die Ge-

bäudewand gibt immer, auch wenn sie hell gestrichen ist, wesentlich weniger Licht ab als der Himmel. Sie muß also in jedem Falle schneeweiß getüncht werden. Ferner bekommt ein solches Haus bei Ost- oder Westlage nur knapp einen halben Tag Sonne, während es sich bei Südlage zu stark erhitzt und bei entsprechender Lüftung besonders stark austrocknet. Häufig ist es in Gewächshäusern die allzu trockene Luft, die die Pflanzen nicht so gedeihen läßt, wie man gehofft hatte. Das Ideal ist also ein Gewächshaus, das entweder ganz frei steht oder mit seiner Stirnseite an eine Gebäudesüdwand angelehnt werden kann und dessen Satteldach sich demnach nach Osten und nach Westen neigt. Selbstverständlich hält man auch diese Stirnwand strahlend weiß. Das Gewächshaus soll natürlich in jedem Falle so stehen, daß es möglichst gar keinen Schatten erhält. Für die Größenverhältnisse des Hauses gibt es einen weiten Spielraum, der eigentlich nur in der Finanzkraft seines Besitzers seine Grenzen findet.

Für seine Einteilung möchten wir folgendes vorschlagen: im Süden wird ein Raum abgeteilt, der als Arbeitsraum zum Umtopfen, Pikieren, Pfropfen, zur Aufbewahrung der Geräte und Spritzmittel sowie der leeren Pflanzgefäße und der Pflanzerde notwendig gebraucht wird und dessen Fehlen man in vielen Gewächshäusern als schweren Mangel empfindet. Falls man den Hauptraum groß genug gestalten kann, empfiehlt es sich, für Cereen ein etwa 1,60 m breites Mittelbeet vorzusehen. Ein etwa 30 cm hohes Mäuerchen, das noch etwa weitere 20 cm tief in die Erde reicht, grenzt das Mittelbeet ab. Da frisches Mauerwerk stark alkalisch ist und Gift für die Kakteenwurzeln bedeutet, legt man vor dem Einfüllen der Erde eine Plastikfolie an die Mauer, damit die Erde mit der Mauer nicht in Berührung kommt. Auf den Boden, der naturgewachsene Erde sein darf, bringt man zur Dränage eine Lage von etwa 10 cm aus reinem, grobem Bimskies oder aus alten Backstein- oder Ziegelbrocken und füllt dann erst mit Kakteenerde auf. Sodann gießt man mit einem starken Schädlingsbekämpfungsmittel z. B. Metasystox oder E 605 kräftig durch, bevor man mehrere Wochen später, wenn sich die Erde gesetzt hat und wieder trocken geworden ist, mit der Bepflanzung beginnt. Man kann dann mit der Vernichtung der etwa in der Erde vorhandenen Schädlinge rechnen. Besser ist es, wenn man sich von einer Gärtnerei gedämpfte Erde beschaffen kann. Um das Mittelbeet läßt man den etwa 90 cm breiten Gang laufen. Vom Gang bis zur seitlichen Stehverglasung schließen sich dann die Seitenstellagen an, die etwa 1 m breit gehalten werden. Sie breiter zu machen, empfiehlt sich nicht, weil man sonst schlecht an die äußersten, am Fenster stehenden Pflanzen heran kann. An der nördlichen Stirnseite des Gewächshauses kann man Spaliere für die Königin der Nacht und für andere Rankcereen vorsehen. Den Sockel des Gewächshauses führt man am besten als solide, frostsicher fundierte Mauer aus gut Wärme isolierendem Material aus, z. B. aus Viellochsteinen. Selbstverständlich isoliert man die Mauer durch Dachpappe über der Erde auch gegen aufsteigende Bodenfeuchtigkeit, wie das auch allenthalben beim Hausbau geschieht. Für die seitliche Stehverglasung hat sich eine Höhe von etwa 60 cm bewährt. Die unverwüstlichsten und hellsten Häuser sind die aus feuerverzinktem Material mit einer Lüftung, bei der sich das oberste Drittel des Daches hochdrehen läßt. Die Höhe des Firstes wird der Cereenfreund mit etwa 3 m bemessen. Holzgewächshäuser können wir nicht empfehlen. Die Holzteile müssen, um tragfähig genug zu sein, eine gewisse Stärke haben und nehmen dadurch zuviel Licht weg.

Für die Verglasung ist noch folgendes zu beachten: um möglichst viel Licht für die Pflanzen zur Verfügung zu haben, empfiehlt es sich, die Ostseite mit Blankglas, einem starken Fensterglas, auszustatten. Die Morgensonne ist noch nicht so heiß, daß man Verbrennungen befürchten müßte, während man andererseits eine große Lichtmenge erhält. Die Süd- und Westseite dagegen muß man mit sogenanntem Gartenklarglas oder einem ähnlichen, nicht durchsichtigen Glas ausstatten, das infolge seiner unregelmäßigen Oberfläche ein zerstreutes Licht ergibt. Dadurch können durch die heiße Mittags- und Nachmittagssonne, die, wie jedermann weiß, unter Glas erheblich stärker brennt als im Freien, keine Schäden hervorgerufen werden. Plexiglas, das das Ultraviolett des Sonnenlichts hindurchläßt, können wir jedoch nicht empfehlen. Uns bekannt gewordene Versuche mit Plexiglas führten nicht zu besonders gutem Gedeihen der Pflanzen, wie man es zunächst theoretisch annehmen möchte. Das dürfte darauf zurückzuführen sein, daß die verbrennende Wirkung dieses Glases zu groß ist. Es müßte also in bedeutend stärkerem Maße gelüftet werden, was aber wieder zu einer rapiden Austrocknung und zu einer Lufttrockenheit führt, wie sie im Freien selbst in den Trockengebieten der Heimat der Kakteen kaum vorhanden sein dürfte. Nur ausgesprochene Wüstenkakteen sind dieser Lufttrockenheit gewachsen. Lediglich bei Gewächshäusern, die auf ausgesprochen feuchtem Boden mit hohem Grundwasserspiegel stehen, wie z. B. in Moorgebieten oder in den deutschen oder holländischen Küstenniederungen, ist Plexiglas uneingeschränkt zu empfehlen. An der Seitenverglasung sollte man ebenso wie am Dache Vorrichtungen vorsehen, um Drähte spannen zu können, über die man im Winter Plastikfolien zieht. Durch eine solches Plastikgewächshaus im Gewächshaus spart man im Winter ganz erheblich an Beheizungskosten. Der Abstand der Folien von der Stehverglasung mag 5 cm betragen, vom Glasdach zwischen 10 und 50 cm. Bei einem etwaigen Versagen der Heizung setzt diese Plastikisolierung die Erfrierungsgefahr ganz bedeutend herab. Sie bedeutet ferner im Frühjahr eine zarte Schattierung für die an Sonne nicht mehr gewöhnten Pflanzen.

Während Glasbeete und Cereenkasten im Garten normalerweise nur dem Sommeraufenthalt unserer Kakteen dienen, müssen wir für das Gewächshaus eine solide Heizung vorsehen. Die unbestreitbar beste Heizung ist dabei die Warmwasserheizung, die bei reichlich bemessenen Heizrohren eine gleichmäßige und gut regulierbare Heizmöglichkeit bietet. Man kann auf einer Seite des Hauses die doppelte Zahl von Rohren verlegen lassen und erreichen, daß hier die Temperatur z. B. 5 °C mehr als auf der anderen Seite beträgt. Man kann also die Hochgebirgsarten im gleichen Haus kühler überwintern als die eigentlichen tropischen Arten. Das Ideale ist dabei die vollautomatische Ölheizung, die man gegebenenfalls an die Heizung des Wohnhauses anschließen kann. Unerläßlich ist dabei ein eigener Raumthermostat im Gewächshaus, wünschenswert ferner eine Schaltuhr (z. B. die bekannte und bewährte Honeywell-Schaltuhr), die es möglich macht, die gewünschten Tages- sowie die niedrigere Nachttemperatur und den Zeitpunkt der jeweiligen Umschaltung beliebig einzustellen. Dringend anzuraten ist die Anbringung eines weiteren Thermostats, den man mit der Wohnungsklingel verbindet und den man so einstellt, daß er bei Unterschreitung einer Temperatur von etwa 2–3 °C die Klingel in Tätigkeit setzt. Bei einem Versagen der Heizungsautomatik kann man dann immer noch mit Elektro-

oder Petroleumöfen oder auch einem dafür vorgesehenen parallel geschalteten zweiten Heizkessel für feste Brennstoffe eingreifen und schlimmste Schäden verhüten, wie sie im Januar 1963 z. B. ein süddeutscher Liebhaber in seinem großen Gewächshaus erleben mußte, der bei mehr als 20° Kälte morgens eine Temperatur von – 8 °C bei Stillstehen der Heizung in seinem Gewächshaus vorfand. Vor der dauernden Verwendung der manchmal empfohlenen tragbaren, nicht an einen Kamin gebundenen Petroleumöfen möchten wir aber warnen. Es ist sicher, daß auch hier Abgase entstehen können, und es ist nicht genügend geklärt, wieweit diese Abgase giftig auf die Pflanzen wirken.
Die in Glasbeeten und Kästen im Garten oder vor dem Fenster gehaltenen Kakteen überwintert man in einem möglichst hellen, frostfreien Raum (s. auch unter „Temperatur").

2 Aufbau einer Sammlung

Die meisten Kakteensammlungen bestehen aus Vertretern aller möglichen Gattungen, sie entstehen entweder dadurch, daß der begeisterte Anfänger einfach alles zusammenrafft, was Kaktus heißt, oder daß er alle Pflanzen sich anschafft, die ihm besonders gut gefallen. Eine Sammlung kann aber auch überlegt darauf ausgerichtet sein, daß sie einen Querschnitt durch die Familie Cactaceae bieten soll. Es gibt auch eine Reihe von Spezialsammlungen, die sich in erster Linie mit nur einer oder einigen wenigen Gattungen befassen, oder aber auch mit den Kakteen eines bestimmten Gebietes. Es wäre falsch, wenn wir hier in dieser Richtung Vorschläge machen wollten, denn es handelt sich hierbei um eine ausgesprochene Frage des persönlichen Geschmacks. Wir müssen uns also darauf beschränken, auf die gegebenen Möglichkeiten hinzuweisen, insbesondere darauf, daß es von großem Vorteil sein wird, wenn sich schon der Anfänger über das Ziel seines Sammelns weitmöglichst klar wird. Die ungeheuere Mannigfaltigkeit der Kakteen macht es leicht, für jeden Geschmack etwas zu finden. Der eine hat Freude an bizarren Gestalten und sammelt Opuntien, Monstrositäten, Cristaten, wild bestachelte Körper und dergleichen. Ein anderer sammelt nur weiß bestachelte oder weiß behaarte Kakteen. Man kann Kakteen auch wegen ihrer bunten Bestachelung sammeln, denn es gibt sowohl rein weiß wie glänzend schwarz bestachelte Pflanzen mit allen Zwischentönen über reines leuchtendes Gelb, Fuchsrot oder Rubinrot, Braun und Grau. Aber auch die Körperfarbe kann weiß sein *(Stenocereus–Lemaireocereus beneckei* mit seinem weißen mehlartigen Wachsüberzug), blau *(Azureocereus hertlingianus)*, gelb *(Chamaecereus silvestrii* 'Aurea' sowie eine erst unlängst auf den Markt gekommene rein goldgelbe Mutation des *Gymnocalycium mihanovichii* var. *friedrichii)*, rot *(Gymnocalycium mihanovichii* var. *friedrichii* 'Rubra'), und pechschwarz *(Copiapoa tenuissima* und viele *Neochilenia*-Arten). Wer aber gute Blüher sammeln will, der findet eine große Auswahl dankbarer Pflanzen, viele mit Blüten von einer Schönheit, wie sie von keiner der begehrtesten und teuersten Orchideen übertroffen wird. Von den leuchtendsten Farben bis zu den zartesten Pastelltönen ist, ausgenommen Blau, alles vertreten.

3 Pflanzgefäße

Man kann Kakteen in Blumentöpfen, in Schalen oder auch frei ausgepflanzt, z. B. im Cereen-Mittelbeet des Gewächshauses kultivieren. Das freie Auspflanzen ist im letzteren Falle dringend anzuraten, da Cereen nur in diesem Falle ihr oft mehrere Meter weit reichendes Wurzelwerk frei entfalten können und so zu erstaunlichem Wachstum und Blühen angeregt werden. In Ausnahmefällen erreichten wir so bei großen Cereen Jahrestriebe bis zu fast 1 m Länge. Kleinere Pflanzen und Kugelformen gedeihen am besten zu mehreren in Schalen gepflanzt, in denen sich die Wurzeln ebenfalls ungehemmt entwickeln können. Es sollen dabei die Körper ungefähr einen Abstand von einander haben, der ihrem Durchmesser entspricht. Die Erfahrung lehrt, daß die gegenseitige „Konkurrenz" der Wurzeln wachstumsanregend wirkt, während allerdings ein wissenschaftlich fundierter Beweis für diese Erfahrungstatsache noch aussteht. Die Schalen sollte man nicht zu groß wählen, weil sie sonst zu schwer und unhandlich werden; 30–35 cm Länge, 20–25 cm Breite und 6–12 cm Tiefe (die flacheren für Jungpflanzen, die tieferen für größere Pflanzen oder solche mit Rübenwurzeln) haben sich als geeignete Maße erwiesen. Das Standardgefäß jedoch ist und bleibt der Blumentopf. Sein in die Augen springender, unbestreitbarer Vorteil ist, daß jede einzelne Pflanze ohne weiteres aus der Sammlung genommen werden kann (mit Hilfe der im Handel erhältlichen bequemen Topfzange!), sei es zum Fotografieren, sei es um die Pflanze auf ihren Gesundheitszustand zu untersuchen oder um sie umzutopfen oder auch zu entfernen, falls sie krank geworden oder eingegangen sein sollte. Auch kann man die in Töpfen stehenden Pflanzen jederzeit umgruppieren, während z. B. in einer Schale die eine oder andere Pflanzen besonders stark wächst und andere kleiner bleibende Pflanzen dabei fast erdrückt oder ihnen das Licht wegnimmt. Es ist nun aber durchaus nicht gleichgültig, aus welchem Material Töpfe und Schalen bestehen. Die heute noch teilweise vertretene Ansicht, daß die Töpfe und Schalen porös, also luftdurchlässig sein müßten, ist absolut falsch, soweit es sich um Schalen und Töpfe handelt, die frei gestellt werden sollen. In diesem Falle sind die üblichen Tongefäße sogar ausgesprochen schädlich, denn sie bringen das Gießwasser äußerst schnell zur Verdunstung, die Erde wird staubtrocken und die feinen, an der Topfwand anliegenden Saugwurzeln werden durch die in der Sonne sehr heiß werdende Topfwand ausgedörrt und verbrannt. Solange die Topferde noch feucht ist, entsteht umgekehrt eine nicht unerhebliche Verdunstungskälte. Zudem verkalken Erde und Topf ungemein rasch infolge erhöhten Gießwasserbedarfs, falls das Leitungswasser wie üblich kalkhaltig ist. Nur in einem Falle treten diese schädigenden Wirkungen nicht auf, nämlich wenn man die Pflanzen mit den Töpfen in Erde oder einem anderen dichten Material (Torfmoos oder stets leicht feucht zu haltenden Torfmull oder ein Torfmull-Sand-Gemisch) eingesenkt kultiviert. Nur für diesen Fall sind poröse Töpfe sogar empfehlenswert, weil man das Gießen weitgehend auf das Einfutterungsmaterial beschränken kann und so eine milde Feuchtigkeit durch die Topfwand in den Wurzelballen eindringt. Eine weitere Ausnahme mag für nördliche, sehr sonnenarme Klimata gegeben sein, wo die Töpfe infolge geringer Sonnenstrahlung und sehr hoher Luftfeuchtigkeit nicht leicht austrocknen und wo gleichzeitig Moorwasser auch keine Verkalkung zeitigt.

Bereits vor Jahren stellten wir bei Freunden in England und in Südfrankreich fest, daß Kakteen in Blechschalen und in Blechdosen kultiviert wurden, und daß diese im Blech stehenden Pflanzen durch weitaus besseren Gesundheitszustand von den in Tongefäßen wachsenden Pflanzen ganz erheblich abstachen. Zunächst dachte man, daß vielleicht das Metall als Spurenelement die Ursache sei. In den vergangenen Jahren jedoch zeigte die Erfahrung, daß die Ursache lediglich in der undurchlässigen Topfwand zu suchen war, eine Erkenntnis, die alle bisherigen Theorien und Lehren über den Haufen warf. Heute gibt es genügend geeignete Gefäße aus undurchlässigem Material, insbesondere aus den neuen Kunststoffen (Plastik). Die Gefäße müssen selbstverständlich durch Bodenlöcher oder Bodenschlitze guten Wasserabzug aufweisen. Bei Plastikschalen muß man ferner darauf achten, daß sie genügend starkwandig sind, damit sie sich nicht durch das Gewicht der Erde und Pflanzen zu sehr durchbiegen; es könnten sonst feine Wurzeln dabei zerrissen werden. Auch Eternit- oder Fulguritschalen sind sehr gut geeignete Pflanzbehälter. Da sie aber im neuen Zustand durch ihren Zementgehalt sehr stark alkalisch – also für die Pflanzen giftig – reagieren, müssen sie erst einer Vorbehandlung unterzogen werden, indem man sie erst mehrere Tage in verdünntem Essig wässert. Man kann auch irgendeine andere verdünnte Säure verwenden, muß aber in jedem Fall mit Hilfe von Indikatorpapier (s. das Kapitel über das Gießen) die Verdünnung so gestalten, daß der pH-Wert etwa 3 beträgt und daß er während des Wässerns nicht wesentlich steigt. Das verhindert man durch Nachfüllen von Säure. Im Handel erhält man seit einiger Zeit auch viereckige Plastiktöpfe. Bei beengten Raumverhältnissen sind diese sehr zu empfehlen, denn man kann sie ohne Platzverlust eng aneinander stellen. Für Kakteen mit besonders langer Rübenwurzel ist die Anschaffung von Spezialtöpfen für Rübenwurzler empfehlenswert, die man über Gärtnereien beziehen muß, da sie im Kakteenhandel kaum erhältlich sind. Diese Spezialtöpfe gibt es vorläufig allerdings nur in Ton. Bei vorhandenen Tontöpfen kann man aber deren Hauptnachteil, die Porosität, dadurch beseitigen, daß man die Töpfe mit flüssigem, säurebeständigem Plastikmaterial bestreicht, das man heute in Farbengeschäften kaufen kann. Es sei noch darauf hingewiesen, daß neue Tontöpfe und -schalen unbedingt vor Gebrauch mehrere Tage gründlich gewässert werden müssen, da sie ebenfalls meist stark alkalisch sind. Sehr zu empfehlen sind auch die sogenannten Multitöpfe; es sind das Plastikschalen mit einer oberen Abschlußplatte, in die einzelne Töpfe eingestanzt sind. Sie haben den Vorteil, daß man durch die Schale von unten gießen kann.

Der Vollständigkeit halber sind noch zu erwähnen die Haltung von Kakteen in Hydrokultur und die Haltung in Flutungskästen. Es wurde in Versuchen tatsächlich festgestellt, daß man Kakteen, diese Bewohner extrem trockener Standorte, auch in Hydrokultur halten kann, also auf Spezialgefäßen, wobei die Wurzeln ständig in dünner Nährlösung hängen. Diese Methode ist jedoch für Kakteen so unnatürlich, daß sie nur am Rande erwähnt sei. Die erzielten Wurzeln sind dann auch so brüchig, daß sie beim Einpflanzen in normale Erde knicken und dann faulen, wobei mit dem Verlust der ganzen Pflanze gerechnet werden muß. Gute Erfolge dagegen bringt die häufiger angewendete Flutungsmethode. Zu diesem Zweck braucht man Zinkblechkästen oder auch mit PVC-Folie ausgelegte Holzkästen von etwa 30 cm Tiefe, die auf einer leicht geneigten Fläche stehen und an ihrer tiefsten Stelle einen Ablaufhahn oder eine sonstige verschließbare Öffnung haben müssen, mit deren Hilfe man das Wasser stauen und wieder ablaufen lassen kann. Nun stellt man in eine Ecke ein Stück Rohr zum Eingießen des Wassers bzw. der Düngerlösung und füllt den Kasten mit grobsandigem bis feinkiesigem Bimskies auf, wobei das Eingießrohr diesen um einige Zentimeter überragen soll. Dann kann man den Kasten bepflanzen (oder sogar in diesen säen). Das Gießen bzw. Düngen geht so vor sich, daß man das Wasser bzw. die Nährlösung bis zu etwa 10 cm Höhe in das Rohr gießt, nachdem man die Ablauföffnung geschlossen hat. Sodann läßt man die Flüssigkeit 5—10 Minuten lang stehen und läßt anschließend den Überschuß durch den Ablauf abfließen. Eine solche Flutung genügt für mehrere Wochen je nach Wetter und Luftfeuchtigkeit. Im Winter wird man natürlich überhaupt nicht fluten und im ersten Frühjahr wie im späten Herbst nur wenig. In solchen gefluteten Kästen wurde vor allem ein erstaunliches Sämlingswachstum festgestellt.

4 Erde

Wenn man Kakteenbücher liest und wenn man die Jahrgänge der Kakteenzeitschriften durchblättert, stößt man auf eine große Zahl der verschiedensten Erdmischungsrezepte. Da alle diese Rezepte von erfahrenen Pflegern stammen, gibt diese Tatsache zu denken. Sie ist nicht nur durch die verschiedenen Kulturbedingungen in den einzelnen Sammlungen zu erklären, sondern sie beweist, daß die Zusammensetzung der Kakteenerde nur von untergeordneter Bedeutung ist gegenüber dem wichtigsten Kulturfaktor, dem Klima, in dem wir unsere Pflanzen halten. So haben wir schon mit bestem Erfolg Kakteen unter gleichen klimatischen Bedingungen in reinem Sand, in reinem Bimskies und in reiner Humuserde gehalten. Es sind aber folgende Punkte unbedingt zu beachten: Die Erde muß gut durchlässig sein und sie darf nicht alkalisch, also nicht stark kalkhaltig sein.
Die wohl beste Kakteen„erde" für nahezu alle Kakteen — nicht aber für *Epiphyten* — ist stark verwittertes Urgestein, z. B. Granit, Gneis oder Basalt. Der Verwitterungszustand ist richtig, wenn man das Gestein mit der Hand zerdrücken kann. Wo man dieses Urgestein in einer Körnung, die grobem Sand entspricht, beibringen kann, kann man es schon ohne jeden Zusatz verwenden; besser allerdings ist es, etwas Humus in Form von alter Lauberde oder altem feinkrümeligem Torfmull zuzusetzen, um die Feuchtigkeit im Boden besser zu halten. Leider ist solches verwittertes Urgestein im Handel nicht erhältlich. Es wird nur wenigen Liebhabern möglich sein, solches zu finden. Ein Ersatz dafür ist aber die im Handel erhältliche Chemie-Erde, die sich bereits gut bewährt hat. Wir wollen im folgenden ausführen, wie man eine Erde erhält, die diesen grundsätzlichen Anforderungen entspricht, falls man sich nicht die im Handel erhältliche Kakteenerde kaufen will. Wichtige Bestandteile einer guten Kakteenerde sind möglichst alte, gute, dunkle Humuserde, alter krümeliger, nicht mehr klebriger Lehm, grober Sand und feinfaseriger Torfmull. Grobfaseriger Torfmull ist noch zu wenig verrottet und völlig unbrauchbar. Er ist zudem ein zu guter Nährboden für Pilze aller Art. Torfmull weist meist den pH-Wert 4 auf. Diese Materialien sollte man bei einer größeren Kakteensammlung luftig, aber regensicher gelagert vorrätig haben, auch wenn man fertige

Erde verwendet, um die fertige Erdmischung je nach dem Bedürfnis der einzelnen Pflanzen variieren zu können. Als Humuserde absolut ungeeignet ist junge Komposterde, die noch viele unverweste organische Bestandteile enthält. Diese würden zu einer Quelle von Wurzelerkrankungen und Fäulnis werden. Sehr gute Humuserden sind abgelagerte, dunkle Mistbeeterde, wenn sie mehr als 5 Jahre alt ist, und mindestens 3jährige, öfters umgestochene Lauberde, die durch Lagern und das Verrotten von Herbstlaub gewonnen wird. Auch diese Erde wird ganz schwarz und von feiner, krümeliger Beschaffenheit. Junge Mistbeeterde aber wäre ausgesprochenes Gift für Kakteen. Lehm entnimmt man am besten nicht der Tiefe der Lehmgruben, sondern nach Möglichkeit Stellen, wo er längere Zeit offen lag, also der Verwitterung durch Luft, Sonne und Temperaturgegensätzen unterlag. Torfmull sollte ebenfalls, der Witterung ausgesetzt, mehrere Jahre im Garten gelagert werden. Im nassen Zustand dem Frost ausgesetzt, nimmt feinfaseriger Torfmull dann feinkrümelige Struktur an.
Bei der Lagerung unserer Erdvorräte im Garten ist zu beachten, daß man weder die pralle Sonne auf sie einwirken lassen darf noch wochenlange Regengüsse. Die Sonne würde die Erde austrocknen und verbrennen und damit das gesunde Leben der Bodenbakterien zum Erliegen bringen, und Regengüsse würden die Erde auslaugen. Man suche also einen schattigen Platz und verhindere auch das Eindringen von Baumwurzeln und das Ansiedeln von Unkraut.
Grubensand empfehlen wir zu waschen, da er nach unserer Erfahrung oft feine Bestandteile enthält, die ihn beim Trockenwerden zementartig zusammenbacken lassen. Man kann die genannten vier Hauptbestandteile der Erde zu je etwa gleichen Teilen mischen. Wer sicher gehen will, daß keine pilzlichen oder tierischen Schädlinge in seiner Erde enthalten sind, kann seine Erde dämpfen. Bei kleinen Erdmengen kann dies dadurch geschehen, daß man die Erde in ein Säckchen gefüllt in den Haushaltssterilisiertopf legt und etwa eine halbe Stunde lang dem heißen Dampf aussetzt. Die käufliche Kakteenerde dagegen ist bereits sterilisiert. Die physikalische Beschaffenheit der Erde läßt sich günstig beeinflussen durch Zusätze wie die (ähnlich Puffmais) aufgeblasenen Glimmer z. B. Vermiculit u. a., durch Bimskies oder durch Perlit. Alle diese Stoffe sind hochporös und äußerst leicht. Namentlich beim Bepflanzen größerer Schalen wird man die fühlbare Gewichtsminderung dankbar begrüßen, wenn man keinen Sand, dafür aber 50 und mehr Prozent vorstehender Materialien der Erde beimengt. Namentlich die letzten beiden Stoffe sind empfehlenswert. Bimskies wird vielfach im Baugewerbe verwendet. Er ist ein vulkanisches Material, das vor allem im Gebiet der Eifel vorkommt. Man muß es allerdings aussieben und in grobsandiger bis feinkiesiger Körnung verwenden, wobei die größten Körner Erbsengröße nicht ganz erreichen sollen. Bimskies reagiert meist schwach sauer und kann bis zu 50 % des Erdgemisches betragen. Als besonders empfehlenswert hat sich das normalerweise neutral reagierende Perlit erwiesen. Dieses Material ist ebenfalls ein bei hohen Temperaturen puffmaisähnlich aufgeblasenes, natürliches Mineral. Von uns angestellte Versuche ergaben für unsere Zwecke sehr gute Eigenschaften. Es wurde eine Reihe von gleichgroßen Plastiktöpfen mit verschiedenen Erdmischungen und u. a. mit reinem Perlit gefüllt und gegossen. Bei dem gekörnten Perlit lief das Wasser größtenteils hindurch und durch die Löcher des Topfes wieder ab, genau wie beim Sand. Es gab also keine stehende Nässe, die für viele Kakteen äußerst gefährlich ist. Von einem Lehm-Torfmull-Gemisch wurde dagegen eine etwa

10mal so große Wassermenge festgehalten. Die Töpfe, die sodann kein Wasser mehr erhielten, wurden alle paar Tage auf ihre Feuchtigkeit hin untersucht. Nach etwa 4 Tagen war der Sand bis zum Topfgrund völlig trocken; beim Lehm-Torfmull-Gemisch dauerte dies etwa 16 Tage und beim Perlit volle 2 Monate. Die Lehre aus diesem Versuch, der im zeitigen Frühjahr angestellt wurde, ist die, daß bei dem ganz schwach hygroskopischen (wasseranziehenden) Perlit auf sehr lange Dauer eine minimale Feuchtigkeit im Boden erhalten bleibt, wie das die feinen Wurzeln fast aller Kakteen zum guten Gedeihen verlangen, während überschüssiges Wasser sofort abfließt. Von Perlit empfehlen wir die grobsandigen Körnungen G 5 und G 6; man setzt der Erde etwa 30 % davon zu, falls man keinen Sand und keinen Bimskies verwendet. Es schadet aber auch nicht, wenn man wesentlich mehr hinzusetzt. Wir empfehlen Bimskies und Perlit zu etwa gleichen Teilen der Erde beizufügen, zusammen etwa 1/3 der endgültigen Erdmischung. Mit den genannten Materialien erreichen wir auf jeden Fall eine gut durchlässige, der Mehrzahl der Kakteen zusagende Erde.

Ein wichtiger Punkt für das Gedeihen der Kakteen in dieser Erde ist die Bodenreaktion, d. h. die Frage, ob unsere Erde alkalisch, neutral oder sauer reagiert. Die allgemeine Erfahrung hat hierbei gezeigt, daß wohl alle Kakteen sauere Reaktion bevorzugen, manche auch bei neutraler Reaktion noch gedeihen, wohl alle aber bei alkalischer Reaktion ihr Wachstum einstellen und langsam zugrunde gehen. Den Begriff der Bodenreaktion wollen wir nun etwas näher betrachten. Die Bodenreaktion wird bestimmt durch die Anzahl der im Boden befindlichen Wasserstoffionen. Ionen sind positiv oder negativ elektrisch geladene Atome oder Moleküle. Sind nun z. B in 1 l reinen Wassers 0,0000001 g Wasserstoffionen vorhanden, steht also die Zahl 1 an 7. Stelle hinter dem Komma, dann spricht man von der pH-Zahl oder dem pH-Wert 7, sind aber 0,001 g Wasserstoffionen enthalten, dann haben wir die pH-Zahl 3. Man drückt also die Wasserstoffionenkonzentration in pH-Zahlen aus. Dieser Ausdruck kommt vom lateinischen Wort pondus = Gewicht, und dem griechischen Wort hydrogenium (abgekürzt = H) = Wasserstoff. Erde von der pH-Zahl um 7 ist neutral, von 1–6,4 sauer und von 7,3 ab alkalisch. Kakteen gedeihen nun, von Ausnahmen abgesehen, am besten bei einem Reaktionswert von pH 4,5–6,5. Es ist also äußerst wichtig, daß wir in der Lage sind, den pH-Wert unserer Erde festzustellen, und zwar am besten schon der einzelnen zu mischenden Erdbestandteile; das ist ganz einfach zu erreichen mit einem im Handel befindlichen kleinen Gerät, dem „pH-Meter". Man gießt dabei eine hierzu gehörige Indikator-Flüssigkeit auf eine kleine Erdprobe. Die Farbe, die die Flüssigkeit nach kurzer Zeit angenommen hat, vergleicht man sodann mit der beigegebenen Farbskala und kann unmittelbar den pH-Wert ablesen. Rote Farbe bedeutet dabei sauer, grünliche Farbe neutral und bläuliche Farbe alkalisch.

Es empfiehlt sich, die pH-Wert-Untersuchung auch bei den Materialien vorzunehmen, von denen man weiß, daß sie normalerweise neutral oder sogar sauer reagieren, denn man hat schon feststellen können, daß z. B. mancher Bimskies leicht alkalisch war. Er ist deshalb durchaus noch nicht unbrauchbar, doch ist es nötig, ihn vor der Verwendung erst mehrmals mit angesäuertem Wasser (etwa pH 3) durchzugießen. Die Ansäuerung nimmt man vor wie gegen Ende des Kapitels „Feuchtigkeit" angegeben.

Die Kakteen gehören, wie bereits oben erwähnt, zu den sogenannten „kalkfeindlichen" Pflanzen. Dieser allgemein verbreitete Ausdruck ist allerdings unglücklich gewählt, denn er ist zum mindestens mißverständlich. Jede Pflanze, auch diejenige, die zu ihrem Gedeihen sehr sauere Bodenreaktionen haben muß, braucht Kalk zu ihrem Aufbau. Er darf ihr nur nicht in alkalischer Form gegeben werden oder in einer Form, die nachträglich alkalisch wirkt. Man gebe also keinen Brandkalk, Löschkalk oder kohlensaueren Kalk, sondern füge pro Eimer Erde etwa 1 gehäuften Eßlöffel Düngegips oder Rohgips aus Gipsgruben oder einem Gipswerk zu. Gips ist eine neutrale, schwer wasserlösliche Calcium-Verbindung, der die Pflanzen den benötigten Kalk entnehmen können. Für Epiphyten, die am Heimatstandort im Humus der Astgabeln und der rissigen Rinde ihrer Wirtspflanzen wurzeln, empfehlen wir dementsprechend eine ebenfalls besonders humusreiche Erde, wenn möglich, unter reichlicher Zugabe von Torfmoos (Sphagnum), das in Mooren, Sümpfen und auf manchen saueren Wiesen zu finden ist. Im Kapitel über die Vermehrung durch Aussaat kommen wir noch eingehender auf die Verwendung von Sphagnum zu sprechen.
Unter mineralischer Erde versteht man solche, die aus Verwitterung von Mineralien, also Gesteinen der obersten Erdkruste entstanden ist.

5 Temperatur

Der wichtigste klimatische Faktor für die Kakteenpflege ist die Einhaltung einer den Bedürfnissen der Pflanzen angepaßten Temperatur. Angesichts der enormen Verschiedenartigkeit der Verhältnisse an den Heimatstandorten sollte man annehmen, daß dies für eine gemischte Sammlung nicht möglich sei. Und doch hat man durch die langjährigen Kulturerfahrungen feststellen können, daß fast sämtliche Kakteenarten, von verschwindenden Ausnahmen abgesehen, bei einer Durchschnittstemperatur gepflegt werden können. Diese günstigste Durchschnittstemperatur haben wir für den Sommer mit 25–35 °C an sonnigen Tagen und 20–25 °C an Tagen mit bedecktem Himmel ermittelt, wobei die Nachttemperatur auf 15–20 °C zurückgehen soll. Im Winter soll die Tagestemperatur etwa 15 °C erreichen und nachts auf etwa 5 °C absinken. Falls die Kakteen aber dunkel überwintert werden müssen — unter dunkel muß man auch verstehen, wenn sie in einem Zimmer weit vom Fenster stehen —, dann darf die Tagestemperatur 10 °C nicht übersteigen, um vorzeitigen Neutrieb zu verhindern, der zum Vergeilen der Pflanzen führen würde. Es dauert jahrelang, um solchen vergeilten Pflanzen durch vernünftige Kultur später wieder ein ansehnliches Aussehen zu geben. Tropische Tieflandarten, so z. B. die meisten Kakteen aus Brasilien, wünschen allerdings eine Wintertemperatur von nicht unter 15 °C, kommen aber großenteils auch bei den oben angegebenen Temperaturen noch fort. Wegen der evtl. wärmer zu haltenden jungen Sämlinge siehe unter dem Kapitel „Vermehrung durch Aussaat". Sämtliche angegebenen Temperaturen sind im Schatten zu messen. Die Temperaturen in der prallen Sonne liegen mindestens 10 °C höher. Im Sommer erreichen wir die notwendigen Temperaturen durch mehr oder minder starkes Lüften bzw. Geschlossenhalten der Fenster der Kulturräume oder -kästen, im Winter nur durch künstliche Heizung, die am besten durch Thermostat gesteuert wird. Seit längerer Zeit gibt es auch ebenfalls thermostatisch geregelte, automatisch arbeitende Vorrichtungen, die Mistbeetfenster und Gewächshausfenster je nach der eingestellten Temperatur öffnen und schließen. Diese Vorrichtungen sind allerdings verhältnismäßig teuer. Für Zimmerkästen und Zimmergewächshäuser sowie gesonderte Vermehrungskästen im Gewächshaus sind die seit Jahrzehnten bekannten und bewährten Elektroheizkabel mit Thermostat sehr zu empfehlen. Soweit Strom vorhanden ist, verhindern sie zuverlässig einen gefährlichen Temperaturrückgang.

6 Feuchtigkeit

Die Feuchtigkeit der Luft als auch die des Bodens sind ein wichtiger Klimafaktor. Die Annahme, Kakteen bräuchten als Wüstenpflanzen fast nie gegossen zu werden, ist falsch. Hochsukkulente Pflanzen, wie die meisten der Kakteen (von Sämlingen natürlich abgesehen) können zwar vielfach jahrelange Trockenheit ohne Gefahr überstehen, aber wachsen und blühen können sie dann selbstverständlich nicht. Sie werden vielmehr dabei ganz erheblich einschrumpfen. Man merke sich aber die Grundregel: Wenn eine Pflanze wächst und wenn sie Knospen treibt, dann braucht sie auch Wasser, und zwar um so mehr Wasser, je schneller sie wächst. Dies gilt auch für den Winter, falls die Pflanze hell steht, denn wir haben ja auch ausgesprochene Winterblüher unter den Kakteen, wie z. B. *Mammillaria plumosa.* Ferner gilt die weitere Regel: Je wärmer der Standort der Pflanzen ist, desto mehr Wasser benötigen sie, denn bei größerer Wärme ist die Verdunstung ebenfalls größer und je kälter es im Herbst wird, desto weniger dürfen wir gießen, ausgenommen diejenigen Pflanzen, die etwa trotz der niedrigen Temperatur dennoch weiterwachsen oder sich zum Blühen anschicken. Die dritte Grundregel ist: es ist viel gefährlicher, zuviel zu gießen als zuwenig. Bei zuwenig wird nur das Wachstum und das Blühen leiden; bei zuviel aber können die Pflanzenkörper der Länge nach aufplatzen, es können die Wurzeln abfaulen, und im schlimmsten Fall kann die ganze Pflanze verfaulen.

Wir müssen also individuell gießen und werden nach längerem Umgang mit unseren Kakteen auch ein Gefühl dafür bekommen, wann sie Wasser brauchen. Es gibt also kein allgemein gültiges Rezept darüber, wieviele Kubikzentimeter man etwa einer Pflanze täglich oder wöchentlich an Wasser geben müßte, denn die Verhältnisse, unter denen die Pflanzen in den einzelnen Sammlungen gehalten werden, sind zu verschieden. In einem Gewächshaus auf einem Gelände mit hohem Grundwasserspiegel herrscht z. B. hohe Luftfeuchtigkeit, die ein schnelles Austrocknen der Erde verhindert, während in einem sonnigen Fensterkasten bald sehr trockene Luft vorhanden ist, die die Verdunstung des Gießwassers beschleunigt. Wir gießen jedenfalls niemals, so lange ein Topf noch feucht ist, sondern erst wieder, wenn er mindestens einen Tag oder besser mehrere Tage trocken stand, denn in der Tiefe des Topfes hält sich die Feuchtigkeit länger.

Im allgemeinen kann man feststellen, daß eine gleichmäßige leichte Bodenfeuchtigkeit in der Tiefe während der Wachstumsperiode den meisten Kakteen am besten zusagt. Bei Epiphyten vor allem sollte man die Erde niemals ganz austrocknen lassen. Wenn wir beobachten, daß im Hochsommer manche Pflanzen das Wachstum einstellen, dann gießen wir sie nicht mehr, denn viele Arten (z. B. die Rebutien) halten eine regelrechte Sommerruhe, die naturbedingt ist, nämlich den Bedingungen am heimatlichen Standort entspricht. Wenn sie im Herbst zu neuem Leben erwachen, dann wird wieder gegossen. Zu berücksichtigen ist, daß Cereen meist einen höheren Wasserbedarf haben als Kugelformen, denn sie haben ja auch eine wesentlich größere Verdunstungsoberfläche. Namentlich die Cleistocacteen erwiesen sich als empfindlich gegen längeres Trockenstehen. Bei der Frage, ob gegossen werden muß, sollte man aber nicht nur oberflächlich die Erde betrachten, denn eine abgetrocknete Oberfläche bedeutet noch lange nicht, daß der ganze Topfballen trocken ist. Es empfiehlt sich also etwas mit dem Finger nachzufühlen. Auch im Winter sollte man das Gießen nicht vollständig einstellen, sofern der Überwinterungsraum nicht feucht ist, sondern auch die ruhenden Pflanzen alle zwei bis drei Wochen wenigstens tropfenweise gießen. Die Kakteen erhalten in ihren Heimatgebieten durch die nächtliche Abkühlung selbst in Wüstengebieten eine mehr oder weniger große Menge an Tau zugeführt. Wir können das nachahmen und tragen sehr zu ihrem Gedeihen bei, wenn wir, insbesondere an heißen Tagen, öfters mit einer feinen Nebelspritze vernebeln, und zwar am besten spät abends oder aber sehr früh am Morgen, wie das den natürlichen Standortverhältnissen entspricht. Bei sehr hartem und kalkhaltigem Wasser empfiehlt es sich, dieses für das Nebeln abzukochen, wodurch der Kalk und evtl. weitere mineralische Bestandteile ausgefällt werden und sich absetzen. Man erhält dann keine Flecken auf den Pflanzen. Besonders dankbar für das Nebeln sind die Epiphyten, die von Haus aus höhere Luftfeuchtigkeit gewöhnt sind. Nebelspritzen gibt es ganz billige zu etwa DM 6,– bis zu größeren, die man im Gewächshaus braucht, mit Kesseln aus Messing, die mit einer Luftpumpe aufgepumpt werden. Das beste Wasser ist natürlich Regenwasser, das uns aber immer nur in beschränktem Maße zur Verfügung steht. Das Leitungswasser ist meist stark kalkhaltig und würde unsere Kakteenerde sehr bald alkalisieren, was das Ende unserer Pflegeerfolge bedeuten würde. Wir können aber mit einem einfachen Verfahren die Reaktion unseres Leitungswassers feststellen, nämlich mit „Merck Indikatorpapier", das wir uns durch die Apotheke besorgen können. Ein kleiner Streifen dieses Papiers von etwa 1–2 cm Länge wird kurz in das Wasser gehalten und dann seine Farbe mit der beigegebenen Farbskala verglichen. Wenn nötig, fügen wir dem Wasser Säure zu, bis wir einen pH-Wert von 5–6 erreicht haben. Es kommen hierbei verschiedene Säuren in Frage, insbesondere Salpetersäure, Schwefelsäure, Phosphorsäure, Zitronensäure und Oxalsäure. Über die Gefährlichkeit der meisten Säuren und die große Giftigkeit der Oxalsäure muß sich der Liebhaber aber stets im klaren sein und diese Stoffe so aufbewahren, daß vor allem Kinder nicht an sie gelangen können. Die drei erstgenannten Säuren erhält man in der Apotheke als Flüssigkeit und kann sie mittels eines Tropffläschchens gut dosieren, die letzten beiden erhält man in Pulverform und löst sie in Wasser auf. Um eine einseitige Anreicherung von Chemikalien in der Erde zu verhindern, wechselt man am besten öfters die verwendete Säure. Salzsäure empfehlen wir nicht, weil das in ihr vorhandene Chlor, das an sich ein notwendiges Spurenelement ist, unsere Pflanzen durch zu starke Konzentration doch schädigen könnte.

Wenn durch das Gießen mit kalkhaltigem Wasser mit der Zeit die Erdoberfläche verkrustet ist, muß man sie von Zeit zu Zeit mit einem spitzen Holz auflockern, gegebenenfalls auch den obersten Zentimeter ganz entfernen und durch frische Erde ersetzen, falls nicht überhaupt ein Umtopfen fällig ist.

7 Düngung

Man findet vereinzelt immer noch die Meinung vertreten, daß man Kakteen nicht düngen dürfe, weil sie sonst zu mastig wachsen würden. Diese Ansicht ist grundfalsch. Die Kakteen wachsen in tropisch heißen Gebieten oder zum Teil in Gebieten mit großen Temperaturgegensätzen zwischen Sommer und Winter oder auch zwischen Tag und Nacht, so daß die Verwitterung der Heimatböden sehr stark ist und damit die Aufschließung von Nährstoffen für die Pflanzen in reichem Maße und schnell erfolgt. So gibt es Böden, wo es durch die Verdunstung des aufsteigenden Grundwassers, das gelöste Mineralsalze mit sich führt, zu regelrechten Ausblühungen, d. h. Kristallisation von Nährsalzen an ihrer Oberfläche kommt. Es ist also richtig, und der Erfolg beweist das, wenn wir unseren Pflanzen reichliche Nährsalzgüsse geben, haben sie doch in unseren Töpfen und Schalen nur einen kleinen Bruchteil der Erdmenge zur Verfügung gegenüber der Erdmenge, in die sie am Heimatstandort ihre Wurzeln entsenden können. Wichtig aber ist es, wie wir düngen. Hier ist vor allem zu bemerken, daß die zu verwendenden Nährsalze – sie werden reichlich im Handel angeboten – stickstoffarm sein müssen. Stickstoffreiche Dünger führen zu üppigem Wachstum, die Pflanzen werden mastig und für Krankheiten äußerst anfällig, Die Bestachelung wird dünn und farblos, und die Blühwilligkeit verschwindet.
Beim Kauf von Kunstdüngern müssen wir also ausdrücklich Kakteendünger verlangen und nicht einfach Blumendünger. Denn nur bei den im Handel befindlichen Kakteendüngern ist der Stickstoffanteil bereits entsprechend niedrig gehalten. Sämlinge und in gute Erde noch nicht zu lange umgepflanzte Kakteen brauchen überhaupt keine Stickstoffgaben, sie finden die von ihnen benötigten Stickstoffmengen ebenso wie die lebensnotwendigen Spurenelemente in der Erde. Außerdem bringen wir durch Ansäuern des Gießwassers mit Salpetersäure für die Pflanzen leicht aufnehmbaren Stickstoff in Form von Nitraten in die Erde. Im übrigen muß man von einem guten Kakteennährsalz verlangen, daß sein Stickstoffanteil weniger als 20 % der gesamten Hauptnährstoffe beträgt. Die Hauptnährstoffe sind, wie weithin bekannt sein dürfte, Stickstoff (Abkürzung: N = Nitrogenium, lateinisch), Phosphor (P) und Kali (K). Dazu kommen noch die Nebennährstoffe und Spurenelemente (die nur in winzigen Mengen vorhanden sein müssen) z. B. Aluminium, Bor, Eisen, Kobalt, Kupfer, Magnesium, Mangan, Molybdän, Natrium, Schwefel, Zink, u. a. Man gießt während der Wachstumsperiode etwa alle 10 Tage einmal mit Wasser, in dem man die auf der Packung vorgeschriebenen Mengen Nährsalz aufgelöst hat. Während der Ruheperiode düngt man also prinzipiell nicht, und auch offensichtlich kranke Pflanzen düngt man besser nicht. Man kann aber gegen Ende der Ruheperiode, also kurz vor Einsetzen des Wachstums schon mit den Dunggüssen beginnen. Von unserer Warnung vor stickstoffreichen Düngern sind Epiphyten ausgenommen: Epiphyten können, da sie am Heimatstandort im stickstoffreichen Mulm der Baumkronen wachsen, mit stickstoffreicheren Düngern, also mit den im Handel befindlichen üblichen Blumen-

düngern gegossen werden, ebenso auch die starkwüchsigen Selenicereen, die ebenfalls meist im Humus wurzeln. Aber auch bei diesen humuswurzelnden Epiphyten sollte man nicht immer nur Blumendünger geben, sondern mit Kakteendünger abwechseln. Man kann bei ihnen auch den bekannten im Handel überall erhältlichen Peru-Guano der Pflanzerde beifügen, wobei man sich an die beigedruckte Gebrauchsanweisung hält, 1 gehäuften Eßlöffel auf 3 l Erdmischung aber nicht überschreitet.

8 Umpflanzen

Das Umpflanzen der Kakteen unserer Sammlung ist eine von Zeit zu Zeit notwendig werdende Pflegemaßnahme. Man muß hierbei aber ebenso individuell vorgehen wie beim Gießen. Man pflanze also nicht die gesamte Sammlung in jedem Frühjahr rein schematisch um, sondern nur jeweils die Pflanzen, die es nötig haben. Wir ersparen uns dabei manche überflüssige Arbeit und unseren Pflanzen unerwünschte Störung. Etwa 1—2 Tage vor dem Umpflanzen gießt man erst etwas, damit der Wurzelballen feucht ist und sich leichter von der Topfwandung löst. Nur bei Plastiktöpfen ist das nicht notwendig, weil die Wurzeln sich in ihnen nicht fest mit der Topfwand verbinden. Und nun zu der Frage, wann umgepflanzt werden muß:

Unbedingt umpflanzen müssen wir, wenn eine Pflanze jahrelang im gleichen Topf steht und eine Größe erreicht hat, die in keinem Verhältnis mehr zu dem kleinen Topf steht, ferner wenn eine Pflanze ihr Wachstum verlangsamt und offensichtlich ebenfalls nicht mehr den nötigen Nahrungsraum findet. Ebenso müssen wir umpflanzen, wenn eine Pflanze krank erscheint, wenn sie also das Wachstum einstellt oder sich verfärbt oder, nachdem sie schon öfters geblüht hatte, plötzlich nicht mehr blüht. Es ist dann anzunehmen, daß sie nicht mehr die richtige Nahrung findet, daß schädliche Bestandteile in der Erde sind oder sich tierische Schädlinge, z. B. Wurzelläuse im Topf befinden. Der Gewächshausbesitzer kann das Umpflanzen zu jeder Jahreszeit vornehmen, beim Zimmerpfleger ist es besser, wenn er, außer in dringenden Fällen, sich auf das Frühjahr beschränkt. Im Frühjahr sind meist noch wenig frische Wurzelspitzen vorhanden, die beschädigt werden könnten. Wenn sich die Pflanze nicht leicht aus dem Topf löst, umwickelt man sie am besten mit einem Tuch, dreht sie mit dem Kopfe nach unten und stößt den Topfrand auf der Tischkante oder einer ähnlichen Unterlage auf, bis sie sich loslöst. Löst sie sich trotz stärkeren Aufstoßens nicht, dann ist es besser den Topf auf einer harten Unterlage zu zerschlagen. Man untersucht dann zunächst, ob die Wurzeln gesund sind. Ist das nicht der Fall, dann geht man vor wie unter „Krankheiten" beschrieben. Oft findet man einen kompakten Wurzelballen, dessen Außenseite völlig verfilzt ist. Man muß dann den Wurzelballen mit einem zugespitzten Holz vorsichtig lockern. Meist handelt es sich um bereits abgestorbenen Wurzelfilz, den man natürlich völlig entfernt. Manchmal finden sich kreisförmig gewachsene, unten im Topf in vielen Lagen liegende Wurzeln, die bis zu 1 m Länge erreichen können. Wir empfehlen, diese längsten Wurzeln auf etwa 25 cm Länge zu kürzen, und zwar durch Abschneiden mit einem scharfen Messer, nicht etwa durch Abkneifen, das zu Fäulnis führen könnte. Ebenso werden kranke oder geknickte Wurzeln glatt abgeschnitten. Solche Wurzelkürzungen regen kräftige

Wurzelbildung in der neuen, gesunden Erde an. Auch die alte Erde entfernt man größtenteils, wenn dies ohne zu große Beschädigung des Wurzelsystems möglich ist. Lediglich bei hohen Cereen pflegen wir den Wurzelballen ziemlich intakt zu lassen, damit die Pflanze im neuen Topf besseren Halt hat. Es empfiehlt sich überhaupt, nach dem Umtopfen wackelig gewordene Pflanzen mit Stäbchen zu stützen, bis sie wieder fest sitzen. Dickere, abgeschnittene Wurzelstümpfe betupft man zur Fäulnisverhütung am besten mit pulverisierter Holzkohle. Die neue Erde füllt man zunächst locker um die Wurzeln und staucht den Topf mehrmals auf einer nicht zu harten Unterlage auf, damit sich die lockere Erde zwischen die Wurzeln verteilen kann. Am Schluß drückt man die Erde leicht an. Ein zu starkes Andrücken oder gar ein Einstampfen der Erde ist dagegen schädlich; einmal werden feine Wurzeln abgerissen, zum anderen kann die Erde dadurch bald zu fest und undurchlässig werden. Nach dem Umtopfen wartet man mit dem ersten Gießen etwa 10 Tage, um ein völliges Verheilen von Beschädigungen zu gewährleisten, im Winter aber etwa 4 Wochen.

9 Vermehrung

Kakteen kann man vermehren durch Aussaat, durch Pfropfen und durch die Bewurzelung von Stecklingen (Ablegern).

a Aussaat

Die Aussaat bringt uns verhältnismäßig schnell in den Besitz neuer oder seltener Arten, die als erwachsene Pflanzen oft lange Jahre nicht erhältlich sind. Außerdem ist die Aussaat eine reizvolle Beschäftigung, die jedem ernsten Pfleger Freude macht. Wenn man dabei richtig vorgeht, steht der Erfolg auch niemals in Frage, vorausgesetzt natürlich, daß man auch keimfähigen Samen hat. Den Grad der Keimfähigkeit kann man den Samen leider nicht ansehen. Die sog. Schwimmprobe, wonach der im Wasser untergehende Samen keimfähig sei, der oben schwimmende aber nicht, ist bei Samen von Xerophyten wie den Kakteen völlig ungeeignet. Beachten muß man, daß der Samen nach der Reife eine je nach Art oder Gattung verschieden lange Samenruhe braucht. Ganz frischer Samen keimt nur bei sehr wenigen Kakteen gut, z. B. bei Rebutien, wo der Samen nicht über ein Jahr alt sein soll. Leider liegen nur für wenige Arten Versuche vor, über die in den Kakteenzeitschriften hin und wieder berichtet wurde. Im Durchschnitt aber dürfte eine 1jährige Samenruhe am günstigsten sein. Bei manchen Arten ist der Samen noch nach 10–20 Jahren keimfähig. Kakteensamen sollte man in Tütchen aus luftdurchlässigem Papier aufbewahren und nie völlig luftdicht abschließen.
Wegen der Aussaatmöglichkeiten müssen wir zwischen Gewächshauspfleger und Zimmerpfleger unterscheiden. Die Aussaatmethode ist zwar bei beiden gleich, der Zimmerpfleger sollte aber mit der Aussaat bis etwa April warten, während der Gewächshauspfleger schon ab Dezember mit der Aussaat beginnen kann. Das Gewächshaus mit seinem Licht von oben gibt eine um ein Vielfaches größere Lichtmenge als ein selbst am Fenster aufgestellter Saatkasten in der Wohnung. Und bis die Mehrzahl der Sämlinge ihre ersten Stacheln bildet, steigt die Sonne auch schon wieder höher. Die Aussaat nimmt man vor in

einem geschlossenen, aber gut lüftbaren Saatkasten bzw. im Vermehrungskasten des Gewächshauses. Dieser Kasten soll durch ein Elektro-Heizkabel heizbar sein, das mit Thermostat versehen ist. Man kann dann die Temperatur genau nach Wunsch bemessen. Von großem Vorteil ist es ferner, wenn man den Sämlingskasten mit einer tageslichtähnlichen, künstlichen Beleuchtung versieht. Der Zimmerpfleger kann dadurch seine Nachteile gegenüber dem Gewächshauspfleger wesentlich verringern. Auf keinen Fall darf man natürlich den Sämlingskasten etwa ungeschützt in die pralle Sonne stellen. Das wäre der Tod für die zarten Sämlinge bzw. Keimlinge. Man muß also mindestens Schatten geben, falls man auf das natürliche Licht nicht ganz verzichten will.

Zur Beleuchtung ist zu bemerken, daß starkes Infrarotlicht die Keimung hemmt. Rotlicht aber die Keimung fördert. Bei Sämlingen wird durch Infrarot- und Rotlicht das Längenwachstum gefördert. Es empfiehlt sich nach dem eben Gesagten im Aussaatkasten etwa 15 cm über den Aussaatschalen eine Warmton-Leuchtstoffröhre anzubringen, deren Licht für die jungen Sämlinge das Geeignetste sein dürfte. Eine gewöhnliche Glühlampe ist nicht zu empfehlen, weil sie einen zu starken Infrarotanteil in ihrem Spektrum hat. Es gibt jetzt im Handel hervorragend geeignete Leuchtstoffröhren wie z. B. den Osram-Fluora-Pflanzenstrahler, der sich bestens bewährt hat und uneingeschränkt zu empfehlen ist. Er darf natürlich nur tagsüber etwa 12 Stunden brennen, und man muß erst vorher versuchsweise feststellen, in welcher Höhe über der Saat er angebracht werden muß, indem man ein Thermometer auf die Erde legt, das bei längerem Brennen der Röhre nicht über 30 °C erreichen darf. Im übrigen hält man sich an die Gebrauchsanweisung.

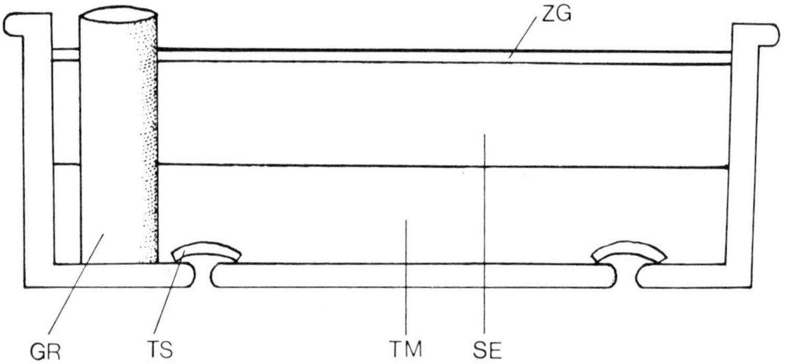

Saatschale. GR Gießrohr; SE Sandige Erde; TM Torfmoos (Sphagnum); TS Topfscherben über Abzugsloch; ZG Ziegelgrus.

Während des Keimungsvorgangs, der sich meist insgesamt über mehrere Wochen erstreckt, kann man auch Rotlicht geben, indem man z. B. eine rote Glasscheibe oder dünnes hellrotes Seidenpapier (mehr gelbrot, nicht blaurot!) zwischen Saat und Lichtquelle legt. Als Saatgefäße nimmt man am besten Schaumstoffschalen oder solche aus dickwandigem Styropor. Diese Schalen sind schlechte Wärmeleiter, sie verdunsten kein Wasser aus Boden und Wandungen, erzeugen also keine Verdunstungskälte und sichern dadurch den Sämlingen den notwendigen „warmen Fuß". Wenn eine solche Schale ein zweitesmal zur Aussaat benutzt werden soll, ist natürlich ihre vorherige gründliche Reinigung und Desinfektion notwendig, um Pilzbildungen oder Infektionen vorzubeugen. Die Schalen müssen mehrere Bodenlöcher erhalten, um das Wasser ablaufen lassen zu können. Auf dem Boden der Saatschale bringt man nach Möglichkeit eine 2–3 cm hohe Sphagnum-Schicht an. Diese bereits im Kapitel „Erde" erwähnte Moosart hat nach einem von uns erholten Untersuchungsbefund der Hessischen Lehr- und Forschungsanstalt für Wein-, Obst- und Gartenbau in Geisenheim einen pH-Wert von 3–3,2 bei einem nur minimalen Nährstoffgehalt. Dieses Moos vermag in seinen langgestreckten Hohlzellen große Mengen Wasser aufzunehmen und langsam wieder abzugeben. Es enthält noch Feuchtigkeit, wenn es äußerlich bereits trocken erscheint. Weiterhin ist es eine Erfahrungstatsache, daß sich im Sphagnum keine Wurzelläuse halten, sofern das Sphagnum noch einigermaßen frisch, also nicht etwa schon mehrere Jahre alt ist. Es müssen in ihm irgendwelche nicht erforschte Stoffe enthalten sein, die die Entwicklung dieser Schädlinge hemmen. Vielleicht ist auch nur der niedere pH-Wert, der dies bewirkt. Über dem Sphagnum füllt man eine leichte, gut sandige, keimfrei gemachte Erde ein, bis fast zum Schalenrand. Auf die Erde bringt man schließlich eine 1,5–2 mm dicke Ziegelgrusschicht. Diese ist rein mineralisch und kann nicht verpilzen, sie verhindert eine Verkrustung der Oberfläche der Saaterde und regt starke Wurzelbidung der Sämlinge an. Der Ziegelgrus, den wir uns von Ziegeleien oder Ziegelstein-Lagerplätzen holen, bedarf aber einer Vorbehandlung. Er muß auf Sandgröße von etwa 1–1,5 mm Durchmesser abgesiebt werden. Sodann muß man ihn waschen, um die Staubbestandteile zu entfernen, die eine Verschlammung und spätere Verkrustung zur Folge haben würden. Da mancher Ziegelgrus auch alkalisch ist, müssen wir seine Reaktion mit dem Pehameter prüfen und eine etwa festgestellte Alkalität durch Gießen mit stark angesäuertem Wasser erst beseitigen. Mit Glasstreifen oder Kunststoffetiketten kann man sodann die Aussaatfläche für die einzelnen Arten in Felder unterteilen und darf nicht vergessen, gleich ein Etikett mit dem Namen der Art einzustecken. Die Arten verteilt man so, daß nicht winzige Kugelformen hinter Cereen zu stehen kommen und bei Wegfall der künstlichen Lichtquelle dann dauernd im dunklen Schatten stehen würden, sondern man gruppiert die Arten gleich von vornherein nach der zu erwartenden Größe der Sämlinge. Die Samen, die Pilzspuren und andere Krankheitskeime an sich tragen können, beizt man am besten vor der Saat, z. B. mit Ceresan, wobei man die auf der Packung befindliche Gebrauchanweisung genau befolgt. Die Beizung kann auch in Chinosollösung (ebenfalls nach deren Gebrauchsanweisung) erfolgen, z. B. auch durch feines Nebeln von Chinosollösung auf die Saatschale aus größerer Höhe, um ein Verschwemmen der Samen zu vermeiden. Nach der Aussaat taucht man die Schale in warmes Wasser, bis sie sich einschließlich des Ziegelgruses vollgesogen hat. Über die Schale deckt man sodann eine schrägstehende Glasscheibe, die das Kondenswasser nach außen abfließen und nicht auf die Sämlinge tropfen läßt. Die schrägstehende Scheibe beläßt den Sämlingen auch genügend Luft. Durch Einstellung der Thermostaten und Anbringung eines Thermometers sorgt man nun dafür, daß die Temperatur tagsüber 25 bis 30 °C und nachts 18–20 °C beträgt. Diese nächtliche Abkühlung entspricht auch im Durchschnitt der an den Heimatstandorten und ist deshalb zur Erzielung gesunder Sämlinge notwendig. Vereinzelt wurden schon Aussaatversuche mit verschiedenen Temperaturen vorgenommen, und es wurde in den Kakteenzeit-

schriften darüber berichtet. Solange aber nicht in großem Umfange Versuche vorliegen, hält man sich am besten an die eben angegebenen Durchschnittstemperaturen.
Wenn die meisten Sämlinge ihre ersten Stacheln gebildet haben, wird die Glasscheibe von der Schale entfernt, um die kleinen Pflänzchen nicht durch zu sehr gespannte Luft zu verweichlichen. Die Keimung erfolgt bei manchen Arten erst nach sehr langer Zeit, so daß man die Saatschale am besten das ganze Jahr hindurch bis zum Spätherbst stehen läßt. Andere Arten dagegen keimen bereits nach wenigen Tagen. Die gekeimten Pflänzchen läßt man am besten monatelang in der Saatschale stehen. Erst wenn sie so stark wachsen, daß sich die Polster hochwölben oder wenn die Sämlinge einen Durchmesser von etwa 1 cm erreichen, muß pikiert werden. Das kann bei günstigen Verhältnissen schon im ersten Sommer, bei ungünstigen Verhältnissen erst im nächsten Frühjahr der Fall sein. Während der ganzen Zeit muß man sehr darauf achten, daß die Erde nicht alkalisch wird und daß keine Verpilzung eintritt. Man gieße also mit sauberem Regenwasser oder mit angesäuertem Wasser. Wenn die Sämlinge in den Schalen, in denen sie bisher gut gediehen, plötzlich nicht mehr vorankommen, dann liegt das sehr häufig daran, daß die Erdoberfläche der Sämlingsschale alkalisch geworden ist. Wenn man kein Sphagnum als Einlage in die Schalen zur Verfügung hat, dann passiert das sehr leicht. Da Sämlingsschalen ständig feucht gehalten werden müssen, verdunstet an ihrer Oberfläche dauernd Wasser, wobei seine alkalischen Bestandteile sich immer in der obersten Schicht absetzen. Das geht oft sehr schnell. Man kann in diesem Falle, den man durch Prüfung der obersten Schicht mit Pehameter oder Indikatorpapier unschwer erkennt, vorsichtig mit auf pH 4 angesäuertem Wasser einige Male gießen und wird bald ein neues Einsetzen des Wachstums feststellen können. Außerdem empfiehlt es sich, etwa alle 4 Wochen mit Chinosollösung zu nebeln, um eine Pilzbildung zu verhindern. Das Gießen der Schalen erfolgt jeweils durch Tauchen der Schale, soweit man nicht ein Gießrohr gemäß der Abb. angebracht hat – vergleiche auch 3. Kapitel bei Flutungsmethode! –. Nach der ersten Stachelbildung der Mehrzahl der Sämlinge taucht man etwa alle 14 Tage einmal in Nährlösung, die man durch Zusetzen eines Kakteendüngers, z. B. von Kaliumphosphat bereitet. Im ersten halben Jahr nimmt man etwa 3 g auf 10 l Wasser, später 10 g auf 10 l. Es hat sich gezeigt, daß die Sämlinge den von ihnen benötigten Stickstoff und die notwendigen Spurenelemente in genügender Menge in der Erde vorfinden und sie mit Kaliumphosphat ganz ausgezeichnet gedeihen. Das Pikieren nimmt man ebenfalls in Kunststoffschalen vor, die auf jeden Fall während des ersten Lebensjahres der Sämlinge im thermostatisch geheizten Vermehrungskasten aufgestellt bleiben. Selbstverständlich muß man schattieren und pralle Sonne vermeiden, denn auch in der Natur stehen die Sämlinge meist im Schatten der älteren Pflanzen oder anderer Pflanzen. Der Gewächshausbesitzer kann ungestraft die Sämlinge den ganzen ersten Winter hindurch weiterwachsen lassen. Selbst wenn sie hierbei etwas vergeilen, schadet das gar nichts, denn dieser Nachteil wird im folgenden Frühjahr und Sommer nach unserer Erfahrung wieder voll ausgeglichen. Nach dem ersten Winter pflanzt man die Sämlinge vorteilhafterweise in die bereits im Kapitel „Pflanzgefäße" erwähnten Multitöpfe. Auch in die Multitöpfe legt man bis zu etwa halber Höhe Sphagnum ein und gießt mit Nährlösung jeweils nur von unten durch Einfüllen des Düngerwassers in die Schalen. Die Sämlinge in den Multitöpfen,

die auf Hängebrettern hoch in Nähe des Glases untergebracht werden, zeigen ein schlechthin verblüffendes Wachstum, entwickeln eine starke und farbige Bestachelung und sehr viele Kugelformen blühen bereits im Alter von 2–3 Jahren, vereinzelte Arten schon mit 1½ Jahren. Diese Anzuchtmethode wird von den Verfassern schon seit mehreren Jahren erprobt und hat sich bereits bei vielen Tausenden von Sämlingen eindeutig bewährt.

b Pfropfen

Das Pfropfen ist eine weitere wichtige Vermehrungsart. Soweit eine Pflanze auf eigenen Wurzeln gedeiht, sollte man sie natürlich nicht pfropfen, denn jede Pfropfung ist unnatürlich und in der Mehrzahl aller Fälle ist sie auch unschön. Dennoch gibt es viele ernstliche Gründe, die für eine Pfropfung sprechen. Auf höhere Unterlagen gepropft wächst manche Pflanze doppelt bis zehnmal so schnell wie auf eigenen Wurzeln. Wenn wir also seltene Pflanzen schnell groß haben wollen, dann greifen wir zum Hilfsmittel der Pfropfung. Das gleiche gilt, wenn eine Pflanze in der Natur nur vereinzelt gefunden wird. Man kann sie dann nur durch Pfropfung zum schnellen Wachsen und durch späteres Umpfropfen ihres Kopfes und Stehenlassen ihres unteren Teiles zum baldigen Sprossen und so zu ihrer schnellen Vermehrung veranlassen. Bei vielen Neufunden ist auch die Blüte noch unbekannt. Durch schnelleres Heranziehen blühreifer Pflanzen erscheint auch die Blüte früher und wir dienen damit der Forschung. Schließlich können wir in vielen Fällen kranke Pflanzen durch Pfropfen noch retten, wenn zwar der Wurzelstuhl oder auch noch der untere Teil der Pflanze erkrankt, der Kopf aber noch nicht ergriffen ist. Nur ausnahmsweise finden sich in unseren Sammlungen Arten, die auf eigenen Wurzeln nicht gedeihen wollen. Auch hier ist natürlich eine Pfropfung gerechtfertigt. Ohne besonderen Grund sollte man aber nicht pfropfen, denn die Erfahrung zeigt, daß manche Arten ihr natürliches Aussehen durch das Pfropfen verändern. Das ist jedoch dem ernsten Kakteenliebhaber unerwünscht.
Als Pfropfunterlagen sind alle raschwüchsigen und unempfindlichen Kakteenarten, insbesondere Cereen und unter diesen wieder in erster Linie die Trichocereen geeignet. Die gebräuchlichsten Unterlagen sind: *Trichocereus spachianus, Trichocereus macrogonus, Trichocereus pachanoi, Trichocereus bridgesii, Trichocereus schickendantzii* und *Eriocereus jusbertii.* Ersterer hat allerdings den Nachteil, daß er sehr dichte, stark stechende Stacheln hat, viel sproßt und manchmal vom Pfröpfling so ausgesogen wird, daß er schrumpft und langsam eingeht. *Eriocereus jusbertii* ist dann ungeeignet, wenn man sehr kalt überwintern muß, also dauernd nur wenig über 0 °C im Überwinterungsraum hat. Im übrigen aber ist *Eriocereus jusbertii* eine sehr gute Unterlage. Sie ist schon als ziemlich kleine Pflanze blühfähig und teilt diese Blühhormone offenbar dem Pfröpfling mit. Es ist eine Erfahrungstatsache, daß sehr viele Kakteen auf *jusbertii* gepfropft besonders leicht und schnell zum Blühen kommen. Mit *Echinopsis*-Ablegern aber, die oft empfohlen werden, machten wir schlechte Erfahrungen. Als Dauerunterlage sind sie gänzlich ungeeignet, nicht nur, weil sie viel sprossen, sondern weil sie bald zu kümmern anfangen. Man kann sie nur zum schnellen Voranbringen kleiner Pflänzchen gebrauchen, die man dann spätestens im nächsten Jahr wieder umpfropfen muß. Wesentlich besser geeignet hierfür sind aber junge Cereen, die meist auch als Dauerunterlage blei-

ben können. Wüchsige Opuntien sind auf die Dauer von einem Jahr ebenfalls eine gute, starkwüchsige Unterlage, man muß aber meistens wieder umpfropfen. Nur *Opuntia bergeriana* ist in den meisten Fällen namentlich für Cereen auch als Dauerunterlage brauchbar, wobei sie einen unempfindlichen, steinharten Wurzelstuhl ergibt. Solche Cereenpfropfungen des Verfassers sind inzwischen zu großen, blühfähigen Kandelabern herangewachsen, zu robusten, kerngesunden Pflanzen mit Importbestachelung. Falls also Cereen, die ja meist auf eigenen Wurzeln gut wachsen, überhaupt gepfropft werden sollen, dann ist *Opuntia bergeriana* uneingeschränkt zu empfehlen. Es hat sich dabei gezeigt, daß es für die Gesundheit der Unterlage günstiger ist, etwaige Seitensprosse nicht sofort völlig zu entfernen, sondern erst, wenn sie ausgewachsen sind, im Herbst oder im nächsten Frühjahr, wobei man aber einen Stumpf von 2–3 cm Länge stehen läßt, der dann wieder austreibt und so fort. Man verhindert so ein Absterben der Unterlage.
Als Zeitpunkt des Pfropfens ist die Zeit des Wachstums am geeignetsten. In welcher Höhe man pfropft, hängt vom Zweck der Pfropfung ab. Wenn die Pfropfung eine schöne, fertige Pflanze ergeben soll, dann pfropft man möglichst niedrig, also etwa 4–5 cm hoch, damit die Unterlage nach einigem Wachstum des Pfröpflings nicht mehr ins Auge fällt. Soll aber möglichst schnelles Wachstum erzielt werden, dann kann man auf die Schönheit des Bildes einer Pfropfung keine Rücksicht nehmen und man pfropft so hoch wie möglich. Die Unterlage soll nach Möglichkeit einen größeren Durchmesser haben als der Pfröpfling, um ein festes Sitzen zu gewährleisten. Die Pfropfung erfolgt im Prinzip dadurch, daß man die frischen Schnittflächen der beteiligten Pflanzen so zusammenbringt, daß sich ihre Leitgefäße berühren und sie unter Druck hält, bis sie zusammengewachsen sind. Das kann je nach dem Alter der Pflanzen und nach dem Wetter wenige Tage bis zu einigen Wochen dauern. Im Durchschnitt fangen die Pfröpflinge etwa 3–4 Wochen nach der Pfropfung zu wachsen an. Die Stelle der Unterlage, durch die wir den Pfropfschnitt führen, muß mindestens 3–4 Monate alt sein. Ganz frisch gewachsener Trieb sinkt ein und stößt den Pfröpfling in fast allen Fällen ab. Nur ganz junge Sämlinge wachsen auch auf jüngerem Fleisch an. Andererseits darf die Pfropfstelle auch nicht viele Jahre alt sein. Wenn sie nämlich verholzt ist, dann kommt in der Mehrzahl der Fälle keine Verwachsung mehr zustande. Aber auch hier gibt es einen Kniff, der in den meisten Fällen zum Ziele führt. Wenn wir beim Schneiden merken, daß die Unterlage stark verholzt ist, dann machen wir eine Zwischenpfropfung mit *Trichocereus schickendantzii*, der sehr weichfleischig ist und nahezu überall anwächst. Das *schickendantzii*-Zwischenstück, auf das wir sodann unseren Pfröpfling bringen, soll etwa 3 cm hoch sein. Man kann diese Doppelpfropfung gleichzeitig ausführen, muß also nicht warten, bis der *schickendantzii* angewachsen ist. *Schickendantzii* sproßt sehr reichlich und man sollte wenigstens eine Pflanze in der Sammlung haben, die uns laufend Sprosse für solche Zwischenpfropfungen liefert. Für die Technik des Pfropfens hat man verschiedene Verfahren entwickelt, die zum Teil reine Spielerei sind. Wir behandeln hier deshalb nur die beiden bewährten Methoden des Pfropfens mit waagrechtem Schnitt und die des Spaltpfropfens. Die wichtigste Pfropfmethode ist die mit waagrechtem Schnitt. Man wendet sie an bei allen Pflanzen, deren Körper runden (Kugelkakteen, Cereen) oder ovalen (Opuntien) Querschnitt haben. Wir brauchen da-

zu Messer mit dünnen, scharfen, rostfreien Klingen. Nach jedem Schnitt wird die Klinge in Wasser gereinigt und abgetrocknet. Bei besonders wertvollen Pflanzen kann man die Klinge schließlich noch in Alkohol tauchen, um sie zu desinfizieren. Zum Schneiden muß sie aber wieder trocken sein. Man schneidet sodann waagrecht mit ziehendem Schnitt, also nicht durch starkes Drücken, das das Zellgewebe quetschen würde. Den äußeren Rand von Unterlage und

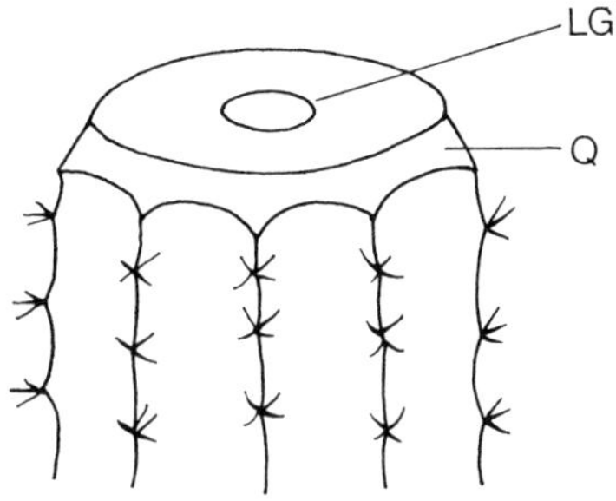

Herrichten der Pfropfunterlage (*Trichocereus spachianus*). LGR Ring der Leitgefäßbündel; Q Querschnitt, schräg abgekantet.

Pfröpfling schrägt man sodann etwas ab, einmal um die dort befindlichen Areolen zu entfernen und weiter, um bei dem durch Trocknung verursachten Einsinken der Schnittflächen einen festen Sitz des Pfröpflings zu erhalten. Zeigt die Schnittfläche sehr starke Schleimabsonderung, dann kann man den überschüssigen Schleim mit saugfähigem Papier absaugen und nochmals eine dünne Scheibe abschneiden. Sind die Pflanzen so stark bestachelt, daß ein Schnitt nur schwer durchführbar ist, dann empfiehlt es sich, einen Teil der Stacheln an der vorgesehenen Schnittstelle erst mit Hilfe einer Schere oder einer Pinzette zu entfernen. Zuerst schneidet man jeweils die Unterlage. Hat man zur Herrichtung des Pfröpflings sehr lange gebraucht, dann nimmt man von der geschnittenen Unterlage am besten nochmals eine kleine Scheibe ab. Man schiebt schließlich den Pfröpfling von der Seite her auf die Unterlage und dreht ihn ein paarmal unter leichtem Druck hin und her, um ein Zuviel an Schleim zu entfernen. Auf den Schnittflächen sieht man deutlich die Kreise der Leitgefäße, die miteinander verwachsen müssen. Da aber die Kreise der Unterlage und des Pfröpflings selten gleich groß sind und sich somit selten decken, müssen wir besonders darauf achten, daß diese Kreise sich wenigstens überschneiden. Nur dann können wir mit einem Gelingen unserer Pfropfung rechnen. Nun gilt es, den Pfröpfling so zu beschweren, daß er auf die Unterlage gedrückt wird. Es gibt hierfür eine Anzahl von Pfropfapparaten, die man sich durch den Handel besorgen kann. Aber auch durch eine Anzahl von einfachen Hilfsmitteln können wir diese Beschwerung erreichen. Wir ziehen z. B. Gummiringe über den Pfröpfling und unter dem Topf hindurch, wo sie über das Abflußloch laufen müssen, um ein seitliches Abspringen zu verhindern. Wir können 2–4 solcher Ringe kreuzweise anbringen. Oder wir nehmen eine dreieckige Glasscheibe, deren eine Spitze auf dem Pfröpfling liegt und deren gegenüberliegende Kante auf einem oder mehreren Ziegelsteinen ruht. Je nach Größe des Pfröpflings kann man auf die Spitze der Glasscheibe über ihm noch einen Stein oder ein Stück Metall legen. Das Gewicht ist so zu bemessen, daß es den Pfröpfling fest andrückt, es darf ihn natürlich auf keinen Fall quetschen. Man kann bei höheren Pfropfungen auch je zwei gleichschwere Steine oder Metallstücke mit einer etwa 20–30 cm langen Schnur verbinden und so über den Pfröpfling hängen, daß die Schnur mitten über den Scheitel des Pfröpflings läuft. Besonders empfehlenswert erscheint uns aber die Verwendung der neuen Aulbachschen Pfropfringe, die wir inzwischen bereits erprobt haben. Es handelt sich hierbei um eine neue Erfindung des Kakteenfreunds F. Aulbach aus Haibach bei Aschaffenburg. Ein Metallring trägt in seiner Mitte gekreuzte Gummibänder. Die Kreuzungsstelle legt man mitten auf den Pfröpfling. Es ist dabei ganz gleichgültig, wie hoch die Pfropfung ist. Wenn sich der Pfröpfling durch Einschrumpfen der Schnittflächen senkt, bleibt der Druck auf den Pfröpfling trotzdem immer gleich stark. Es gibt auch keine Gefahr des Abrutschens wie bei den über Pfröpfling und Topf gezogenen Gummiringen. Diese Metallringe gibt es in verschiedenen Größen und von verschiedenem Gewicht, so daß für jede Pfropfung der geeignete Ring vorhanden ist. Das Pfropfen mit den Aulbachschen Ringen erscheint uns als die zuverlässigste und dabei gleichzeitig als die einfachste Pfropfmethode. Hat man ganz dünne Triebe zu pfropfen, z. B. *Wilcoxia, Erdisia* u. ä., dann nimmt man ein etwa 4–5 cm langes Stück, schneidet die Spitze ab, teilt mit scharfem Messer das Stück der Länge nach genau in der Mitte und legt es waagrecht mit der Schnittfläche auf die Unterlage. Wenn der Leitgefäßring der Unterlage groß genug ist, kann man auch beide Teile nebeneinander auf die Unterlage legen. Pfropfungen dieser Art sprossen dann meist aus mehreren Areolen und ergeben schöne buschige Pflanzen. Selbstverständlich muß auch bei dieser Pfropfart der Pfröpfling entsprechend auf die Unterlage angedrückt werden.

Die Spaltpfropfung empfehlen wir nur, wenn ganz flache Triebe gepfropft werden sollen, z. B. bei Gliedern des Weihnachts- oder Osterkaktus oder bei Säm-

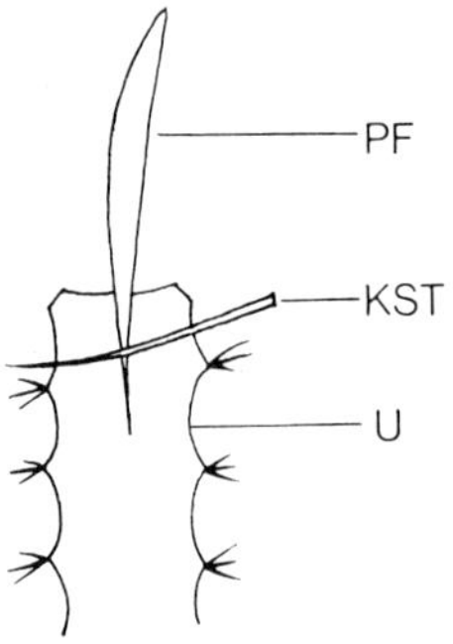

Spaltpfropfung. PF Pfröpfling; KST Kakteenstachel; U Unterlage.

lingen von Blattkakteen. Man pfropft sie am besten etwa 30 cm hoch auf *Eriocereus jusbertii* oder *Eriocereus bonplandii,* wodurch schöne Kronenbäumchen gezogen werden können. Die Pfropfung führt man auf folgende Weise aus: Man schneidet die verhältnismäßig dünne Unterlage, der man den Kopf genommen hat, in der Mitte senkrecht nach unten 2–3 cm ein. Sodann entfernt man beim Pfröpfling (am besten mit einer Rasierklinge) auf etwa 2–2½ cm von unten die Oberhaut der flachen Seiten und schiebt den nun entstandenen Keil in den eingeschnittenen Spalt. Schließlich sticht man einen längeren Kakteenstachel waagrecht durch die Pfropfstelle, um den Pfröpfling festzuhalten.

Erwähnenswert sind noch zwei Pfropfmethoden, die es verdienen, in weitem Maße bekannt zu werden. Es ist dies einmal die „Ungarische Pfropfmethode", die sich robuster Opuntien bedient. Geeignet ist jede Opuntienart mit dicken, saftigen Blättern, z. B. *Opuntia triacantha*. Die zu schneidenden Triebe müssen ausgereift, also im vergangenen Jahr gewachsen sein. Man teilt die Blätter in Längsstreifen von etwa 2 cm Breite, nur die beiden seitlichen Kanten verwen-

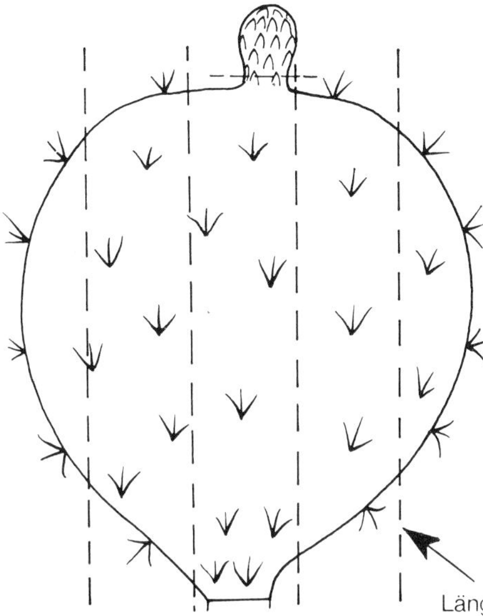

Ungarische Pfropfmethode

det man nicht. Die geschnittenen Streifen läßt man 2–3 Wochen trocknen und stellt sie dann auf ein schwach feucht zu haltendes Bewurzelungssubstrat, d. h. man behandelt sie als Stecklinge wie im nachstehenden Kapitel angegeben. Verhältnismäßig schnell werden die Opuntienstreifen dick und prall, ein Zeichen, daß sie mit der Bewurzelung begonnen haben. Man pfropft dann auf sie wie üblich, aber ohne sie erst durch Schnitte abzuschrägen. Dies ist bei Opuntia unnötig und würde die Auflagefläche zu schmal machen. Der Vorteil dieser Methode liegt darin, daß eine einzige in einem größeren Topf gehaltene Opuntienpflanze pro Jahr eine größere Zahl von Unterlagen zu liefern vermag. Man wird nicht so leicht über Mangel an Unterlagen zu klagen haben. Diese Pfropfmethode wurde in größerem Umfange erprobt von dem ungarischen Kakteenfreund Hutai István in Recsk (Matragebirge).
Eine weitere verblüffende und einfache Methode, ganz dünne Kakteentriebe z. B. von *Cullmannia, Peniocereus, Weberocereus* oder *Wilcoxia* zu pfropfen, hat sich der Kakteenfreund Fritz Schelter aus Thiersheim (Oberfranken) ausgedacht und mit Erfolg erprobt. Während man sonst verholzte Triebe nicht mehr pfropfen kann, nimmt man hier als Pfröpfling (nicht aber für die Unterlage) gerade einen solchen bereits verholzten Trieb, entfernt sodann auf eine Länge von etwa 3 cm von unten das weiche Fleisch samt der Epidermis und sticht die angespitzte holzige, nadelartige Mittelachse des Pfröpflings von oben senkrecht nach unten in den Leitgefäßring der normal geschnittenen Unter-

lage, bis das verbleibende Fleisch auf der Unterlage aufsitzt. Zu empfehlen ist dabei, den Pfröpfling leicht zu beschweren, etwa durch ein entsprechend gebogenes Stück starker Pappe.
Nach der Pfropfung sollen die Pflanzen möglichst halbschattig und warm, aber nicht zu heiß, stehen. Die Erde der Unterlagenpflanze hält man dauernd schwach feucht.

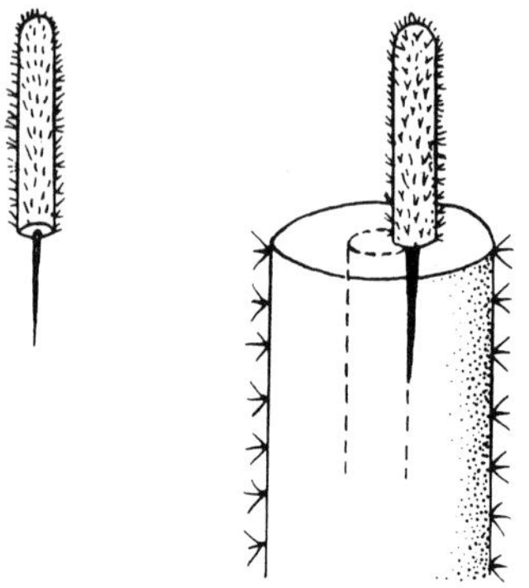

Scheltersche Pfropfmethode. Links Pfröpfling, rechts fertige Pfropfung.

Zum Schluß wollen wir noch auf zwei Spezialpfropfungsarten eingehen, nämlich die Sämlingspfropfung und die Hochpfropfung. Sämlinge brauchen im allgemeinen einige Jahre, bei großen Formen, insbesondere Cereen, sogar viele Jahre, um erwachsene Pflanzen zu werden. Durch die Sämlingspfropfung kann man diese Wachstums- und Reifeperiode ganz bedeutend verkürzen. Man pfropft die Sämlinge am besten, nachdem sie die ersten Stachelchen entwickelt haben. Als Unterlagen nimmt man erprobtermaßen schnellwüchsige Cereensämlinge von 3—10 cm Höhe. Ganz hervorragend geeignet sind auch die dünnen Triebe von *Peireskiopsis,* auf denen das Wachstum und die Bestachelung besonders stark sind und der Eintritt der Blühfähigkeit besonders früh erfolgt. Das Pfropfen auf *Peireskiopsis* sollte nur in der ersten Jahreshälfte geschehen. Spätere Pfropfungen wurden schon wiederholt ein Mißerfolg. Zur Ausführung der Pfropfung benutzt man eine saubere Rasierklinge. Wenn diese ganz neu ist, muß man sie aber vorher erst mit Seifenwasser entfetten und gut trocknen, wobei keine Seifenspuren verbleiben dürfen. Die Cereenunterlage schneidet man knapp unter dem Scheitel durch, den Sämling so, daß möglichst eine kugelige Form verbleibt. Ist auf der Unterlage der Ring der Leitgefäße ziemlich groß, dann wird man bei näherem Zusehen entdecken, daß er sich aus einzelnen Punkten, den Leitgefäßbündeln zusammensetzt. Man muß dann bemüht sein, die winzige Achse des Sämlings auf solch einen Punkt zu setzen. Für die Sämlingspfropfung gilt also nicht die allgemeine Regel, daß jüngstes Gewebe für die Pfropfung ungeeignet ist. Im Gegenteil, Sämlinge können nur auf jungem Gewebe anwachsen. Die Verwachsung erfolgt dabei bei günstigem Wetter meist innerhalb von 24 Stunden. Der Druck, der die zarten Sämlinge auf der Unterlage festhalten soll, darf natürlich nur äußerst schwach sein. Es genügt eine dünne, kleine, dreieckige Glasscheibe, deren drei Spitzen auf dem Sämling und auf zwei Stäbchen liegen, die man neben der Unterlage in die Erde gesteckt hat. Meistens wachsen die Sämlinge sogar ohne jede Beschwerung an. Die Sämlingspfropfungen hält man am besten in etwas gespannter Luft. Haben die Pfröpflinge dann eine Größe erreicht, daß sie als dicke Kugeln auf dünnem Stiel stehen, dann pfropft man sie um oder man schneidet sie so ab, daß etwa 2 cm der Unterlage an ihnen verbleiben, läßt etwa 10 Tage abtrocknen und bewurzelt sie sodann. Die Hochpfropfung nimmt man vor auf wüchsigen Cereen von 1–3 m Höhe oder auf deren Seitentrieben. Die überraschendsten Erfolge lassen sich dabei allerdings fast nur bei Gewächshauskultur mit frei ausgepflanzten Cereen erzielen. Man pfropft auf diese Pfröpflinge von etwa 2–5 cm Durchmesser möglichst hoch. So kann man z. B. die durch Sämlingspfropfung bereits sehr großen 1–2jährigen Sämlinge nehmen. Das Wachstum auf den großen alten Cereen ist dann enorm und bereits 1 Jahr später zeigen die Pfröpflinge eine den Importen nicht nachstehende stärkste Bestachelung. Nach einigen weiteren Jahren aber müssen die großen starken Pfröpflinge abgenommen und bewurzelt werden, denn sie verlangsamen dann ihr Wachstum und stellen es schließlich ein, eine nicht ganz geklärte Erscheinung, die vermutlich auf die Alterung der Unterlage zurückzuführen ist, denn auch in der Natur treiben die verzweigt wachsenden Cereen schließlich mehr und mehr Seitentriebe, während die Haupttriebe nicht mehr weiterwachsen.

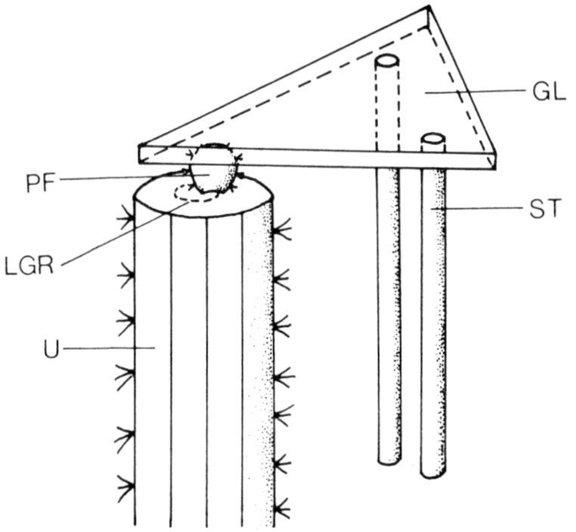

Sämlingspfropfung.
GL Glasscheibe;
LGR Ring der Leitgefäßbündel;
PF Pfröpfling; ST Stäbchen;
U Unterlage.

c *Stecklinge*

Die Vermehrung durch Stecklinge ist die einfachste Vermehrungsart, da sie keinerlei besondere Hilfsmittel erfordert und nur in den seltensten Fällen nicht gelingt. Für die Stecklingsanzucht sind natürlich ebenfalls das Frühjahr und der Sommer die günstigsten Jahreszeiten. Die Stecklinge schneidet man ebenfalls mit sauberem, scharfem Messer und spitzt sie nach unten schräg zu, damit sie nicht aus dem unteren Rand seitlich Wurzeln treiben, sondern die aus dem Leitgefäß entspringenden Wurzeln sich gleich nach unten in die Erde senken können. Der Schnitt des Stecklings darf weder durch ganz junges, noch nicht ausgereiftes Körpergewebe erfolgen, noch durch mehrere Jahre altes, bei dem die Mittelachse völlig verholzt ist. Im ersten Falle kann die Bewurzelung völlig ausbleiben, im zweiten kann sie sehr lange dauern, falls sie nicht ebenfalls unterbleibt. Epiphyten, insbesondere Blattkakteen, schneidet man nicht durch ihre dünnsten verholzten Stellen, sondern da, wo das Blatt breit ist. Aus den Areolen an den breitesten Stellen kommen die schönsten Wurzeln. Auch hier wird man konisch abschrägen und bindet die Stecklinge an Stöcken fest, die man bis zum Aufsitzen in die Erde steckt. Die so vorbereiteten Stecklinge müssen gut abtrocknen und abheilen. Dies dauert bei warmem sonnigem Wetter

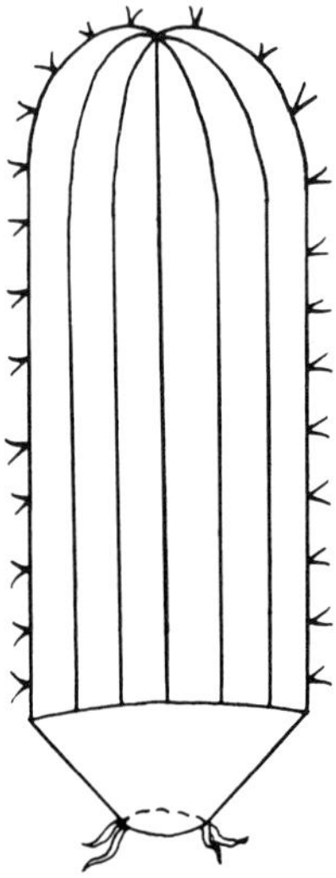

Stecklingsbewurzelung

8–10 Tage, kann aber bei kühlem und trübem Wetter doppelt bis dreimal so lange dauern. Man darf die Stecklinge aber nicht etwa wochenlang zum Abtrocknen auf der Seite liegen lassen, weil die Entwicklung von Wurzeln innerhalb des Pflanzenkörpers oft sehr schnell einsetzt und die Wurzeln stets nach unten streben. Man muß die Stecklinge also schon nach etwa 3 Tagen aufstellen. Größere Cereenstecklinge hängt man sofort in senkrechter Lage auf. Nach der Abtrocknungszeit stellt man die Stecklinge senkrecht auf das Bewurzelungssubstrat. Man wählt hierfür am besten trockenen Bimskies, Chemie-Erde oder Perlit. Diese Stoffe kann man in einen Tontopf bis zu halber Höhe füllen und die Stecklinge hineinstellen. Der rein mineralische Untergrund gibt keinen Nährboden für Fäulnispilze ab. Wenn man dann diesen Tontopf in einen größeren Topf mit Bimskies oder Torfmull einfüttert, dann kann man das Einfütterungsmaterial alle paar Tage einmal schwach anfeuchten. Hierdurch wird starkes Schrumpfen der Stecklinge verhindert und die Wurzelbildung begünstigt. Erst wenn die neuen Wurzeln 2–3 cm Länge erreicht haben, pflanzen wir die Stecklinge in unsere Kulturerde ein, sind aber anfangs mit dem Gießen immer noch vorsichtigt. Versuchsweise haben wir Stecklinge von *Trichocereus spachianus, Trichocereus macrogonus* und einigen anderen Cereen völlig trocken und halbdunkel, ohne jede Erde seit mehreren Jahren stehen; sie leben heute noch und haben längst Wurzeln. Haben Sie also keine Angst vor längerer Trockenhaltung. Gespannte Luft ist aber auch bei Stecklingsbewurzelung anzuraten.

Bei der Bewurzelung muß man Geduld haben. In manchen Fällen kommen Wurzeln noch nach einem Jahr.
Im Handel wird Bewurzelungshormon angeboten. Die Meldungen über den Erfolg sind jedoch widersprüchlich. Die eigenen Erfahrungen des Verfassers blieben negativ.

10 Importen

Aus den Heimatländern werden oft große Mengen an Importpflanzen eingeführt, die den Liebhaber durch ihre Größe und ihre starke und farbige Bestachelung „bestechen". Soweit es sich um bei uns vorkultivierte und mit neuen Wurzeln gekaufte Importen handelt, machen sie keine besonderen Schwierigkeiten. Soweit man aber frische, unbewurzelte Importen kauft, ist zu ihrer Akklimatisierung und Neubewurzelung allerhand zu beachten. Da die Importen vom Heimatstandort aus den für sie klimatisch günstigsten Bedingungen kommen, andererseits aber durch die lange Reise bei Dunkelheit stark geschwächt sind, müssen wir ihnen ein möglichst günstiges Klima bieten. Etwaige Faulstellen sind vollständig durch Ausschneiden zu entfernen. Starke holzige Borke an ihrer Unterseite müssen wir ebenfalls beseitigen, weil die zarten Wurzelspitzen oft nicht durch sie zu dringen vermögen. Abgestorbene und geknickte oder sonst beschädigte Wurzeln entfernt man völlig. Nach einem Warmwasserbad von $^1/_2$–1 Stunde Dauer bei etwa 35 °C kann man die Borke vorsichtig entfernen.
Alle entstehenden Wunden müssen dann sorgfältig mit Holzkohlepulver bestäubt werden. Unter Schattierung werden die Importen dann nach oben angegebener Trocknungszeit wie Stecklinge behandelt und allmählich wieder an die volle Sonne gewöhnt. Nach dem Aufsetzen der Pflanzen auf das Bewurzelungssubstrat nebelt man kräftig mit Chinosollösung, um mitgebrachte Krankheitskeime abzutöten. Dieses Nebeln sollte man vorsichtshalber in 1–2wöchigen Abständen wiederholen. Die farbigsten und am stärksten bestachelten Arten werden allerdings in der Mehrzahl der Fälle die volle Schönheit der Heimatbestachelung nicht mehr ganz erreichen.

11 Die Krankheiten unserer Kakteen

Gesunde Kakteen, die reichlich Luft und Sonne genießen, haben nur ausnahmsweise unter Krankheiten zu leiden. Tierische Schädlinge treten dagegen häufiger auf. Es ist unmöglich, ihr Eindringen in eine Sammlung dauernd völlig zu verhindern. Durch Aufmerksamkeit und rechtzeitiges Eingreifen können wir sie aber weitgehend unschädlich machen und ihre Vermehrung unterbinden. Es sind pilzliche und bakterielle Krankheiten, Viruskrankheiten und eine Reihe von Kleintieren, unter denen unsere Sammlungen leiden können. Bereits die Sämlinge sind durch den Vermehrungspilz (verschiedene Arten!) in der Saatschale gefährdet. Dieser Pilz gedeiht durch die feuchte Wärme besonders gut und kann in wenigen Tagen den Inhalt einer ganzen Saatschale hinwegraffen, wenn er nicht rechtzeitig entdeckt wird. Er bildet ein feinstes Gewebe aus grauen Fäden aus, dem bald die glasig werdenden Sämlinge zum Opfer fallen.

Bei Befall sind sofort die Pilzgewebe und befallenen Pflanzen zu entfernen und man gießt die ganze Schale mit 0,05prozentiger Ceresanlösung. Dies wiederholt man nochmals nach etwa 8 Tagen und gibt viel frische Luft. Von der Kakteenfäule gibt es verschiedene Arten, die teils auf pilzliche und teils auf bakterielle Erreger zurückzuführen sind. Sie ist teils Naßfäule, teils Trockenfäule. Sie kann von den Wurzeln ausgehen und sich über die Leitgefäßbündel nach oben verbreiten, sie kann aber auch von rötlichen bis braunen Flecken in der Epidermis ausgehen und sich nach innen verbreiten. Bei sehr starkem Befall entfernt man am besten sofort die befallene Pflanze. Oft ist der Kopf noch zu retten und kann gepfropft oder bewurzelt werden, aber nur dann, wenn der Querschnitt nicht die geringste Verfärbung nach braun hin an den Leitgefäßen erkennen läßt. Bei schwachem Befall müssen die Faulstellen säuberlich ausgeschnitten und mit Holzkohlepulver desinfiziert werden. Nach jedem Schnitt an einer kranken Pflanze ist natürlich das Messer sofort wieder zu reinigen und zu desinfizieren, z. B. durch einen in Alkohol getauchten Wattebausch. Es kommen auch Viruserkrankungen vor, die sich z. B. durch Fleckigwerden von Pflanzen äußern können. Der Liebhaber hat keine Möglichkeit, sie sicher zu erkennen oder sie zu bekämpfen. Wer nach den obigen Pflegeanleitungen seine Pflanzen im richtigen Klima und bei einwandfreier Ernährung hält, wird weitgehend von Krankheiten verschont bleiben.

12 Tierische Schädlinge

Mehr Arbeit und mehr Ärger als vorstehende Krankheiten verursachen uns die tierischen Schädlinge, von denen wir nun die wichtigsten, nicht aber die nur gelegentlich einmal auftretenden, anführen wollen. In einzelnen Töpfen, häufig im Frühbeet oder im Gewächshaus sind es Ameisen, die ohne direkte Schädlinge zu sein, uns indirekt sehr lästig werden können, indem sie unter den Kakteen ihre Nester anlegen und kleinere Pflanzen oft ganz mit ihrem „Erdaushub" begraben. Schädlich werden Ameisen auch dadurch, daß sie die fast reifen Samen aus den Früchten verschleppen und manche Frucht vollkommen leeren, bevor wir es überhaupt merken. Außerdem verschleppen sie Läuse oft auf andere Pflanzen, wo sich letztere dann ebenfalls vermehren. Man bekämpft die Ameisen mit dem käuflichen Ameisenfreßlack und gießt in ihre Nester mit den höchsten, auf den Packungen angegebenen Konzentrationen von E 605 und ähnlichen Systemgiften. Manchmal werden Pflanzen auch durch Asseln, Tausendfüßler und Ohrwürmer angefressen. Man fängt dieselben durch Auslegen von halbierten, leicht ausgehöhlten rohen Kartoffeln weg, unter die sie sich verkriechen oder spritzt und gießt ebenfalls mit Systemgiften. Blattläuse kommen öfters an den zarten, schnell gewachsenen Knospen der Blattkakteen *(Epiphyllum)* vor. Sie werden bereits durch leichte Spritzmittel, die man überall kaufen kann, vernichtet und lassen sich schon durch einen Wasserstrahl entfernen. Hin und wieder kommt es vor, daß Drahtwürmer und Erdraupen in die Erde gelangen, indem wir entweder die Eier mit unserer Erde einschleppen oder die entsprechenden Käfer bzw. Nachtschmetterlinge ihre Eier auf Töpfe oder Schalen ablegen. Hier hilft nur Gießen mit einem Systemgift, wie z. B. E 605.

Größere Sorgen bereitet, namentlich beim Zimmerpfleger, bei dem die Luft meist sehr trocken ist, die Rote Milbe, die allgemein unter dem falschen Namen Rote Spinne bekannt ist. Ihre Anwesenheit merkt der Pfleger meist erst dann, wenn plötzlich die Epidermis sonst frischgrüner Pflanzen auf einmal weißlich oder hellbräunlich wird. Bei einer Größe von etwa 0,25 mm ist sie mit einer Lupe gut zu erkennen und zu beobachten. Jahrzehnte war die Rote Milbe der Schrecken der Liebhaber, zumal sich selbst gegen Systemgifte resistente Stämme herausgebildet hatten. Die Rote Spinne gedeiht gut bei trockener Luft, während sie bei hoher Luftfeuchtigkeit schlecht aufkommt. Glücklicherweise sind seit mehreren Jahren Spezialmittel gegen die Rote Spinne im Handel, auf die man sich verlassen kann. Trotzdem ist es nötig, immer wieder einmal die ganze Sammlung durchzuspritzen, da vom Garten und von Bäumen her ständig neuer Zuzug erfolgt.
Mit der sog. Roten Spinne darf man die echte Rote Spinne nicht verwechseln, ein winziges kleines Spinnchen von ebenfalls roter Farbe, sowie die große rote Milbe, die man bei heißem Wetter im Sommer auch in den Kakteensammlungen, vor allem aber auf Steinen und Mauern im Freien herumlaufen sieht. Sie ist leuchtend rot und wird bis zu 4 mm groß. Sie ist völlig harmlos und soll sogar unsere gefährliche Rote Spinne fressen.
An importierten Cereen und Opuntien finden sich vereinzelt Schildläuse, die am Pflanzenkörper unter einem hornartigen Schildchen sitzen. Diese Schildchen hebt man mit einem spitzen Holz ab und gießt und spritzt mit einem Systemgift. Die Woll- und Schmierläuse sind eine selbst in gut gepflegten Sammlungen immer wieder auftauchende üble Erscheinung. Diese roten bzw. braunen mit einer weißlichen Wachsschicht überzogenen, kleinen Kellerasseln ähnelnden, 1–3 mm langen Tiere setzen sich in den unzugänglichsten Winkeln fest und werden normalerweise erst dann bemerkt, wenn sie durch stärkere, weiße Wollflockenbildung auffallen. Man spritzt bei Befall mit Kontaktgiften und gießt mit Systemgiften. Starke Wollflockenbildung betupft man mit Giftlösung, der man etwas Alkohol (höchstens 5 %) beigefügt hat, weil Alkohol diese wachsartigen Ausscheidungen der Läuse schnell zerstört. Noch gefährlicher sind die kaum halb so großen reinweißen Wurzelläuse, weil man ihre Anwesenheit ebenfalls meist erst bemerkt, wenn die Pflanzen kümmern. Man beseitigt sie gleichfalls durch mehrmaliges Gießen mit Systemgiften oder Kontaktgiften. Eigenartigerweise kommen Wurzelläuse in Plastiktöpfen und bei reichlicher Zugabe von Sphagnum zur Erde nur ganz ausnahmsweise vor, so daß wir durch Verwendung dieser Mittel weitgehend vorbeugen können. Mehrere Jahre altes Sphagnum hat allerdings diese Eigenschaft verloren.
Vereinzelt in Gewächshäusern und häufig in Frühbeeten machen uns auch Schnecken, namentlich die grauen und hellbraunen Nacktschnecken schwer zu schaffen. Nur durchdringendes Gießen mit Systemgiften scheint gegen sie zu helfen. Ferner legt man die Spezialmittel „Peco Schneckentod" und „Schneckenkorn" aus, die die Schnecken anlocken und töten. Bei starkem Befall hebt man die Pflanzenschalen hoch, unter denen die Tiere tagsüber sitzen und nachts liest man sie mit einer langen Nadel oder Ahle mit Hilfe der Taschenlampe ab. Neuzuzug ins Frühbeet von außen kann man durch einen schmalen um das ganze Beet gestreuten Streifen von pulverisiertem Kupfervitriol sicher verhindern. Die übelsten Schädlinge von allen scheinen aber die Wurzelnema-

toden oder Wurzelälchen zu sein. Es sind das mikroskopisch kleine Fadenwürmer, die in den Wurzeln leben und deren Anwesenheit man durch kleine Knollen an den Wurzeln erkennt. Wenn wir bei einer aus der Erde genommenen Pflanze solche Knollen entdecken, dann schneiden wir diese Wurzeln ganz ab und pudern die Schnittfläche mit Holzkohlepulver. Nematoden sind in verseuchter Erde oft reichlich vorhanden und können zum Kümmern und Absterben der Pflanzen führen, während raschwüchsige und robuste Arten meistens nicht leiden, auch wenn sie befallen sind. Die Nematoden sind von allen Schädlingen die unempfindlichsten, und nur durch öfteres Gießen mit warmen Lösungen der verschiedenen Systemgifte ist ihnen einigermaßen beizukommen. Ein 100prozentiger Erfolg ist aber hierbei niemals garantiert. Abschließend zu diesem Kapitel empfehlen wir, die ganze Sammlung jeweils im Frühjahr und im Herbst mit Systemgiften gründlich durchzugießen und durchzuspritzen. Bei akutem Befall gießen bzw. spritzen wir 3mal, bei Nematoden auch 4mal hintereinander in Abständen von etwa 10 Tagen. Wir wechseln dabei das Systemgift, um eine Gewöhnung der Schädlinge an ein bestimmtes Gift, also ein Resistentwerden derselben, zu verhindern. Gegen Nematoden wurde nunmehr das hochwirksame Spezialgießmittel Nemaphos in den Handel gebracht. Man verdünnt es in der vorgeschriebenen Konzentration mit etwa 40 °C heißem Wasser und gießt dann sofort mit dieser heißen Lösung. Auch dieses Gießen wiederholt man in 10tägigen Abständen, hier aber ohne das Mittel zu wechseln. Gewächshäuser kann man noch zusätzlich 1mal im Jahr mit starken Giften räuchern. Es gibt hierfür praktische Räucherpatronen im Handel. Es ist selbstverständlich, daß der Zimmerpfleger mit diesen starken Giften im Zimmer oder im Hause überhaupt weder räuchern noch spritzen darf. Nun noch einiges zu den Bekämpfungsmitteln:

Als Holzkohlepulver verwendet man pulverisierte Geflügelholzkohle, die man in Futterhandlungen kaufen kann und der man etwa 5 % eines Fungizids (pilztötendes Mittel) z. B. Chinosol und Orthocid beifügt. Diese Pulver hält man in einer Dose immer bereit. Unter Kontaktmitteln versteht man solche, deren Berührung die Schädlinge tötet, z. B. Lindan, Aktivgesarol u. a. Unter Systemgiften versteht man solche, die von der Pflanze aufgenommen und verarbeitet werden, die also die ganze Pflanze mit ihren Säften vergiften. Auf die große Gefährlichkeit der Systemgifte sei hier aber nochmals besonders hingewiesen.

Man sieht also, daß der Kakteenpfleger ohne eine Hausapotheke für seine Pflanzen nicht auskommt. Wichtig ist, daß man diese Hausapotheke abschließen kann, falls Kinder zum Gewächshaus oder dem sonstigen Aufbewahrungsort Zutritt haben. Die Gefährlichkeit vor allem der Systemgifte ist so groß, daß man diese Vorsorge auf keinen Fall auf die leichte Schulter nehmen darf. Es muß schließlich noch darauf hingewiesen werden, daß man die Spritz- und Gießmittel nicht zu alt werden lassen darf. Wenn sie älter als 1–2 Jahre werden, verlieren sie zuweilen ihre Wirksamkeit, und in manchen Fällen können sie sogar zu ernsten Schädigungen an den Pflanzen führen. Man muß die Mittel auch dunkel aufbewahren, weil sich manche Mittel unter Einwirkung von Licht zersetzen.

Das Spritzen starker Gifte im Gewächshaus darf übrigens nicht ohne Atemmaske geschehen, um Gesundheitsschäden zu vermeiden.

13 Hybriden

Unter Hybriden versteht man Kreuzungsprodukte zwischen verschiedenen Arten sowohl der gleichen Gattung als auch verschiedener Gattungen. Die Mehrzahl unserer schönsten Garten- und Topfpflanzen wurde durch die Kunst der Gärtner erst herausgezüchtet und übertrifft an Schönheit die Wildarten bei weitem. Das gleiche gilt für unsere schönsten „Phyllo"-Blüten (*Epiphyllum* = Blattkaktus). Man findet sie heute in prächtigen Farben und in enormen Größen. All diese Schönheit gäbe es nicht ohne Kreuzungen. Herrliche Blüten ergeben auch Kreuzungen zwischen dunkel blühenden Lobivien und Echinopsen, ferner zwischen Lobivien und *Chamaecereus silvestrii.*

Ein beachtliches Samenangebot von sehr schönen und großblütigen Echinopsis- und Pseudolobivia-Hybriden bietet übrigens die Kakteenzentrale W. WESSNER in 7553 Muggensturm an.

Alle Kreuzungsversuche müssen aber überlegt, ziel- und verantwortungsbewußt durchgeführt werden. Unsere Kakteensammlungen sind ja fast durchwegs kleine botanische Sammlungen von reinen Wildarten. Wenn wir ziellos kreuzen und die Ergebnisse nicht kennzeichnen, dann zerstören wir den botanischen Wert unserer oft sehr wertvollen Sammlungen.

14 Kakteen an der französischen Côte d'Azur und an der italienischen Riviera

Es ist in Liebhaberkreisen allgemein bekannt, daß an der französischen und italienischen Riviera einige hervorragende Kakteensammlungen existieren, die vorwiegend ganz im Freien gehalten werden. Die Pflanzen dort fallen durch ihren kräftigen Wuchs, durch starke Bestachelung und große Blühwilligkeit auf. Zahlreiche Liebhaber haben diese Sammlungen bereits besucht und waren begeistert. So dürfte es von allgemeinem Interesse sein, Näheres über die dortigen Kulturbedingungen zu erfahren. Zunächst seien die wichtigsten dieser Sammlungen erwähnt. Die westlichste dieser Sammlungen ist die in der Kakteengärtnerei PÉCHERET in Antibes, etwa 1 km außerhalb der Stadt an der Straße nach Nizza gelegen. Auf der Halbinsel Cap Ferrat, wenige Kilometer östlich von Nizza, findet man den schönsten Botanischen Garten Europas, „Les Cèdres", zu dem eine sehr große, schöne Kakteensammlung gehört. Der Besuch ist allerdings nur nach vorheriger Vereinbarung mit dem Besitzer, dem französischen Likörfabrikanten JULIEN MARNIER-LAPOSTOLLE, möglich, da es sich um eine rein private Sammlung handelt. Etwa 10 km weiter östlich kommt man nach Monaco, dessen „Jardin Exotique" weltbekannt ist. Er ist an einem steilen Felshang in meisterhafter Weise angelegt und enthält vor allem riesige Cereen in großer Menge. Nach weiteren 10 km etwa erreicht man Menton mit einer Sammlung des Kakteenzüchters DELRUE. Unmittelbar vor dem oberen Grenzübergang nach Italien findet man auf Terrassen, die sich an den Steilhang schmiegen, seine ausgezeichnete, große und artenreiche Sammlung mit schönen gesunden Exemplaren. Nach Überschreitung der italienischen Grenze kommt man zunächst nach La Mortola, wo sich der früher berühmte Botanische Garten „Giardino Hanbury" befindet, den der Engländer HANBURY angelegt hat. Während der Garten als solcher immer noch sehenswert ist, ist

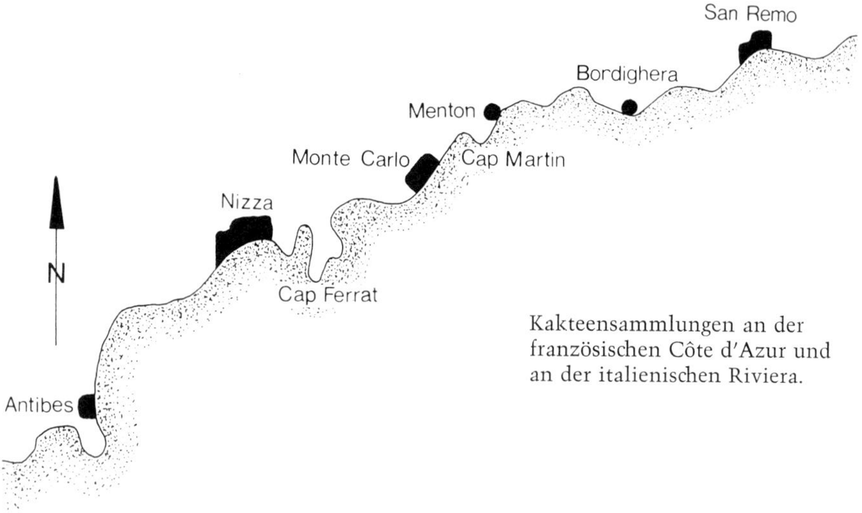

Kakteensammlungen an der französischen Côte d'Azur und an der italienischen Riviera.

die Kakteensammlung unbedeutend, so daß sich ein Besuch nur wegen der Kakteen nicht lohnt. Über Ventimiglia gelangt man schließlich nach Bordighera, wo es mehrere Karkteengärtnereien zu besichtigen gibt, darunter Alavena und Ronco. Am Ausgang der Stadt nach Osten findet man dann links nach einem Felsvorsprung direkt neben der Straße nach San Remo eine der schönsten Kakteensammlungen der Riviera, die des Kakteenzüchters Pallanca, die vor allem durch viele prächtige weiße Säulenkakteen auffällt. Von hier ist es dann nicht mehr sehr weit nach San Remo, wo sich oben am Berghang die bekannte Kakteenzüchterei Stern befindet, bei der vor allem viele große Cephalienträger, vor allem *Espostoa (Vatricania) guentheri,* auffallen. Bei all diesen Züchtereien kann man auch Pflanzen kaufen, nicht jedoch bei den Botanischen Gärten wie „Les Cèdres" und „Jardin Exotique".
Um zu verstehen, weshalb man an der Côte d'Azur und Riviera mit solchem Erfolg Kakteen im Freien halten kann, in Nizza und Cannes aber nur in beschränktem Maße und in Marseille, Genua, Florenz oder Rom praktisch überhaupt nicht, ist es nötig, einen Blick auf die Landkarte zu werfen. Der Hauptkamm der Hochalpen erreicht gerade in diesen klimatisch so ungewöhnlich begünstigten Gebieten das Mittelmeer und bildet eine gewaltige Barriere gegen die aus Mittel- und Nordeuropa nach Süden strömende Kaltluft. Diese Kaltluft fällt erst zwischen Küste und Korsika auf das Meer. Andererseits entsteht durch die fast täglich nahezu senkrecht auf die steilen Südhänge des Alpenmassivs scheinende Sonne ein Aufwind, der die angewärmte Meeresluft nachsaugt. Zu beachten ist dabei, daß dort die Sonne um 6 ° höher am Firmament steht als auf der geographischen Breite von Frankfurt am Main. Das bedeutet etwa 12 Sonnendurchmesser höher. Weiter ist zu beachten, daß infolge der südlicheren Lage der Tag zur Zeit der Sommersonnenwende eine gute Stunde kürzer, zur Zeit der Wintersonnenwende aber über eine Stunde länger ist als in Frankfurt. Dies ist ein weiterer Vorteil für die Kakteen als Kurztagspflanzen aus äquatornäheren Breiten. Das Meer hat ferner im Januar und Februar im-

mer noch eine Temperatur von 11–13 °C, schwankend mit den jeweiligen Strömungen. Hinzu kommt also noch die auf einen schmalen Küstenstreifen einwirkende direkte Wärmestrahlung des relativ warmen Meeres, die nicht durch eisige Nordwinde zunichte gemacht werden kann. Durch Zusammenwirken dieser günstigen Faktoren hat der etwa 1–4 km breite Küstenstreifen von Monaco bis San Remo oft jahrelang keinen Frost, und Temperaturen von – 2 °C werden nur äußerst selten erreicht oder gar für kürzeste Zeit unterschritten. Andererseits weht in der größten Sommerhitze immer eine angenehme Seeluft, so daß die Hitze selten 30 °C übersteigt und unerträglich wird. Der oft das Rhonetal hinabfegende Mistral, dieser berüchtigte Nordwind, erreicht mit seinen Ausläufern noch Nizza, und die manchmal ebenfalls sehr kalten Winde der Poebene kommen von Osten bis fast nach San Remo voran, während Nordstürme schon oft über ganz Italien bis nach Sizilien, Tunesien und Algerien vorangekommen sind und diesen südlichen Gebieten Schnee und Eis brachten. An der östlichen Côte d'Azur aber und an der westlichen italienischen Riviera werden denn auch Orangen, Zitronen und Bananen nicht nur angebaut, sondern auch voll reif, und die Stadt Menton feiert jedes Jahr im Februar ihr althergebrachtes Zitronenfest. Für die Mehrzahl unserer Kakteen ist das ein ideales Klima, und ausnahmsweise auftretende leichte Fröste verursachen nur unbedeutende Schäden, zumal in vielen Heimatgebieten der Kakteen ebenfalls vereinzelte Fröste auftreten, stellenweise sogar häufige und stärkere Fröste, vor allem in den Hochlagen der Anden. Westlich von Nizza und Cannes und östlich von San Remo können nur an besonders geschützten Stellen Kakteen gehalten werden und nur mit Winterschutz. Im Gebiet von Cap Martin (östlich Monaco) bis San Remo ist aber Winterschutz nur für besonders empfindliche Arten, insbesondere für Kugelkakteen, erforderlich, und zwar weniger als Schutz vor der Kälte, sondern vielmehr als Schutz vor der winterlichen Nässe, denn gerade im Winter fällt dort der meiste Regen. Winterschutz gibt man meist durch Gestelle, auf die Frühbeetfenster aufgelegt werden, oder man hält die Kugelformen unter Plastikdächern, wobei die Seiten selbstverständlich offen bleiben. Ohne jeglichen Schutz gedeihen aber prächtig fast alle Cereen, insbesondere *Cleistocactus, Espostoa, Haageocereus, Loxanthocereus, Oreocereus* und *Trichocereus,* die gut wachsen und reich blühen. Immer wieder bewundert werden die großen Kugeln von *Echinocactus* und *Ferocactus.* Lobivien und alle Rebutien einschließlich *Aylostera, Cylindrorebutia, Digitorebutia, Mediolobivia* dagegen gedeihen schlecht, ohne daß man die Ursache einwandfrei feststellen könnte. Diese Pflanzen wachsen in ihrer Heimat in großen Höhen mit erheblicher nächtlicher Abkühlung, die im Mittelmeersommer fehlt; andererseits aber wachsen Oreocereen auch in großen Höhen mit großen Temperaturunterschieden zwischen Tag und Nacht, und sie gedeihen am Mittelmeer prächtig. Ein Besuch dieses europäischen Kakteenparadieses lohnt sich unbedingt für jeden Kakteenfreund. Ein Beispiel für das dortige Kakteenklima bot der Winter 1970/71. Während im Rhonetal der gesamte Verkehr in tiefen Schneemassen zusammenbrach, während tiefer Schnee und Eis auch Genua und Florenz blockierten und der Frost bis Nizza reichte, standen zu Weihnachten und Neujahr in Menton zahlreiche Mammillarien, fast alle chilenischen Kugelkakteen, *Bolivicereus, Oreocereus* und andere, in voller Blüte.

Abb. 1. *Blick in ein Kakteengewächshaus*

Die Gattungen und Arten

Um die Auffindung von Pflanzen zu erleichtern bringen wir im folgenden die Gattungen nicht nach ihrer systematischen Stellung, sondern alphabetisch geordnet, ebenso die Arten innerhalb der Gattungen, wobei wir auf die Verwandtschaftsverhältnisse der Gattungen untereinander hier nicht mehr eingehen. Der Interessent findet sie im vorstehenden Kapitel in der „Übersicht über das phylogenetische System", in die alle Gattungen aufgenommen wurden, deren Stellung unzweifelhaft ist. Während wir alle derzeit allgemein anerkannten Gattungsnamen wenigstens kurz erwähnen und charakterisieren wollen, können wir, wie oben bereits angedeutet, von den Arten nur die kulturwürdigsten, schönsten oder interessantesten beschreiben. Soweit die Pflege von der üblichen abweicht, ist dies bei den einzelnen Gattungen oder Arten besonders vermerkt. Die Hauptblütezeit liegt im Frühjahr, Abweichungen sind jeweils genannt. Wir führen bewußt eine Reihe von Pflanzen unter ihrem Synonym bzw. unrichtigen Gattungsnamen auf, soweit nämlich diese Pflanzen nur unter diesem Namen allgemein bekannt sind. Die richtige Gattungszugehörigkeit ist dann jeweils angegeben.

Acanthocalycium Backeb.
Kugelförmige bis kurzzylindrische Körper mit Rippen. Die Blütenröhre trägt häutige Schuppen mit Stachelspitze. Lange Wollhaare in den Axillen der Schuppen. Blüten reichlich und groß.

A. glaucum Ritt. Blaugrüne, etwa 15 cm hohe und 7 cm breite Körper mit 8–14 Rippen. Die Stacheln sind schwarz, die Blüten 6 cm lang und breit, von weiß bis lila variierend.

A. violaceum (Werd.) Backeb. (Farbb. 2 und Abb. 2). Bis 20 cm hoch und bis 13 cm ⌀, etwa 15 Rippen. Kräftige gelbbraune Stacheln. Bis zu 7,5 cm lange und 6 cm breite, hell fliederfarbene Blüten. Bei Cordoba in Argentinien in etwa 1000 m Höhe wachsend.

Acanthocereus (Berg.) Br. et R.
Sträucher mit großen, nächtlichen Blüten aus den Gebieten um den Golf von Mexiko, ohne Liebhaberwert.

Acantholobivia Backeb.
Kugelige, als Untergattung zu *Lobivia* zu stellende Pflanze, da die Stacheln an den Früchten kaum die Führung als eigene Gattung rechtfertigen.

Acanthorhipsalis (Schum.) Br. et R.
Von *Rhipsalis* durch Stacheln in den Areolen unterschieden. Die Ähnlichkeit

mit *Rhipsalis* ist nur äußerlich, wie der Samen von ganz anderem morphologischen Typus beweist.

Akersia Buin.
gehört zu *Borzicactus* als Untergattung, bei der die blühbaren Areolen dichte Büschel von zusammenstehenden, bis zu 3 cm langen, honiggelben Stacheln und Borsten entwickeln.

A. roseiflora Buin. (Abb. 3). Strauchartig und anlehnend wachsende, schlanke, goldgelb bestachelte Pflanzen mit schönen zygomorphen rosafarbenen Blüten. Südperu.

Ancistrocactus Br. et R.
Kugelige oder kurzzylindrische Pflanzen mit Rübenwurzeln und Hakenstacheln.

A. scherii (Salm-Dyck) Br. et R. (Abb. 6). Etwa 12 cm hoch werdend bei 6 cm ⌀. Blüten bis 3 cm lang, gelbgrün.

Anhalonium Lem. = *Lophophora* Coult.

Anisocereus Backeb. Gehört zu *Escontria* Rose.

Aporocactus Lem.
Der bekannte Schlangen- oder Peitschenkaktus.

A. flagelliformis Lem. (Abb. 4). Reichverzweigte, dünne, bis 1,5 m lange, hängende Triebe mit zahlreichen, dem Weihnachtskaktus ähnlichen, rosa Blüten. Oaxaca, Mexiko. Eine der dankbarsten Kakteen auch für den Anfänger. Liebt pralle Sonne und nahrhafte aber gut durchlässige Erde, viel Wasser während des Blühens und Wachsens und auch im Winter leichte Feuchtigkeit.

A. flagriformis (Zucc.) Lem. Ähnlich dem vorigen. Blüte dunkler. Stacheln im Neutrieb rot.

A. martianus (Zucc.) Br. et R. Weniger dicht bestachelt, weniger Rippen. Tiefrosa Blüte.
Von diesen wichtigsten Arten existieren verschiedene Hybriden mit wesentlich größeren Blüten unter gärtnerischen Namen, z. B. *A. mallisonii* und *A. smithii.*

Arequipa Br. et R.
Einzeln oder wenig verzweigt wachsende, kugelige bis kurzsäulige Pflanzen mit oft schiefem Scheitel und in Scheitelnähe stehenden langröhrigen zygomorphen Blüten mit meist gebogener Blütenröhre. Diese letztere behaart.

A. rettigii (Quehl) Oehme (syn. *A. leucotricha* Br. et R.). Säulig, dicht bestachelt. Bis 7 cm lange scharlachrote Blüten, die bei älteren Pflanzen sehr willig erscheinen. Südperu, bei Arequipa.

A. erectocylindrica Rauh et Backeb. Bis 50 cm hoch. Sehr stark bestachelt. Südperu, am Vulkan Chachani in 2400 m Höhe.

A. weingartiana Backeb. Im Alter bis 40 cm lang und bis 10 cm dick. Körper graugrün. Ziegelrote, bis 5,5 cm lange Blüte. Blüht schon ab 6–7 cm Höhe.

Ariocarpus Scheidw.
Flachkugelige Pflanzen mit großer Wurzelrübe und großen dreieckigen Warzen mit stark wolligen Axillen, aus denen die meist rosa gefärbten Blüten entstehen. *A.* verlangt stark mineralischen Boden und außerhalb der Wachstumszeit sehr spärliche Wassergaben.

Abb. 2. *Acanthocalycium violaceum* var.

Abb. 3. *Borzicactus roseiflorus (Akersia roseiflora)*

Abb. 4. *Aporocactus flagelliformis*

Abb. 5. *Astrophytum capricorne*

Abb. 6. *Ancistrocactus scheerii*

Abb. 7. *Ariocarpus trigonus* var. *elongatus*

Abb. 8. *Aylostera albiflora*

A. trigonus (Web.) Schum. var. *elongatus* Backeb. (Abb. 7). Mit bis zu 5 cm langen Warzen und gelblichen, bis 5 cm großen Blüten. Mexiko bei Jaumave.
S. auch *Roseocactus*.

Armatocereus Backeb.
Bis 10 m hohe Bäume mit dicken Stämmen und meist großen Kronen, die Glieder nach dem Jahreswachstum durch Einschnürungen abgesetzt. Schlanke Trichterblüten mit bestachelter Röhre. Kolumbien, Ecuador, Nordperu.

Arrojadoa Br. et R. (siehe auch Ergänzung Seite 276)
Schlanke, wenig verzweigte Säulen von aufrechtem bis halb niederliegendem Wuchs, die aus Borstenschöpfen an den Triebenden ihre nächtlichen rötlichen Blüten bringen. Brasilien, Bahia und Pernambuco.

A. penicillata (Gürke) Br. et. R. (Farbb. 4). Anlehnend wachsende, bis 2 m lange, etwas über bleistiftstark werdende Triebe. Aus einem fuchsroten Borstenschopf am Triebende kommen prächtige karminrosa Blütenbüschel. Die Einzelblüte ist etwa 2 cm lang und breit. Blüht sehr leicht.

A. rhodantha (Gürke) Br. et R. Ebenso hoch werdend, die Triebe aber 2–5 cm dick. Weniger bläulichrote Blüten, die bis 3,5 cm lang werden, sich aber nur wenig über 1 cm öffnen.

Arthrocereus Berg.
Zwergcereen mit schlanken Gliedern und nächtlichen, willig erscheinenden Blüten, von mehr oder weniger liegendem Wuchs.

A. microsphaericus (K. Schum.) Berg. Die meist 5 cm langen und bis 3 cm dikken Jahrestriebe reihen sich wie bei den Cylindropuntien abgesetzt aneinander. Zahlreiche kurze, feine bräunliche Stacheln. Die 7 cm langen und 5 cm breiten weißen Blüten erscheinen willig wiederholt im Jahr.

A. rondonianus Backeb. et Voll. (Farbb. 3). Verzweigend. 20–50 cm lang und 2,5 cm ∅. Ganz fein goldgelb bestachelt, mit etwa 8 cm großen lilarosa Blüten. Vor allem gepfropfte Exemplare blühen sehr reich. Brasilien bei Diamantina.

Astrophytum Lem.
Es ist dies die allgemein bekannte und weit verbreitete Bischofsmütze.
Astrophyten wachsen und blühen ungepfropft gut, wenn man ihnen mehr mineralischen als humosen Boden gibt. Man wählt also den Lehm- und Bimskiesanteil höher. Die weißen und dicht bestachelten stellt man möglichst hell, während die grünen Formen halbschattig stehen können. Mit dem Gießen sei man sparsam.

A. asterias (Zucc.) Lem. Der sogenannte Seeigelkaktus, flachkugelig mit normal 8 flachen Rippen, auf deren Mitte die dicken runden Areolen stehen; stachellos. Nordmexiko bis Texas.

A. capricorne (Dietr.) Br. et R. (Abb. 5). Mit meist 8 scharfkantigen Rippen, die wenige Wollflöckchen tragen, und mehr oder weniger zahlreichen, langen, wirr durcheinander stehenden gelben bis schwarzbraunen Stacheln. Diese Art trägt die schönsten Blüten der Gattung, seidig gelb mit karminroter Mitte.

A. myriostigma Lem. Meist 5 Rippen, mit weißen Wollflöckchen mehr oder weniger stark bedeckt und stachellos. Eine „forma nuda" ist grün und ohne Wollflöckchen. Mexiko.

Abb. 9. *Aylostera fiebrigii* var. *densiseta*

Abb. 10. *Aylostera pseudodeminuta*

Abb. 11. *Aztekium ritteri*

A. ornatum (DC.) Web. (Abb. 15). Größer und mehr säulenförmig werdend. Die Wollflöckchen sind auf einzelne Zonen beschränkt. Die Areolen tragen kräftige, gelbe bis braune Stacheln. Mexiko, Hidalgo bis Queretaro.

Austrocactus Br. et R.
Kurzsäulige Kakteen aus Südargentinien und Südchile. Ohne Bedeutung für den Liebhaber.

Austrocephalocereus Backeb.
Im wesentlichen auf Brasilien beschränkte Säulenkakteen, die einseitige Cephalien und unbehaarte Blüten tragen.

A. dybowski (Goss.) Backeb. (Farbb. 44). Kann einige Meter hoch und 8–10 cm dick werden. Über 20 engstehende Rippen. Dichte, kurze und feine Bestachelung und dicht von weißen Wollhaaren umsponnen. Aus dem Haarkleid ragen gelbliche bis bräunliche Mittelstacheln von 1–3 cm Länge. Aus dem dichten weißen Chephalium kommen die 4 cm langen glockigen weißen Blüten.

A. purpureus (Gürke) Backeb. Bis 5 m hohe und bis 12 cm dicke Säulen. Bis zu 25 Rippen. Dichte gelbliche bis braune Bestachelung. Grauweißes wolliges Cephalium mit braunen bis schwärzlichen Borsten. 3,5 cm lange blaßrosa Blüten.

Aylostera Spegg. (siehe auch Ergänzung Seite 276)
Äußerst dankbare, auch in Zimmerkultur willig wachsende und sehr reich blühende kleine Kugelkakteen aus der *Rebutia*-Verwandtschaft. Nordargentiniens bis Südostbolivien, bis zu 3600 m Meereshöhe ansteigend. Sie lieben demgemäß etwas höhere Luftfeuchtigkeit, die man im Sommer durch Einfuttern in feucht zu haltendes Torfmoos erreichen kann.

A. albiflora (Ritt. et Buining) Backeb. (Abb. 8). Rasenförmig wachsende Zwergart mit weißen Borsten und innen weißer, außen blaß rötlicher Blüte.

A. deminuta (Web.) Backeb. Die kleinste Art mit kurzen Stacheln und hell blutroten Blüten.

A. fiebrigii (Gürke) Backeb. var. *densiseta* Cullm. (Abb. 9). Lang und weiß beborstet mit hell orangefarbenen Blüten.

A. kupperiana (Böd.) Backeb. (Abb. 16). Mit dunkelbraunen kräftigen Stacheln und großen leuchtend roten Blüten.

A. muscula. Scheint nur eine Form von *A. fiebrigii* var. *densiseta* mit noch zarterer weißer Beborstung zu sein.

A. pseudodeminuta Backeb. (Abb. 10). Kräftig, meist hellbraun bestachelt mit blutroten bis gelblichroten Blüten, die an den Blütenblatträndern wie mit Goldstaub bepudert scheinen.

A. speggaziniana Backeb. Etwas zylindrisch wachsend mit ganz kurzer, dem Körper ziemlich anliegender Bestachelung und dunkelblutroten großen Blüten.
A. spinosissima Backeb. Zierlichste Art mit dichter, feiner, weißlicher bis hellbräunlicher Bestachelung und zarten, hell orangefarbenen Blüten.

Aztekium Böd.
Einzige Art: *A. ritteri* Böd. (Abb. 11). Seltsame Pflanze. Flachkugelig mit 9–11 Rippen, die ganz eng quergewellt sind. An indianische Skulpturen erinnernd. Nuévo León, Mexiko. Nicht für Anfänger geeignet.

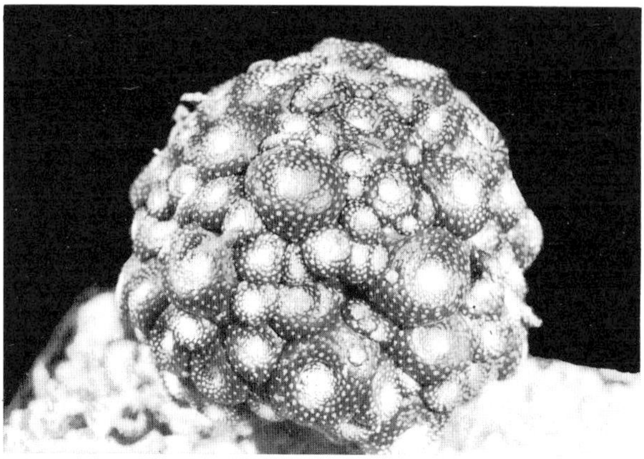

Abb. 12. *Blossfeldia liliputana*

Abb. 13. *Blossfeldia minima* (Foto: Andreae)

Abb. 14. *Brasilicactus (Notocactus) graessneri* var. *albiseta*

Azureocereus Akers et Johns.
Bis zu 10 m hohe, verzweigte Säulen aus Mittelperu in ca. 2000 m Höhe wachsend, mit nächtlichen weißen, leicht zygomorphen Blüten. Darunter einer der schönsten blaubereiften Säulenkakteen:

A. hertlingianus Backeb. (syn. *A. nobilis* Akers et Johns.) (Farbbild 1). Diese Art wird von einer Größe von etwa 10 cm ab intensiv hellblau, wenn sie sehr sonnig steht und genügend Lehm in ihrer Pflanzerde enthält. Man vermeide das Bespritzen der Pflanzen mit Wasser!

Azureocereus gehört als Untergattung zu *Browningia.*

Bartschella Br. et R.
Untergattung von *Mammillaria* mit großen hellpurpurfarbenen Blüten. Mexiko bis Niederkalifornien.

Blossfeldia Werd.
Eine nordargentinische, in der Provinz Jujuy beheimatete Gattung von Kugelkakteen, der die kleinsten überhaupt bekannten Kakteen angehören.

B. liliputana Werd. (Abb. 12). Graugrüne winzige Körperchen von 7–10 mm ⌀. Die „gestielte" Blüte erreicht 1 cm ⌀ und ist weiß.

B. minima Ritt. (Abb. 13), bei der der erwachsene Pflanzenkörper einen Durchmesser von 4 bis höchstens 6,5 cm besitzt. *B. minima* ist der kleinste bisher entdeckte Kaktus überhaupt. Gepfropft wachsen und blühen beide Arten sehr gut.

Bolivicereus Card.
Eine Untergattung von *Borzicactus* mit sehr stark zygomorphen roten Tagblüten, deren Röhre leicht zusammengedrückt ist.

B. samaipatanus Card. (Abb. 17). Kleine verzweigt wachsende Säulen. Meist nur bis 70 cm Höhe bei 3–4 cm ⌀. Bolivien–Santa Cruz in fast 2000 m Meereshöhe. Blühen schon sehr jung und äußerst reich, daher sehr kulturwürdig.

B. serpens (H. B. K.) Backeb. Mit etwa 2 cm starken Trieben am Boden liegend und bis 2 m weit kriechend, wobei auf der ganzen Länge Wurzeln gebildet werden. Grober und lockerer bestachelt als *samaipatanus.* Blüte rot. Die inneren Blütenblätter sind lang, schmal und so gebogen, daß die Blüte an die mancher ausgefallenen Orchidee erinnert.

Borzicactus Riccob.
Verzweigt, z. T. halbliegend wachsende, meist kleinere Säulenkakteen mit zygomorphen, meist roten Tagblüten, bei denen die Nektarkammern durch einen Kranz von Wollhaaren verschlossen sind. Ekuador.
Kimnach (USA) hat zu *Borzicactus* alle südamerikanischen Gattungen mit zygomorphen Blüten gezogen. Man kann ihm hierbei auf keinen Fall folgen, da sonst eine Großgattung entsteht, die nur Verwirrung zu stiften geeignet ist.

B. morleyanus Br. et R. Bis 2 m hohe und 6 cm dicke Säulen mit karminroten 6 cm langen Blüten.

B. sepium (H. B. K) Br. et R. Dem vorigen sehr ähnlich mit scharlachroten Blüten. Beide Arten zeigen über jeder Areole eine V-förmige Kerbe. Beide blühen sehr leicht ab 1 m Höhe.

Brachycereus Br. et R.

Schlanke, kleine Gruppen bildende Säulenkakteen von den Galapagosinseln. Man hat an einer einzigen Pflanze schon 300 Triebe gezählt, die bis 60 cm hoch werden.

Brasilicactus Backeb.

Dicht und fein bestachelte oder beborstete Kugelkakteen aus dem südbrasilianischen Staat Rio Grande do Sul. Eine Untergattung von *Notocactus.*

Die hier genannten Arten gehören zu den schönsten Kakteen überhaupt, wachsen sehr gut und blühen ohne Schwierigkeit. Man kann sie jedem Anfänger und Zimmerpfleger wärmstens empfehlen. Sie lieben während des Frühjahrs und Sommers etwas mehr Feuchtigkeit, aber keine Nässe und werden am schönsten, wenn sie halbschattig stehen. Häufiges Nebeln mit Regenwasser tut ihnen gut, nicht aber Überbrausen mit kalkreichem Leitungswasser.

B. graessneri (Schum.) Backeb. (Abb. 18). Etwas kleiner, mit stark nach dem Licht geneigtem Scheitel. Die Stacheln hell- bis dunkelgoldgelb. Blüten hellgrün.

Hierzu die Varietät *albiseta* Cullm. (Abb. 14), die außer hellgelben Stacheln sehr zahlreiche bis zu 3 cm lange Borstenhaare trägt und fast ganz weiß wirkt.

B. haselbergii (Hge.) Backeb. (Abb. 27). Dicht und fein weiß bestachelte Kugeln von etwa 10 cm ⌀ mit nach der Lichtseite geneigtem Scheitel und gelbroten bis blutroten zahlreichen Blüten, die oft wie ein Strauß dicht gedrängt in Scheitelnähe stehen.

Brasilicereus Backeb.

Schlanke Cereen aus Bahia und Minas Geraes (Brasilien) mit merkwürdig verbogenen grünlich-weißen Blüten.

Brasiliopuntia (Schum.) Berg.

Hauptsächlich in Brasilien vorkommende Gattung aus der *Opuntia*-Verwandtschaft mit rundlichen „Ästen" und flachen Seitentrieben.

Browningia Br. et R.

Seltsame Bäume aus Peru, etwa 2700 m hoch zwischen Tacna und Arequipa. Ein dicker stark bestachelter Stamm, der sich erst an seinem Ende zu einer Krone verzweigt, deren „Äste" unbestachelt sind; mit etwa 10 cm großen nächtlichen Blüten. Stecklinge lassen sich weder bewurzeln noch pfropfen.

Buiningia F. Buxb. (siehe auch Ergänzung Seite 276)

Teils kurzsäulige, teils schlanke, bis 75 cm lange halbliegende, von der Basis sprossende Säulenkakteen aus Brasilien, die echte, einseitige Cephalien tragen mit kleinen, engröhrigen Blüten.

B. brevicylindrica Buin. Lange Zeit kugelig wachsend und erst im Alter bis 30 cm hoch werdend bei bis 17 cm ⌀. Bis 18 Rippen. Frischgrüner Körper. Etwa 7 Randstacheln und 4 Mittelstacheln, gelb und 2–6 cm lang. Der Wuchs des Cephaliums setzt schon bei 8 cm großen Kugeln ein, worauf die neuen Stacheln ganz wesentlich kürzer bleiben. Das weißwollige Cephalium ist stark von goldgelben Borstenstacheln durchsetzt. Die cremefarbigen Röhrenblüten werden bis zu 3,2 cm lang bei 1,5 cm ⌀. Die kugelige Frucht ist glänzend rot und hat bis 1,7 cm ⌀.

Abb. 15. *Astrophytum ornatum*

Abb. 16. *Aylostera kupperiana*

Abb. 17. *Borzicactus (Bolivicereus) samaipatanus*

Abb. 18. *Brasilicactus (Notocactus) graessneri*

Calymanthium Ritt.
Bis 8 m hohe stark verzweigte Bäume mit 3—4kantigen Trieben. Die Blüten sind dadurch ganz ungewöhnlich, daß die eigentliche Röhre von einer zweiten aus der äußersten Rindenschicht gebildeten Röhre umschlossen ist. Interessant ist schon die Knospe. Bis zu etwa 5 cm Länge glaubt man einen normalen Seitensproß vor sich zu haben. Man erkennt den Sproßscheitel, die Rippen und die Areolen mit kräftigen Stacheln, genau wie beim vegetativen Sproß. Doch eines Tages platzt dann das Ende des „Sprosses" auf und die Blüte tritt hervor (Farbb. 5). Nordperu, Provinz Jaen.

Carnegiea Br. et R.
Gewaltige, kandelaberartig wachsende Säulen aus dem Südwesten Nordamerikas.

C. gigantea (Eng.) Br.et R. Bis 12 m hoch und bis 65 cm ⌀. Ihre gewaltigen Kandelaber bestimmen stellenweise das Landschaftsbild in Arizona und stehen dort unter Naturschutz. Wächst äußerst langsam.

Castellanosia Card.
Bis 6 m hohe Sträucher aus Bolivien (Cochabamba). Die blühfähigen Triebe tragen in Bündeln stehende Borsten, während die übrigen Pflanzenteile bis zu 7 cm lange Stacheln tragen.

Cephalocereus Pfeiff.
Riesige, meist eintriebig wachsende Säulenkakteen, die aus echten Cephalien blühen.

C. senilis (Haw.) Pfeiff. (Abb. 19, 20). Das allgemein bekannte Greisenhaupt. Gewaltige bis 15 m hohe und 30 cm dicke Säulen mit zahlreichen langen, weißen Haaren und einem sich erst bei etwa 6 m Höhe entwickelnden Cephalium, das das ganze Triebende umfaßt. Mexiko (Hidalgo).
Das Greisenhaupt verlangt sehr viel Licht und während der Wachstumszeit feuchte Hitze, aber gespannte Luft bei häufigem Nebeln. Auch im Winter möchte es möglichst nicht unter 15 °C.

Cephalocleistocactus Ritt.
Cleistocactusähnliche kleinere Säulenkakteen, deren Blüten aus Pseudocephalien entstehen. Das Pseudocephalium bei *Cephalocleistocactus* ist etwas anderer Natur als die gewohnten Cephaloidengebilde. Die Stellung dieser Gattung ist damit also noch ungeklärt.

Cephalocleistocactus hält man wie *Cleistocactus*. Er wächst gut und blüht schon bei 50—60 cm Höhe, wenn er nicht zu trocken gehalten wird.

C. ritteri Backeb. (Abb. 21). Verzweigt wachsende Säulen von etwa 1 m Länge und bis zu 3 cm ⌀. Bis zu 10 Rippen. Areolen braun, später vergrauend, mit zahlreichen feinen weißen Stacheln. Blühfähige Areolen bilden nachträglich ein Pseudocephalium mit ca. 3—4 cm langen, weißen, geraden Wollhaaren. Die schlanken, 4 cm langen Blüten sind hell grüngelb. Bolivien (Prov. Yungas).

Cereus Mill.
Bis zu 15 m hoch werdende, verzweigte Säulenkakteen mit 4—8 hohen Rippen und wenigen, aber starken Stacheln. Das Perianth der nächtlichen weißen Blüte

Abb. 19. *Cephalocereus senilis* f. *cristata*

Abb. 20. *Cephalocereus senilis* (Greisenhaupt)

Abb. 21. *Cephalocleistocactus ritteri*

Abb. 22. *Cereus trigonodendron* (ungeklärt)

schnürt sich beim Verblühen vom Fruchtknoten ab und fällt schließlich ab, wobei der Griffel auf dem Fruchtknoten stehen bleibt.

C. chalybacus Otto. Bis 3 m hohe blaubereifte, wenig verzweigte Triebe. Einer der blauesten Kakteen. Die 20 cm großen, außen rot bis rosaroten, innen weißen Blüten erscheinen schon bei jungen Pflanzen ab 50 cm Höhe. Die Art ist also allen Liebhabern zu empfehlen.

C. jamacaru DC. et Pfeiff. Mächtige Kakteenbäume, von denen die ältesten in Europa kultivierten Exemplare in der Anlage vor dem Casino in Monte Carlo stehen. Die Art ist als Pfropfunterlage wohlbekannt und ist sehr wüchsig und anspruchslos. Die meisten der weitverbreiteten Felsenkakteen sind monströse Formen des *C. jamacaru.*

C. trigonodendron Schum. (Abb. 22), sei provisorisch hier mit aufgeführt. Es handelt sich um einen 3kantigen bis 15 m hohen Säulenkaktus aus Nordperu mit ungenügend bekannter roter Blüte, so daß seine Gattungszugehörigkeit erst nach eingehender Blütenuntersuchung bestimmt werden kann.
Zum Namen *Cereus* (lateinisch = wächsern, aus Wachs) ist noch folgendes zu bemerken: wenn man schlechthin von einem Cereus oder in der Mehrzahl von Cereen spricht, dann meint man nicht einen Angehörigen der vorerwähnten Gattung, sondern diese Bezeichnung ist üblich für alle Säulenkakteen.

Chamaecereus Br. et R.
Zwergige kleine Säulen, die sich stark mit weichfleischigen, fingerlangen und fingerstarken Trieben verzweigen. Die Blüten sind zinnoberrot und an der Röhre stark behaart. Die einzige Art ist

C. silvestrii (Speg.) Br. et R. (Abb. 23 und 28). In großer Höhe in Nordargentinien beheimatet. Richtig gepflegt bringt er willig seine etwa 5 cm langen Blüten. Er braucht gute, alte, schwarze Humuserde, halbschattigen Stand und Winterruhe bei völliger Trockenheit und Temperaturen möglichst unter 0 °C in der Nacht. Er schrumpft dabei und blüht dann um so reicher. Im völlig trockenen Zustand soll er im kalten Glasbeetkasten bis zu 20 °C Kälte aushalten.

Chiapasia Br. et R.
Epiphyllum-ähnliche Pflanzen aus dem mexikanischen Staat Chiapas, deren Blüten wie Lilienblüten aussehen.

Chileorebutia Fric
Untergattung von *Neochilenia* mit kleinen, sehr engstehenden Warzen. S. auch *Thelocephala!*

Chilita Orcutt em. F. Buxb.
Untergattung von *Mammillaria.*

Cleistocactus Lem.
Schlanke, vom Grunde verzweigte Säulenkakteen aus Westargentinien, Uruguay, Paraguay, Bolivien und Südperu. Manche Arten gehören zu unseren schönsten und dankbarsten Cereen überhaupt. Sie blühen reich im zeitigen Frühjahr. Die Blüten sind meist ganz eng mit kurzen, nicht zurückgeschlagenen Petalen, so daß sie wie Finger an der Pflanze stehen.
Die Cleistocacteen hält man in nahrhafter Erde, die man auch im Winter nicht

Abb. 23. *Chamaecereus silvestrii*

Abb. 24. *Cleistocactus jujuyensis*

Abb. 25. *Cleistocactus* var. nova

Abb. 26. *Cleistocactus strausii*

ganz austrocknen lassen soll. Sie lieben auch reichlich Luftfeuchtigkeit, die man im Frühjahr und Sommer durch häufiges Nebeln am Abend gibt. Bei genügend Feuchtigkeit wachsen die Cleistocacteen sehr gut, während sie bei zu trockener Überwinterung schrumpfen und sich nur schwer wieder erholen.

C. baumannii Lem. Etwa 2 m hoch werdende, stark weißlich, gelblich oder braun bestachelte Triebe, die ab 50 cm Höhe reichlich blühen. Die leuchtendroten Blüten sind leicht s-förmig gebogen.

C. brookei Card. (Farbb. 6). 50–70 cm lange und 3–4 mm starke Triebe. Bis 24 Rippen, gelbliche bis bräunliche Bestachelung. 5 cm lange, am Fruchtknoten ähnlich wie bei *C. flavescens* abgeknickte blutrote bis heller rote Blüte.

Eine besondere Stellung, die die Aufstellung einer Untergattung rechtfertigen würde, nimmt ein:

C. flavescens (Otto) W. Hg. (syn. *C. wendlandiorum* Backeb.) (Abb. 32). Seine Blüten sind über dem Fruchtknoten eigentümlich rechtwinklig abgeknickt und von gelbroter Farbe. Der Körper ähnelt dem des *C. strausii,* ist aber schlanker und kleiner mit viel kürzeren gelblich-weißen Borstenstacheln. Diese sehr schöne und reichblühende Art wurde von Backeberg als *C. wendlandiorum* beschrieben und wurde im vergangenen Jahrzehnt in weiteren Kreisen bekannt. Inzwischen stellte sich aber heraus, daß sie mit der bei Kakteen-Haage in Erfurt heute noch kultivierten alten Ottoschen Pflanze, die bereits vor mehr als einem Jahrhundert eingeführt und beschrieben wurde, absolut identisch ist (vgl. Abb. 114 in Haage: Freude mit Kakteen). Der Backebergsche Name ist also nur ein Synonym.

C. jujuyensis Backeb. (Abb. 24). Etwa 2 m hohe, 4–6 cm dicke, dicht gelblich bis dunkelfuchsrot bestachelte und beborstete Säulen mit ab 70 cm Höhe massenhaft erscheinenden hellroten Blüten.

C. smaragdiflorus (Web.) Br. et R. Klein bleibende, halbniederliegende, meist unter 1 m lang und etwa 3 cm dick werdende, nur locker bräunlich bestachelte Triebe, die schon ab 25 cm Länge blühfähig werden. Die Blüten erscheinen den ganzen Sommer hindurch. Sie sind etwa 5 cm lang, die Röhre ist hellrot, die Blütenblätter sind smaragdgrün. Ohne künstliche Befruchtung setzt diese Art laufend Früchte an, die durch ihre hellrote Farbe ebenfalls auffallen.

C. strausii (Heese) Backeb. (Abb. 26). Wegen seiner dichten, schneeweißen Beborstung eine der schönsten Kakteen überhaupt. Er wird 2–3 m hoch und blüht ab etwa 1 m Höhe mit 8–9 cm langen, dunkel karminroten Blüten im zeitigen Frühjahr.

Besonders schön ist die var. *fricii* (Abb. 30), die neben den weißen Borsten noch dichte, ebenfalls schneeweiße Haare trägt, die 3–5 cm lang werden können. Auch die Blütenröhre ist hier seidig weiß behaart.

C. tupizensis (Vaup.) Backeb. (Abb. 31). Mit blaßrötlicher bis fuchsroter, starker Bestachelung.

C. viridiflorus Backeb. Bis 1,6 m hohe und 3 cm dicke, gelblich bis bräunlich bestachelte Säulen. Bis 4 cm lange hellgrüne Blüten. Die blühbaren Areolen tragen vermehrt bräunliche feine Borsten. Diese Art scheint also nach *Cephalocleistocactus* überzuleiten.

C. vulpis-cauda Ritt. et Cullm. Von Felsen herabhängende, bis 2 m lange und 2–5 cm dicke Triebe, ohne Stacheln, aber mit reichlichen, bis 2 cm langen Bor-

Abb. 27. *Brasilicactus haselbergii*

Abb. 28. *Chamaecereus silvestrii*-Hybride

Abb. 29. *Copiapoa cinerea*

stenhaaren. Die im Ovarium rechtwinklig abgeknickten Blüten sind rot. Die Art ist außergewöhnlich blühwillig. Blüten erscheinen fast das ganze Jahr hindurch. Vergleiche *C. flavescens*!

Der in Abb. 25 gezeigte *Cleistocactus* wurde von Ritter vor mehreren Jahren gefunden. Er fällt durch seine für einen *Cleistocactus* sich ungewöhnlich weit öffnenden Blüten auf.

Clistanthocereus Backeb.
Unhaltbare Gattung. Gehört zu *Borzicactus*.

Cochemiea (Brand.) Walt.
Mammillarien-ähnliche, kurzzylindrische Pflanzen mit langröhrigen, zygomorphen Blüten, deren Blätter in zwei Etagen übereinander stehen.

C. poselgeri (Hildm.) Br. et R. (Abb. 33). Meist kurzzylindrisch, im Alter aber niederliegend und bei 4 cm ⌀ bis 2 m lang werdend. Körper dunkelgrün bis blaugrün mit dunklen Hackenstacheln. Blüte 3 cm groß, glänzend scharlachrot.

Coleocephalocereus Backeb. (siehe auch Ergänzung Seite 276)
Bisher weitgehend unbekannt gebliebene Gattung, zumal auch keine Pflanzen importiert wurden und nie im Handel erhältlich waren. Nunmehr haben die Forschungsreisen A. Buinings (Holland) Licht in diese Lücke unserer Kenntnisse gebracht und die Firma su-ka-flor in Wohlen (Schweiz) hat größere Mengen dieser Cereen importiert, so daß genaue Untersuchungen vorgenommen werden konnten. Es handelt sich um echte Cephalien bildende Säulen aus der Gegend von Rio de Janeiro und aus Bahia (Brasilien), die bis höchstens 2 m erreichen. Die Cephalien sind stark wollig und mit längeren Borsten durchsetzt. Die aus dem oberen Teil der Cephalien kommenden Blüten sind weißlich. Die Blütenröhre ist kahl. Die roten Deckelfrüchte sind kreiselförmig. Diese interessante Gattung dürfte bei Liebhabern eine Zukunft haben, die ihr Gewächshaus auch im Winter etwas wärmer halten, nämlich tags 15–20 °C und nachts nicht unter 10 °C. Schon lange entdeckt und bereits 1923 als *Cereus* wurde beschrieben

C. luetzelburgii (Vaupel) F. Buxb. Aber erst jetzt gelangte Untersuchungsmaterial von dieser zuletzt als *Pilosocereus* geführten Pflanze nach Europa, das die Erkennung und Einreihung unter *Coleocephalocereus* ermöglichte.
Die von Buining entdeckten Pflanzen sind eine bisher unbekannt gebliebene Art. Ich bin Herrn Buining sehr zu Dank verpflichtet, daß er mir für dieses Buch eine Farbaufnahme (Farbbild 7) dieser schönen Cephalienträger zur Verfügung stellte. Es handelt sich dabei um seinen schönsten Neufund aus jenen Gegenden, um eine Art, bei der die Cephalien von Hellgelb, Dunkelgelb, Bräunlich bis Rot variieren. Diese Art soll den Namen

C. pluricostatus erhalten, um das Merkmal der zahlreichen engstehenden Rippen hervorzuheben.

Coloradoa Boissev. et Davids.
Eine *Copiapoa*-ähnliche Gattung, die erst vor etwa 25 Jahren in Südwestcolorado, USA, entdeckt wurde.

Consolea Lem.
Baumförmige, zu *Opuntia* gehörige Pflanzen von den Antillen und Florida.

Abb. 30. *Cleistocactus strausii* var. *fricii*

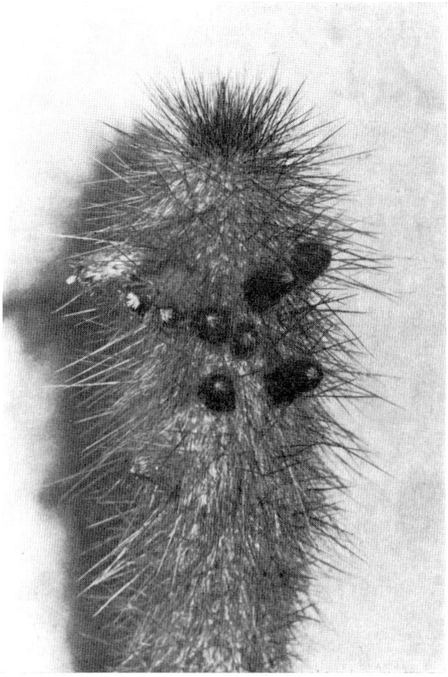

Abb. 31. *Cleistocactus tupizensis*

Abb. 32. *Cleistocactus flavescens* (*C. wendlandiorum*)

Abb. 33. *Cochemiea poselgeri*

Copiapoa Br. et R.
Interessante Kugelkakteen aus dem nördlichen Chile, die sich immer größerer Beliebtheit erfreuen und gut wachsen und blühen, soweit sie aus dem Samen gezogen sind, während Importen schlecht vorwärts kommen. Die gelben Blüten sind fast ohne Röhre, breitglockig bis fast schalenförmig und ohne Wolle oder Borsten, nur mit einzelnen Schuppen.

C. cinerea (Phil.) Br. et R. (Abb. 29). Gruppenförmig wachsend, etwa 10 cm ⌀. Im Alter zylindrisch werdend, meist kurz und wenig bestachelt. Die Körper im jüngeren Teil wie mit Kreide überzogen. Blüten bis 3,5 cm breit, rein gelb.

C. haseltoniana Backeb. Hat eigenartig grünlich-braunen Körper ohne weißen Reif.

C. hypogaea Ritt. (Abb. 38). Bis 5 cm große Kugeln. Die Epidermis ist von eigenartiger rauher, feinwarziger Beschaffenheit und von brauner Farbe. Winzige, spärliche braune Bestachelung. Blüten etwa 2 cm lang und bis 4 cm breit, hellgelb. Diese Pflanze ist ein besonderes Beispiel für Schutzfarbe. Bei Trockenheit schrumpft sie auf ihre Rübenwurzel in der Erde zurück und sieht dann aus wie bräunlicher Sand.

C. krainziana Ritt. (Abb. 34). Trägt dichte, lange, weiße Borstenstacheln und dürfte damit die schönste *Copiapoa* sein.
Erwähnt sei noch die ebenfalls sehr schöne, leider im Handel kaum erhältliche

C. tenuissima Ritt. (Abb. 36), die bei ganz schwarzem Körper reichlich weiße Wolle im Scheitel trägt.

Die in Abb. 35 gezeigte Pflanze trägt die Sammelnummer 530 von Ritter. Sie fällt durch ihre geringe Rippenzahl auf.

Corryocactus Br. et R.
Verzweigte Säulen von 1,5–4 m Höhe aus Mittelperu bis Nordchile und bis Tarija in Bolivien; aufrecht bis leicht kletternd, mit bis zu 10 cm breiten glockenförmigen, meist gelben Blüten.

Coryphantha (Engelm.) Lem. (Farbb. 8).
Eine Gattung mammillarien-ähnlicher Pflanzen aus dem Südwesten der USA und Mexiko, die dem Liebhaber mit sehr sonniger Aufstellungsmöglichkeit sehr empfohlen werden können. Sie blühen aus einer auf der Oberseite der Warzen befindlichen Furche.
Corypanthen gedeihen sehr gut, wenn sie hell und warm und abgesehen von der Blütezeit nicht zu feucht gehalten werden; nur die dickfleischigen, wenig bestachelten Arten wollen etwas mehr Feuchtigkeit und auch etwas mehr humosen Boden als die stark bestachelten Arten. Diesen letzteren gibt man mehr Lehmzusatz in die Erde und bettet den Wurzelhals zweckmäßig in stärkere Bimskiesstücke. Im Winter hält man alle Arten völlig trocken; sie vertragen dann ohne weiteres Nachtfröste. *C. vivipara* kommt nördlich bis Alberta, Manitoba (Kalifornien) vor. Solche Exemplare können am kalten Fensterkasten im Freien überwintert werden, falls keine Nässe zu ihnen dringen kann.

C. bumamma (Ehrenb.) Br. et R. (Abb. 39). Kugeln bis 10 cm ⌀ mit sehr großen Warzen. Epidermis bläulich- bis dunkelgrün. 5–8 starke, etwa 2 cm lange Seitenstacheln, kein Mittelstachel. Blüten bis zu 6 cm ⌀ gelb.

Abb. 34. *Copiapoa krainziana*

Abb. 35. *Copiapoa* spec. nova FR 530

Abb. 36. *Copiapoa tenuissima*

Abb. 37. *Coryphantha caupescens*

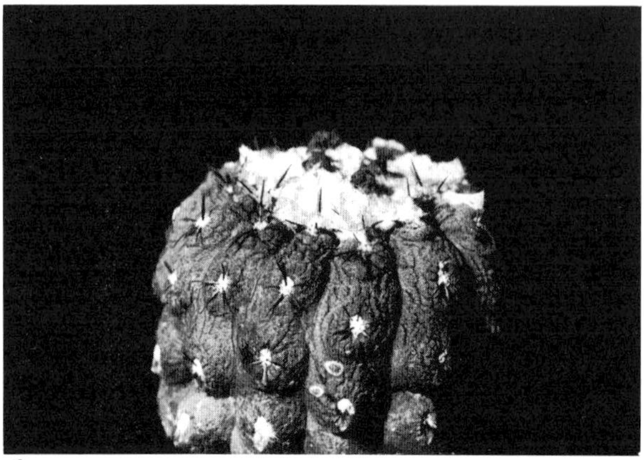

Abb. 38. *Copiapoa hypogaea*

Abb. 39. *Coryphantha bumamma*

Abb. 40. *Coryphantha maiz-tablasensis*

C. caupescens (Abb. 37) scheint noch unbeschrieben zu sein. Lange Warzen. Stark weißwolliger Scheitel. 1 gebogener Mittelstachel.

C. cornifera (DC.) Lem. Etwa 10 cm groß werdend, mit kräftigen, nach unten gebogenen Mittelstacheln und 5—7 cm großen, zitronengelben Blüten, deren Staubfäden rosarot gefärbt sind.

C. elephantidens Lem. (Abb. 41). Kugeln bis zu 14 cm Höhe und bis 19 cm ∅. Glänzend dunkelgrüne Körper mit auffallend großen Warzen und starkem Wollfilz in den Axillen und im Scheitel. Die sehr schöne Blüte ist bis zu 10 cm breit und rosa bis karmin mit bräunlichem Schein.

C. maiz-tablasensis Backeb. (Abb. 40). Bis 5,5 cm dicke bläulichgrüne Kugeln. Keine Mittelstacheln, kräftige grauweiße bis 1,2 cm lange Randstacheln. Blaßgelbe Blüte.

C. palmeri Br. et R. (Abb. 42). 6—8 cm große blaßgrüne Kugeln. Reichliche Scheitelwolle. 11—14 strahlend gestellte weißliche Randstacheln und ein bräunlicher, nach unten gebogener Mittelstachel. Gelbe 3—4 cm große Blüte.

C. pseudonickelsae Backeb. (Abb. 43). 5—6 cm große Kugeln. Sehr stark bestachelt, fast schwarze Mittelstacheln, weißliche Randstacheln. Hellgelbe 3,5 cm große Blüte.

C. reduncispina Böd. (Abb. 45). Bis 10 cm große hellgrüne Kugeln. Besonders auffallend sind die starken, braunen, 2,5 cm langen, kräftig nach unten gebogenen Mittelstacheln. 4—5 cm große reingelbe Blüte.

C. runyonii = *Lepidocoryphanta runyonii.*

C. schwarziana Böd. (Abb. 44). Länglich-eiförmige, etwa 8 cm hohe Körper. Schön sternförmig angeordnete, fast weiße Randbestachelung und jeweils 1 gerader pfriemförmiger dunklerer Mittelstachel, gelbe Blüte.

C. vivipara (Nutt.) Engelm. Sehr variable Art, von gedrückt kugelig bis kurz zylindrisch wachsend, bis zu 12 cm hoch werdend. Zahlreiche, lange, schmale, tief rosarote Blütenblätter. Die Blüten sind besonders schön.
Diese Art wird von Buxbaum in die von ihm aufgestellte Untergattung „*Pseudocoryphantha*" der Gattung *Escobaria* gestellt.

Cryptocereus Alex.
Hängend wachsende *Epiphyllum*-ähnliche epiphytische Pflanzen mit tief eingesägten Flachtrieben und kremfarbenen, bis 15 cm breiten nächtlichen Blüten, die entfernt an *Selenicereus*-Blüten erinnern. Mexiko und Costarica.

Cullmannia Distef.
Eine erst vor wenigen Jahren beschriebene Gattung, deren Stellung im System nicht völlig geklärt ist. Die Pflanzen haben starke Rübenwurzeln, die holzigen, sich verzweigenden Triebe haben eine fein samtige Oberfläche, sind graugrün, wachsen angelehnt und werden etwa 3 m lang. Die nächtlichen, roten Blüten werden bis zu 8 cm lang und bis 4 cm breit und besitzen eine ungewöhnlich lange holzartig feste Röhre, die wie ein Trieb der Pflanze aussieht. Die Pflanze scheint trotz der roten etwas anders gebauten Blüten der Gattung *Peniocereus* nahe zu stehen, keinesfalls aber der Gattung *Wilcoxia* mit ihren weichfleischigen Körpern und kurzröhrigen Tagblüten. Einzige Art:
C. viperina Distef. Heimat: zwischen Tehuacan und Zapotitlan, Mexiko (Farbbild 9).

Abb. 41. *Coryphantha elephantidens*

Abb. 42. *Coryphantha palmeri*

Abb. 43. *Coryphantha pseudonickelsea*

Abb. 44. *Coryphantha schwarziana*

Cumarinia Buxb.
Hakenstacheliges, klein bleibendes (3 cm ⌀) Pflänzchen mit langen Warzen, aus deren Furchen auf ihrer Oberseite die gelblich-rosa gefärbten Blüten entspringen. Mexiko (Tamaulipas, San Luis Potosí).

Cylindropuntia (Engelm.) Knuth
Als Untergattung von *Opuntia* anzusehen. Die Triebe sind zylindrisch und ebenso aneinandergereiht wie die Flachtriebe der übrigen Opuntien.

C. tunicata (Lehm.) Knuth. (Abb. 51). Bildet kleine Bäumchen. Diese Art dürfte die schönste der Untergattung sein durch ihre 5 cm langen dicht stehenden Stacheln, die in papierartigen weißen Hülsen stecken. Die nur 3 cm großen Blüten sind gelb. Heimat: Hochland von Mexiko, weit verbreitet. Von dieser Art gibt es eine Varietät mit rosa Blüten (*C. rosea* [DC]. Backeb.) und eine solche mit braunen Hülsenstacheln. Pflege wie bei *Opuntia.*

Cylindrorebutia Fric et Kreuz.
Rebutia nahestehend, zylindrisch wachsend, weichfleischige Körper mit oft violettbronze überlaufener Epidermis, sehr reich im Frühjahr mit kurzröhrigen verhältnismäßig kleinen gelben Blüten aus der ganzen Länge der Triebe blühend, aus Nordargentinien, wo sie in sehr großen Höhen wachsen. Die Gattung hat starke Rübenwurzeln, Wollhaare und Borsten an Ovarium und Röhre und mit der Röhre unten verwachsenen Griffel, sowie matte braune Samen. Die Pflanzen sind in Trocken- und Hitzeperioden zu starker Schrumpfung fähig.
Es empfiehlt sich, alle Cylindrorebutien nur gepfropft zu halten ,wobei sie sehr dankbare Blüher sind. Wurzelecht werden sie $^1/_2$ bis $^1/_3$ so groß und blühen wenig.

C. auranitida (Wessn.) Donald. Bis zu 9 cm lang bei 3 cm ⌀. Wenig und ganz kurz anliegend bestachelt, mit heller, bräunlich grüner Epidermis und bronzegelben, etwa 3 cm großen Blüten. Heimat wahrscheinlich argentinisch-bolivianisches Grenzgebiet.

C. schmiedcheniana (Köhl.) Donald. (Abb. 46). Bis zu 15 cm lang werdend, bis 3,5 cm ⌀. Dunkelbraungrün. Bis 5 mm lange, feine, braune Stacheln. Orangegelbe Blüten von 3–4 cm ⌀. Heimat wahrscheinlich Nordargentinien. Hierzu die etwas länger, dichter und abstehender bestachelte var. *rubroviride* (Fric) Cullm.

C. spiralisepala Jajo? (Brederoo) Donald. (Abb. 47). Bis zu 10 cm hoch bei 4 cm Breite. Stärkere und dichtere Bestachelung als die vorgehenden Arten, die bräunlichen Stacheln bis zu 2 cm lang und unregelmäßig gebogen. Die bis zu 3,5 cm großen orangefarbenen Blüten haben unregelmäßig quer gewellte Blütenblätter. Heimat unbekannt.

Deamia Br. et R. = *Selenicereus.*

Delaetia Backeb.
Monotypische Gattung von chilenischen Kugelkakteen mit ganz eigenartigen Blüten. Diese sind 2 cm lang und bräunlich-orange. Die zahlreichen Blütenblätter sind so schmal, daß sie fast wie Borsten aussehen.

D. woutersiana Backeb.

Abb. 45. *Coryphantha reduncispina*

Abb. 46. *Cylindrorebutia schmiedcheniana*

Abb. 47. *Cylindrorebutia spiralisepala*

Abb. 48. *Digitorebutia euanthema* var. *oculata*

Abb. 49. *Digitorebutia* fricii

Abb. 50. *Digitorebutia pygmaea (Rebutia* oder *Pygmaeolobivia haagei)*

Dendrocereus Br.et R.
Bis 10 m hohe Kaktusbäume aus Kuba mit 60 cm dickem Stamm.

Denmoza Br. et R.
Kugelige bis kurzsäulige Pflanzen, die mit roten zygomorphen Blüten aus dem Scheitel blühen. 2 Arten aus der Nähe von Mendoza-Argentinien:

D. rhodacantha (SD.) Br. et R. (Abb. 52). Kräftig braunrot bestachelt, schon bei ca. 10 cm ⌀ 7 cm lange Blüten bringend.

D. erythrocephala (Schum.) Berg. Bis 30 cm stark und im Alter bis 1,5 m hoch werdend. Dichte fuchsrote Bestachelung und bei blühfähigen Pflanzen zahlreiche weiße Haarborsten und Wollhaare. Blüten bis 7,5 cm lang.

Digitorebutia Fric et Kreuz.
Zur *Rebutia*-Verwandtschaft gehörige, zylindrisch wachsende gruppenbildende Pflanzen aus Südbolivien und Nordargentinien in 3000–4000 m Meereshöhe mit oft purpurfarben und bronzeartig getönter Epidermis. Die roten Blüten tragen in den Axillen der Röhrenschuppen weiße bis braune Wollhaare, Griffel und Staubfäden sind unten mit der Röhre verwachsen, Stempel grün bis grünlichgelb. Rübenwurzeln.

D. brachyantha (Wessn.) Donald. 1–3 cm ⌀, bis 6 cm lang. Epidermis dunkelgrün. 5 mm lange, glashelle Stachelchen. Scharlachrote Blüten von etwa 3 cm ⌀.

D. euanthema (Backeb.) Donald. Etwa 8 cm hoch und 3 cm dick werdend, weiße 10 mm lange, feine Stacheln, Blüten 4–5 cm ⌀, in der Mitte gelblich-rot, nach außen in hell bläulich karmin übergehend. Die var. *oculata* (Abb. 48) hat viel hellere Blütenmitte mit fast weißem Schlund.

D. haefneriana (Cullm.) Donald. Olivgrüne Körper bis 8 cm Länge und 3 cm ⌀. Bis 5 mm lange, weißliche Stachelchen und bis 3,5 cm breite, kirschrote Blüten, die meist am obersten Teil des Körpers entstehen.

D. nigricans (Wessn.) Buin. Dunkelgrüne bis violettbraune Körper, bis 5 cm lang und bis 2,5 cm dick. Die weittrichterigen Blüten, ca 3,5 cm ⌀, sind zinnoberrot.

D. pygmaea (Fries) Donald. (Abb. 50). Etwa 7 cm lang und bis 3 cm ⌀, pectinat (kammartig) anliegende kurze Bestachelung, und eine bis zu 5 cm große, weitgeöffnete schöne Blüte in hellkarmin, lachsfarbigen bis lachsorangefarbenen Tönen; die einzelnen Blütenblätter meist dunkler längs gestreift. Es ist dies die weitbekannte *Rebutia* oder *Pygmaeolobivia haagei*, deren bekannter Name leider zugunsten des älteren gültigen Namens aufgegeben werden muß. *D. orurensis* (Backeb.) ist richtig bezeichnet eine Varietät von *pygmaea* mit etwas ausgeprägteren Warzen und nahezu derselben Blüte von rot bis lachsorange. Über die Kultur s. bei *Cylindrorebutia!*
Weitere empfehlenswerte Digitorebutien sind *D. atrovirens, D. fricii* (Abb. 49), *D. ritteri* (Abb. 55).

Discocactus Pfeiff. (siehe auch Ergänzung Seite 277)
Kugelkakteen aus Brasilien und Paraguay, die aus einem weißwolligen Cephalium im Scheitel blüten. Die Gattung blieb bisher so gut wie unbekannt. Erst in letzter Zeit brachte die Firma su-ka-flor in Wohlen (Schweiz) eine größere

Abb. 51. *Opuntia (Cylindropuntia) tunicata*

Abb. 52. *Denmoza rhodacantha*

Abb. 53. *Dolichothele baumii*

Abb. 54. *Echinocereus albatus*

Abb. 55. *Digitorebutia ritteri*

Abb. 56. *Dolichothele surculosa*

Abb. 57. *Echinocactus horizonthalonius*

Anzahl dieser Pflanzen auf den Markt. Sie haben sich z. T. gut akklimatisiert und haben schon wiederholt geblüht. Die Pflanzen ähneln mit ihren Cephalien sehr der Gattung *Melocactus*. Es handelt sich aber zweifellos um eine eigene Gattung, wie die andersartigen, bis zu 8 cm langen, meist weißen Blüten zeigen.

Disocactus Lindl.
An *Epiphyllum* erinnernde Körper mit Flachtrieben und langen, ganz engen roten Röhrenblüten.

Dolichothele (Br. et R.) em. Werd. et Buxb.
Mammillarienähnliche Pflanzen mit Rübenwurzeln und meist sehr langen Warzen, locker bestachelt. Ziemlich große Blüten aus den jüngeren Axillen bringend; Griffel mit Röhre zum Teil verwachsen. Mexiko und Texas (USA).
Alle Arten wachsen sehr gut und ziehen Halbschatten vor. Gegen starke Nässe sind sie etwas empfindlich.

D. baumii (Böd.) Werd. et Buxb. (Abb. 53). Bis 8 cm hoch und 6 cm breit werdend. Warzen 1 cm lang und 5 mm dick. Der Körper von den zahlreichen haarartigen weißen Randstacheln ganz eingesponnen. Die gelben Blüten 3 cm lang und breit.

D. longimamma (DC.) Br. et R. Mit 5–7 cm langen und 1 cm starken, locker stehenden Warzen und 6 cm langen und breiten gelben Blüten.

D. surculosa (Böd.) Buxb. (Abb. 56). Große Gruppen bildende Pflanzen von meist nur 2,5 cm Größe der Einzelkörper. Gelblichweiße Randstacheln und gelbe bis braune, 2 cm lange hakige Mittelstacheln. Nachts stark und angenehm duftende, schwefelgelbe Blüten von etwa 2 cm ⌀.

Echinocactus Link et Ott.
E. grandis Rose. Gewaltige walzenförmige, mattgrüne Körper, die bei 1 m Dicke 2 m Höhe erreichen. Jüngere Pflanzen sind oft rot quergebändert. Heimat Mexiko.

E. grusonii Hildm. Bildet die weithin bekannten, in den botanischen Gärten zu findenden, scherzhafterweise Schwiegermutterstuhl genannten, weißgelben bis goldgelben Riesenkugeln. *E. grusonii* stammt aus Mittelmexiko. Er wächst sehr gut, verträgt aber keine stehende Nässe.

E. horizonthalonius Lem. (Abb. 57). Flachrunde, blaßgrüne, weißgrau bereifte Kugeln von 25 cm ⌀. 6–9 abgeflachte, oft krallig gebogene, 4 cm lange rote bis gelbe Stacheln. 3 cm lange rosa Blüte.

Echinocereus Engelm. (s. auch *Homalocephala*)
Weichfleischige, meist strauchig verzweigte und kleine Säulen bildende Pflanzen mit meist großen, schönen, auffallenden Blüten und grünem Stempel. Heimat: Südwesten der USA und Mexiko.
Die Echinocereen gehören zu den dankbarsten Liebhaberkakteen, sofern man ihnen sonnigen und heißen Stand gewähren kann. Alle grünen, also nicht die weißen oder dichtbestachelten oder behaarten Arten, stellt man im Sommer im Garten ungeschützt an eine sonnige Stelle. Sie werden dort nicht gegossen und nicht beachtet bis Nachtfröste drohen. Sie danken diese „Vernachlässigung" mit reichen Blüten. In die Erde gibt man reichlich Lehm.

E. albatus Backeb. (= *albispinus* hort.) (Abb. 54). Eine sehr schöne, dicht und weiß bestachelte Art mit etwa 10 cm langen und 4 cm dicken Trieben und rosaroter Blüte von etwa 5 cm ⌀.

E. baileyi Rose (Farbbild 13). 10—20 cm hoch und 5 cm dick werdend. Dichte feine Bestachelung in rötlichen Tönen. Sehr schöne hell- bis dunkelpurpurfarbene, 6 cm breite Blüten, die sehr willig erscheinen. Einer der schönsten Echinoceeren.

E. brandegeei (Coult.) K. Schum. (Farbbild 11). Gruppen von etwa 20 cm langen, 3 cm dicken Trieben. Auffallend die dolchartigen, flachgedrückten Mittelstacheln, deren unterster in der Heimat bis 8 cm Länge erreichen kann. Sehr schöne rosakarminfarbene Blüte von 4—5 cm Breite.

E. dasyacanthus Engelm. (Farbbild 10). 5 cm dicke zylindrische Triebe. Dichte, feine, anliegende Bestachelung von rosa Farbe, später vergrauend, verschieden getönte Zonen bildend.

E. delaetii Guerke (Abb. 60). Gruppenbildend mit bis zu 30 cm langen und bis zu 6 cm starken teils liegenden, teils aufrechten Trieben, die von weißen bis grauweißen, bis zu 10 cm langen, unregelmäßig gebogenen Haarstacheln mehr oder weniger dicht eingehüllt sind. Unter dem Namen „Greisenhaar" bekannt geworden. Die 6 cm breiten rosa Blüten erscheinen leider nur selten.

E. fitchii Br. et R. (Abb. 61 u. Farbbild 12). 10—15 cm lange und bis 5 cm dicke Triebe mit meist bräunlicher Bestachelung und auffallend schöner, etwa 9 cm breiter, purpurrosa Blüte mit tief karminroter Mitte.

E. papillosus Linke (Abb. 70). Gruppenförmig wachsend mit 10—12 cm langen und ca. 3 cm dicken, wenig bestachelten Trieben. Auffallend sind die 10—12 cm breiten, hellgelben Blüten mit roter Mitte.

E. pectinatus (Scheidw.) Engelm. (Abb. 71, 72). Meist einzeln wachsend, bis 15 cm lang und bis 6 cm ⌀. Die kurzen, kammartig angeordneten Stacheln verdecken den Körper fast völlig. Von weiß über gelblich und rot bis dunkelbraun kommen fast alle Stachelfarben vor. Die purpurfarbigen, bis 8 cm breiten Blüten haben eine hellere Mitte.

E. salm-dyckianus Scheer (Farbbild 17). Gruppenbildende Pflanzen. Die Triebe 10—14 cm lang und 3 cm stark. Wenige starke Stacheln. Mohrrübenfarbige, bis 10 cm lange und bis 8 cm breite Blüte, die sich am späten Nachmittag öffnet und am nächsten Morgen wieder halb schließt. Die Blüte hält 8—10 Tage lang.

E. scheeri (LD.) Rümpl. (Abb. 62). Wie vorige Art, nur etwas zierlicher, mit etwas kleinerer, rein rosafarbiger Blüte.

Weitere empfehlenswerte Echinocereen sind *E. caespitosus* (Abb. 58), *E. chloranthus* (Abb. 59), *E. pentalophus* (Farbbild 15), *E. viridiflorus* (Abb. 63).

Echinofossulocactus Lawr.

Kugelkakteen mit sehr zahlreichen (oft 30—60 und mehr), schmalen, lamellenartigen und gewellten Rippen. Die Arten sind äußerst variabel und gehen ineinander über. Auffallend ist oft der oberste, manchmal 5 und mehr cm lange, breit abgeflachte nach oben gerichtete Mittelstachel. Mexiko.

Die Echinofossulocacteen sind ebenfalls sehr empfehlenswerte Anfängerpflanzen. Sie wünschen nahrhafte Erde, im Sommer genügend Feuchtigkeit, halb-

Abb. 58. *Echinocereus caespitosus*

Abb. 59. *Echinocereus chloranthus*

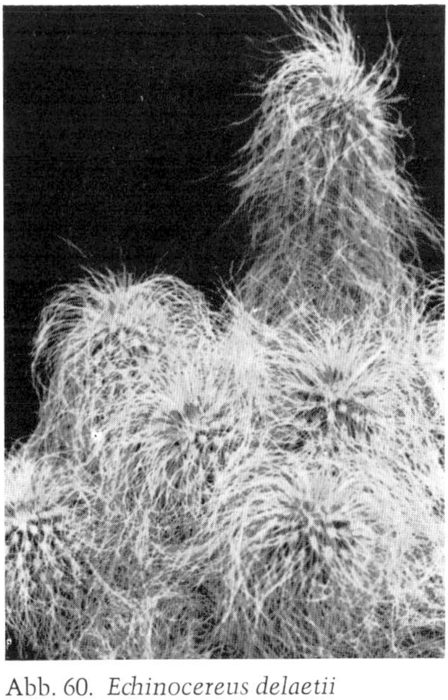

Abb. 60. *Echinocereus delaetii*

Abb. 61. *Echinocereus fitchii*

Abb. 62. *Echinocereus scheeri*

Abb. 63. *Echinocereus viridiflorus*

Abb. 64. *Echinofossulocactus coptonogonus*

Abb. 65. *Echinofossulocactus crispatus*

Abb. 66. *Echinofossulocactus erectocentrus*

Abb. 67. *Echinofossulocactus* spec.

Abb. 68. *Echinofossulocactus violaciflorus*

Abb. 69. *Echinomastus erectocentrus*

Abb. 70. *Echinocereus papillosus*

Abb. 71. *Echinocereus pectinatus*

Abb. 72. *Echinocereus pectinatus* f. *cristata*

schattigen aber hellen Stand und im Winter Trockenheit, nehmen aber falsche Pflegemaßnahmen nicht leicht übel.

E. coptonogonus (Lem.) Lawr. (Abb. 64). Etwa 10 cm große Kugeln mit den wenigsten Rippen der sonst sehr vielrippigen Gattung. Blüten 3 cm groß, weißlich mit purpur- bis karminfarbener Mitte.

E. erectocentrus Backeb. (Abb. 66). Flachgedrückte Kugeln, bis 8 cm breit. Auffallend lange, oft verdrehte Mittelstacheln bis zu 7 cm Länge. Weißliche, kleine, unauffällige Blüte.

E. ochoterenaus Tieg. Mit nadelförmigen, weißen Randstacheln und 4 gelben Mittelstacheln und weißgelben bis 3 cm großen Blüten.

E. violaciflorus (Quehl) Br. et R. (Abb. 68). Mit besonders auffallenden, zahnstocherartigem, weißem oberem Mittelstachel, der bis zu 5 cm Länge erreichen kann. Ca. 2,5 cm große Blüten, deren Blütenblätter innen violett und am Rande weiß gefärbt sind.

Weitere schöne Art: *E. crispatus* (Abb. 65). Abb. 67 zeigt eine neue Art mit nadelartigen weißen Stacheln.

Echinomastus Br. et R.

Kugelige Pflanzen aus dem Südwesten der USA und Nordmexikos mit dicht bestachelten Körpern, gehöckerten Rippen und kurzen, scheitelständigen glockigen Blüten.

Gepfropft wächst *Echinomastus* sehr gut, wurzelecht ist er äußerst empfindlich gegen Feuchtigkeit außerhalb der Wachstumszeit und bei Schlechtwetterperioden.

E. erectocentrus (Coult.) Br. et R. (Abb. 69). Kurzzylindrisch, bis 20 cm hoch und 10 cm dick. 15–20 höckerige Rippen. Etwa 14 weißliche Randstacheln und mehrere schräg nach oben gerichtete rötliche, oft purpurfarbene, bis 2,5 cm lange Mittelstacheln. Die rosa Blüte ist 3 cm lang.

E. macdowellii (Reb.) Br. et R. (Abb. 73). Mit dichter, glasartiger weißer, den Körper völlig verhüllender Bestachelung, die Mittelstacheln gelblichweiß und bis 4,5 cm lang. Blüten 4 cm groß, rosa.

Echinopsis Zucc.

Die allgemein verbreiteten Kugelkakteen mit meist duftenden trompetenförmigen, überwiegend nächtlichen Blüten aus dem südl. Südamerika. Sie werden im Alter auch kurz säulenförmig. Sie sind bereits seit mehr als 100 Jahren in Stadt und Land weit verbreitet. Während man bisher nur weiß oder blaßlila blühende Arten kannte, sind in den vergangenen Jahrzehnten auch gelb und rot blühende Arten gefunden worden (s. *Pseudolobivia*). S. auch Farbbild 16.

Die Echinopsen sind dankbarste Anfängerpflanzen, die kräftige aber durchlässige Humuserde wünschen.

E. aurea = *Pseudolobivia aurea.*

E. calochlora Schum. Hellgrasgrün, nur kurz (bis höchstens 1 cm) bestachelt. Die bis zu 16 cm lange und bis zu 10 cm breite, weiße, tellerförmig sich öffnende Blüte ist die wohl schönste *Echinopsis*blüte.

E. eyriesii Zucc. Kurz dunkelbraun bestachelt mit 20 cm langen und bis 12 cm breiten, weißen nächtlichen Blüten, die sich am späten Nachmittag öffnen. Es gibt hiervon viele Formen und Hybriden, die größtenteils blaßrosa blühen.

E. kratochviliana = *Pseudolobivia kratochviliana.*

E. leucantha (Gill.) Walp. Länglich kugelig werdend mit bis etwa 6 cm langen dunklen, nach oben gebogenen Mittelstacheln und bis zu 20 cm langer und bis 10 cm breiter, weißer, nach Jasmin duftender Blüte.

Encephalocarpus Berg.
Kleinere mexikanische Kugelkakteen mit Rübenwurzel und Warzen, die ähnlich den Schuppen eines Tannenzapfens den Körper umhüllen. Einzig Art:

E. strobiliformis (Werd.) Berg. (Abb. 77). Mit 3–4 cm breiter violettroter Blüte. Ist schwierig in der Kultur. Man gebe gut lehmhaltige durchlässige Erde und heißen Sommerstand sowie absolute Trockenheit im Winter.

Epiphyllanthus Berg. = *Zygocactus.*

Epiphyllopsis Berg. = *Rhipsalidopsis.*

Epiphyllum (Herm.) Haw.
Es sind das die allgemein bekannten mehr oder weniger großblütigen Blattkakteen, die fälschlich meist als „Phyllocacteen" bezeichnet werden. Die botanischen Arten spielen für den Liebhaber keine Rolle, wohl aber die wunderbaren Kreuzungen mit oft riesigen (bis über 20 cm ⌀) Blüten in allen Farbschattierungen von weiß, kremfarben, lachs, rot und karminviolett. Als Epiphyten in Baumkronen wachsend, brauchen sie sauren Humusboden mit einer Bodenreaktion von etwa pH 5 (man setze der Erde also Torfmoos oder Torfmull zu). Die Wurzeln wollen stets leichte Feuchtigkeit und die Triebe häufiges Nebeln. Die Aufstellung soll halbschattig bis schattig, aber hell sein. Im Winter sollte man sie bei 10–15 °C halten und ebenfalls schwache Feuchtigkeit geben. Sie halten aber auch Temperaturen knapp über 0 °C aus, müssen dann allerdings trocken bleiben. Die Blüten gehören zu den schönsten Kakteenblüten überhaupt und können ohne weiteres mit Orchideenblüten wetteifern. Im Handel ist meist eine reiche Auswahl der besten Blüher erhältlich.

Epithelantha (Web.) Br. et R.
Im westlichen Texas und nördlichen Mexiko beheimatete kleine, meist weiße Kugelkakteen, die mit ihren zahlreichen winzigen Warzen einer *Mammillaria* ähnlich sehen.

Epithelantha wächst in der Heimat auf Kalk. Trotzdem erscheint es uns fraglich, ob sie wirklich eine alkalische Bodenreaktion wünscht. Bei uns jedenfalls wird sie mit bestem Erfolg auf leicht saurem Boden kultiviert, dem wir Kalk nur in Form von Gips zusetzen, der keine alkalische Reaktion hervorruft. Heller Stand und nur sparsame Wassergaben sind unerläßlich.

E. micromeris (Engelm.) Web. Dicht und fein weiß bestachelte Kugeln von selten mehr als 4 cm ⌀, mit dichter Scheitelwolle, aus der die nur 5–6 mm großen hellrosa Blütchen kommen. Hierzu die Varietät *greggii* (Abb. 74) mit etwas stärkerer Bestachelung und dichtem Wollscheitel, sobald die Blühfähigkeit erreicht ist.

Abb. 73. *Echinomastus macdowellii*

Abb. 74. *Epithelantha micromeris* var. *greggii*

Abb. 75. *Epithelantha micromeris* var.

Abb. 76. *Corryocactus (Erdisia) tenuicula*

Abb. 77. *Encephalocarpus strobiliformis*

Abb. 78. *Eriocereus bonplandii*

Abb. 79. *Eriosyce ceratistes*

Erdisia Br. et R.
Untergattung von *Corryocactus*. Heimat: Peru bis Nordchile. Kleine verzweigt wachsende Säulenkakteen mit oft endständigen Blüten, wobei die Enden der Triebe allmählich in die Blüten übergehen. Meist kräftige Rübenwurzeln.
Erdisias wachsen und blühen gepfropft sehr leicht.

E. tenuicula Backeb. (Abb. 76). Durchschnittlich 15 cm lange und 2 cm starke Triebe. Bis 3,5 cm breite orange bis blutrote Blüten.

E. meyenii Br. et R. Bis über 20 cm lang bei 3–5 cm ⌀. 5–8 Rippen. 9–11 bräunliche, etwa 2 cm lange Randstacheln und 1–2 bis zu 6 cm lange, gleichfarbige Mittelstacheln. 4 cm lange gelbrote Blüte.

E. quadrangularis Rauh et Backeb. Bis 1,5 m hohe, etwa 5 cm dicke Säulen. 4–5 Rippen. 4–8 gelbliche, 1–2 cm lange Randstacheln und einige bis 5 cm lange gelbliche Mittelstacheln. Etwa 4 cm große leuchtend zinnoberrote Blüte.

Eriocactus Backeb. s. *Notocactus*.

Eriocereus (Berg.) Ricc.
Schlanktriebige bis mehrere Meter groß werdende rankende oder anlehnend wachsende Cereen aus dem mittleren Südamerika.

E. bonplandii (Parm.) Ricc. Etwa 3 m lang und 5 cm dick werdende, blaugrüne Triebe, die willig ihre großen weißen nächtlichen Blüten von bis zu 25 cm Länge und 20 cm Breite bringen. Die Blüten befruchten sich selbst und monatelang kann man sich dann an den bis zu 6 cm großen leuchtend roten Früchten erfreuen. Die Art stellt keinerlei Ansprüche, blüht schon ab 1 m Höhe und ist jedem zu empfehlen, der den Platz für sie aufbringen kann (Abb. 78).

E. jusbertii (Reb.) Ricc. Von gleichem Wuchs, oft schon ab 20 cm Höhe blühend, ist als Pfropfunterlage allgemein bekannt. Ihre Heimat ist unbekannt. Daß diese Pflanze eine Kreuzung sei, wie in der Literatur vielfach behauptet wird, glauben wir nicht. Aus Samen wachsen stets nur die typischen *jusbertii* heran, da es sich um eine ausgesprochen selbstbestäubende Gattung handelt. Auf die Narben gebrachte Pollen anderer Arten führen niemals zu einer Kreuzbefruchtung, sondern wirken höchstens wie ein Katalysator. *E. jusbertii* will im Winter nicht unter 10 °C stehen.

Eriosyce Phil.
Riesige Kugelkakteen aus den Kordilleren, bis zu 50 cm ⌀ erreichend und im Alter kurzsäulig werdend.

E. ceratistes (O.) Br. et R. (var. s. Abb. 79). Bis 50 cm ⌀ und bis über 30 Rippen. Starke, oft krallig gebogene Stacheln, kleine rote Blüten von bis zu 3,5 cm Breite. Wollen nahrhafte Erde, wachsen langsam, aber gut.

E. ihotzkiana Ritt. Vielleicht eine Varietät von *E. ceratistes*. Auffallend schön durch dicke, schwarze, krallig gebogene Stacheln. Zweifellos die schönste *Eriosyce*.

Erythrorhipsalis Berg.
Brasilianische Epiphyten von hängendem Wuchs.

E. pilocarpa (Löfgr.) Berg. Die einzelnen Triebchen 3–10 cm lang und etwa 5 mm dick. Areolen mit Haarborsten. Etwa 2 cm breite, kurzröhrige, duftende weiße Blüten. Wächst wurzelecht in nahrhafter Erde sehr gut. Als Ampelpflanze zu empfehlen. Bezüglich der Kultur s. auch bei *Rhipsalis.*

Escobaria Br. et R. em. Buxb.
Kleine zylindrisch wachsende, meist dichtbestachelte Pflänzchen aus dem Südwesten der USA und Nordmexiko, die bei uns in mineralischer Erde gut wachsen und blühen.

E. chaffeyi Br. et R. (Abb. 80). Bis ca. 10 cm Länge bei 3–5 cm Ø. Dicht und fein weiß bestachelt. Kleine Blütchen von nur 1,5 cm Länge und 1 cm Breite, gelblichweiß.

Escontria Rose.
Baumartige, große Säulenkakteen aus Mexiko, kleine Tagblüten.

Espostoa Br. et R. em. Werd.
Die prächtigen weißwolligen oder wie mit Watte umsponnenen Säulen aus Peru, die, blühfähig geworden, ein Cephalium aus dichter Wolle bilden.

E. lanata (HBK.) Br. et R. (Abb. 81, 82). Etwa 4 m hoch werdend, Triebe bis zu 15 cm Ø, kandelaber- bis baumförmig wachsend. Mit den nächtlichen, trichterigen weißen Blüten von etwa 6 cm Länge kann der Liebhaber allerdings kaum rechnen. Es existieren viele Varietäten und Formen dieser Art; alle sind sehr schön schon als kleine Sämlinge und wachsen sehr gut. Sie wollen nahrhafte Erde und, vom Winter abgesehen, stets leichte Feuchtigkeit. Häufiges Nebeln trägt sehr zu ihrem Wohlbefinden bei.

E. mirabilis Ritt. (Abb. 319). Einige Meter hohe, bis 9 cm starke Triebe, dicht weiß und rötlich bestachelt. Sämlinge machen an der Basis einen Borstenkranz wie *Thrixanthocereus blossfeldiorum.* Vielleicht gehört diese Art zu *Thrixanthocereus.*

E. nana Ritt. (Abb. 88). 1–1,5 m hohe, 8 cm dicke Triebe. Dichtes, seidiges, schneeweißes Haarkleid. Zweifellos die schönste *Espostoa.*

Espostoopsis F. Buxb.
ist eine Untergattung von *Austrocephalocereus* Backeb.

Eulychnia Phil.
Baumförmige Säulenkakteen aus Südperu und Nordchile.
Eulychnien sind sehr wüchsig und ohne besondere Ansprüche und als junge Pflanzen sind die weißfilzigen Areolen oder die langen Wollhaare sehr schön.

E. ritteri Cullm. (Abb. 83). Bis 3 m hoch, baum- oder strauchartig dicht verzweigt, bis zu 20 Rippen mit großen, sich fast berührenden Areolen, die langen weißlichen Wollfilz tragen. Blüten rosa, nur 2 cm lang und 1,5 cm breit, glockenförmig und wenig öffnend. Peru bei Chala.

E. saint-pieana Ritt. (Abb. 84). Auffallend durch abstehende, schneeweiße lange Wollhaare.

E. spinibarbis (O.) Br. et R. (Abb. 85). Baumförmig wachsend, bis 4 m hoch, die Triebe bis 7,5 cm dick. 12–13 Rippen. Bis zu 15 cm lange hellbräunliche Stacheln. Hellrosa bis weiße, 6 cm lange Blüten.

Abb. 80. *Escobaria chaffeyi*

Abb. 81. *Espostoa lanata* (Bildmitte)

Abb. 82. *Espostoa lanata*

Abb. 83. *Eulychnia ritteri* (Sämlingspflanze)

Facheiroa Br. et R.
Eine nur wenig bekannte, Cephalien tragende Gattung von Säulenkakteen aus Brasilien, die BUXBAUM zur Gattung *Espostoa* stellt.

Ferocactus Br. et R.
Riesige Kugelkakteen aus den südwestlichen USA und Mexiko, die im Alter sich säulig verlängern, bei manchen Arten bis zu 3 m Höhe.
Wegen ihrer schönen bunten Bestachelung sind die Ferocacteen mit Recht sehr beliebt. Sie wachsen nur langsam, so daß der Liebhaber vor obigen Größenangaben, die vielleicht für 200 Jahre alte Exemplare zutreffen, nicht zu erschrecken braucht. Man gibt den Pflanzen reichlich Lehm in die Erde und vollsonnigen Stand, um die kräftige Bestachelung in ihren bunten Farben zu erreichen.

F. acanthodes (Lem.) Br. et R. (Farbb. 19). Bis 3 m hohe dicke Säulen, prächtig dicht rot mit weiß und gelb bestachelt. Die gelben Blüten erscheinen schon bei jungen Pflanzen.

F. coloratus Gat. (Abb. 86). Zylindrische Körper bis 1 m hoch und 30 cm breit. Bis zu 20 Rippen. Dichte gelblichweiße Randstacheln und breite rote Mittelstacheln.

F. covillei (Br. et R.) Berg. (Abb. 89). Bis zu 2,5 m hohe blaugraugrüne Körper mit schöner roter Bestachelung. 6 cm lange gelbrote Blüten.

F. glaucescens (DC.) Br. et R. (syn. *F. pfeifferi*). 30–50 cm dicke blaugrüne Kugeln mit bis zu 13 Rippen. 6–7 gelbe Randstacheln, 1 gelber Mittelstachel, alle Stacheln etwa 3 cm lang. Gelbe 2 cm lange Blüte.

F. latispinus (Haw.) Br. et R. (Farbb. 18). Bis zu 40 cm groß werdende breitkugelige Art. Bis zu 23 Rippen. Blaßrötliche bis hellbraune Stacheln. Der unterste Mittelstachel ist bis zu etwa 8 mm Breite stark abgeflacht und gehakt. Als *Echinocactus corniger* bekannt geworden.

F. macrodiscus (Mart.) Br. et R. (Abb. 90). Flachkugelig mit bis zu fast 0,5 m ∅. Gelbe mit rote Bestachelung. 5 cm lange Blüten von Dunkelrot bis Purpur und Karmin variierend.

F. stainesii (Hook.) Br. et R. (Farbb. 20), mit var. *haematacanthus* (S. D.) Backeb. und *pilosus* (Gal.) Backeb. (Abb. 87), bis zu 3 m Höhe und 60 cm ∅ erreichend. Sehr schön bestachelt in rötlichen Farben bis zu reinem karminrot. Die Stacheln geringelt. Die Areolen tragen mehr oder weniger zahlreiche weiße Haare und in ihrem oberen Teil einen kurzen Drüsendorn. Bereits ab 20 cm Höhe mit gelbroten Blüten leicht blühend. Die Varietät *pilosus* trägt meist sehr lange, reichliche, weiße Haare.

F. wislizenii (Eng.) Br. et R. (Abb. 91). Bis 2 m hohe dicke Säulen mit starker bräunlicher bis rötlicher Bestachelung, teilweise borstenartig dünn und 5 cm lang. Gelbe bis rotgelbe Blüten.

Frailea Br. et R. (siehe auch Ergänzung Seite 277)
Zwergige kleine Kugelkakteen oder auch kleine Säulen von wenigen cm Höhe aus dem mittleren Südamerika.
Es handelt sich um sehr nette empfehlenswerte Liebhaberpflanzen, die keine besonderen Ansprüche stellen. Sie haben die Eigenart kleistogamer Befruchtung: Wenn zur Blütezeit nicht sehr sonniges, heißes Wetter herrscht, dann kommt

Abb. 84. *Eulychnia saint-pieana*

Abb. 85. *Eulychnia spinibarbis*

Abb. 86. *Ferocactus coloratus*

Abb. 87. *Ferocactus stainesii* var. *pilosus*

Abb. 88. *Espostoa nana* f. *cristata*

Abb. 89. *Ferocactus covillei*

Abb. 90. *Ferocactus macrodiscus*

bereits im Knospenzustand die Befruchtung zustande und es entstehen reichlich gut reifende und keimfähige Samen, ohne daß sich die Blüte je öffnet.

F. castanea Backeb. (syn. *Frailea asterioides* Werd.) (Abb. 92). Reizendes kleines, etwa 3 cm breites Pflänzchen von rotbrauner Körperfarbe, das einem kleinen Seeigel ähnelt. Die blaßgelbe Blüte kann bis zu 4 cm Größe erreichen.

F. cataphracta (Dans.) Br. et R. (Abb. 99). Bis 4 cm große Kugeln von meist schmutzig dunkelroter Körperfarbe und etwa 3 cm großer, hellgelber Blüte.

Glandulicactus Backeb. = *Hamatocactus.*

Grusonia Reichenb.
Opuntienähnliche, zylindrische Pflanzen, aber mit durchgehenden Rippen, die man bei der Gattung *Opuntia* nicht findet.

Gymnanthocereus Backeb., Untergattung von *Browningia.*

Gymnocactus Backeb., zu *Neolloydia* gehörig.

Gymnocalycium Pfeiff.
Eine Gattung meist kleinkugeliger, südamerikanischer Kugelkakteen mit scheitelständigen Blüten, deren Fruchtknoten und Röhren nur große Schuppen, aber keine Haare, Borsten oder Stacheln tragen.
Die Gattung *Gymnocalycium* gehört zu den dankbarsten aller Kakteen. Sie stellt uns sichere Blüher, die nur bei allergröbsten Kulturfehlern versagen können. Sie gedeihen am besten in humushaltigen Böden und sind mit Halbschatten zufrieden.

G. andreae (Böd.) Backeb. (Abb. 100). Dunkelblaugrün, bis 5 cm ⌀. 8 Rippen, wenig bestachelt. Blüten bis zu 5 cm ⌀, schwefelgelb.

G. baldianum Speg. (syn. *G. venturianum* und *Echinocactus sanguiniflorus*). Vorstehender Art sehr ähnlich, aber mit hell- bis dunkelblutroten Blüten.

G. bodenbenderianum (Hoss.) Berg. (Abb. 93). Flachkugelig, bis 8 cm ⌀. Bräunliche Epidermis. 11—14 niedrige gehöckerte Rippen mit Querfurchen zwischen den Areolen. Kurze schwache Bestachelung. 3,5 cm lange, blaßrote Blüten.

G. bruchii (Speg.) Hoss. (syn. *G. lafaldense*), 3—6 cm ⌀, bis 12 Rippen, borstenförmig weiß bestachelt. Bis zu 5 cm große, blaßrosa Blüte. Durch starkes Sprossen große Gruppen bildend.

G. cardenasianum Ritt. (Abb. 101). Größe der älteren erwachsenen Pflanze unbekannt. Graugrün. Ca. 8 breite Rippen. Rosa Blüte. In der Bestachelung das schönste *Gymnocalycium.* Die Areolen tragen 5 etwa 4 cm lange starke, gebogene, ineinander verflochtene Stacheln.

G. denudatum (Lk. et O.) Pfeiff.. 8 cm große, wenigrippige Kugeln, meist glänzend grün, mehr oder weniger anliegende helle Bestachelung. Blüten rein weiß, bis 5 cm lang. Sehr variabel (Abb. 94, 95, 96).

G. gibbosum (Haw.) Pfeiff. Kugelig bis kurzsäulig, bis 15 cm ⌀. Bräunliche kräftige Bestachelung. Weiße, 6,5 cm lange Blüten. Besonders schön die Varietät *nigrum* Backeb. mit fast schwarzem Körper.

G. leptanthum Speg. (Abb. 97). Flachkugelig, bei 7 cm ⌀. 8—10 in Höcker auf-

Abb. 91. *Ferocactus wislizenii*

Abb. 92. *Frailea castanea (F. asterioides)*

Abb. 93. *Gymnocalycium bodenbenderianum*

Abb. 94. *Gymnocalycium denudatum*

Abb. 95. *Gymnocalycium denudatum* Typus

Abb. 96. *Gymnocalycium denudatum* var.

Abb. 97. *Gymnocalycium leptanthum*

Abb. 98. *Gymnocalycium occultum*

Abb. 99. *Frailea cataphracta*

Abb. 100. *Gymnocalycium andreae*

Abb. 101. *Gymnocalycium cardenasianum*

gelöste Rippen. Anliegende, kurze bräunliche Bestachelung. Langröhrige, bis 6,5 cm breite weiße Blüte mit rötlichem Schlund.

G. mihanovichii (Fric et Gürke) Br. et R. Breitkugelig bis zu 6 cm Ø. Meist 8 Rippen. Blüte etwa 4,5 cm groß, außen grünlich, innen weiß. Bekannter und schöner ist die var. *friedrichii* Werd. mit rötlich-bräunlicher Körperfarbe und rosa Blüte. Die Rippen dieser Varietät sind stark quergerippt.

Eine der interessantesten Erscheinungen im ganzen Kakteenreich ist der rote *mihanovichii.* Es ist das eine Mutation der Varietät *friedrichii,* die war dem Japaner Mr. E. WATANABE verdanken (Farbb. 21). Im Jahre 1941 entstanden aus Aussaaten von 10 000 Korn Samen 2 Exemplare dieser Mutation, die leuchtend hellrot wird und völlig ohne Chlorophyll ist. Es ist das Verdienst von Mr. WATANABE, die Bedeutung dieser Sämlinge sofort erkannt und sie als winzige Kügelchen gepfropft zu haben. Nur dadurch konnten sie, da sie ohne Chlorophyll nicht assimilieren können, am Leben erhalten werden. Sie müssen also stets auf einer kräftig grünen Unterlage stehen und sprossen dabei auch reichlich. Durch diese leichte Vermehrbarkeit sind sie heute in der ganzen Welt verbreitet und geschätzt. Der bedeutende japanische Kakteenfachmann HAJIME OKU empfiehlt als Unterlage *Trichocereus spachianus* oder *Myrtillocactus geometrizans* und hellsten sonnigen Standort, um die leuchtende Farbe bestens zur Entwicklung zu bringen. Im Jahre 1970 ist nun auch eine leuchtend goldgelbe Mutation des *G. mihanovichii* var. *friedrichii* auf dem Markt erschienen, die ein prächtiges Gegenstück zu der roten Mutation bildet. Es handelt sich um ein tiefes Gelb, während alle übrigen mir bekannt gewordenen gelben Mutationen nur ein blasses, verwaschenes Gelb aufweisen.

G. occultum (Fric) Schütz (Abb. 98). Dem *G. quehlianum* (siehe später) nahestehend. Es fällt durch seine kammartig gestellten dunklen, heller gespitzten Stacheln auf. Blüte ähnlich *quehlianum.*

G. oenanthemum Backeb. (Abb. 102). Bis etwa 10 cm groß werdend. Blaugrün. Bis zu 11 Rippen. 5. cm lange und breite, sehr schöne weinrote Blüte. Die Pflanze setzt ohne unser Zutun Früchte an, die durch ihre fast blaue Farbe auffallen.

G. quehlianum (Haage jr.) Berg. (Abb. 106). Flachkugelig bis zu 7 cm Ø. Graugrün, meist rötlich braun überlaufen. 11 Rippen. Dicke Rübenwurzel. Wenig und kurz bestachelt, nur Randstacheln. Bis zu 6 cm lange, schlankröhrige weiße Blüten, oft mit rötlichem Auge.

Ein weiteres, interessant bestacheltes *Gymnocalycium* ist *G. vatteri,* das leider sehr selten und kaum im Handel zu haben ist (Abb. 107).

Haageocereus Backeb.

Schöne, dicht und buntbestachelte, vom Grunde sich verzweigende Säulenkakteen aus Peru, von denen die meisten nicht sehr hoch und oft schon im Alter von wenigen Jahren blühfähig werden.

Die Haageocereen sind wohl die dankbarsten für den Liebhaber in Frage kommenden Säulenkakteen, die durch ihre leuchtenden Stachelfarben Abwechslung in jede Sammlung bringen. Jeder Besitzer eines Gewächshauses oder eines Gartens, in dem er einen Cereenkasten aufstellen kann, wird sie ohne jede Schwierigkeit kultivieren und zum Blühen bringen können. Sie benötigen gute, durchlässige, genügend Lehm enthaltene Erde, sonnigen Stand und möglichst etwas wärmere Temperaturen im Winter (etwa 10–15 °C). Während des Wachstums sind sie für reichliche Feuchtigkeit und Dunggüsse mit stickstoffarmen Düngemitteln dankbar.

H. chosicensis (Werd. et Backeb.) Backeb. (Abb. 104). Bis zu 1,5 m hoch mit dichter weißer, gelber oder fuchsroter Bestachelung und weißen Borstenhaaren, verwaschen karminroter Blüte und grünlich-roter bis weinroter Frucht.

H. decumbens (Vaupel) Backeb. Liegender Wuchs, bis 1 m lang. Kurz bestachelt. Manche Exemplare schon ab 20 cm Länge blühend. Blüte außen schokoladenbraun, innen weiß, Frucht leuchtend rot bis purpur. Schöner und blühwilliger ist die var. *multicolorispinus* Buin. et Cullm. (Abb. 105), die stärker bestachelt ist. Die Bestachelung ist mit roten, weißen und braunen Tönen sehr bunt.

H. ferox Ritt. n. n. (Abb. 109). Eine bis 1 m hohe und bis 4 cm dicke Säule mit sehr starker bräunlicher Bestachelung. Im Neutrieb sind die Mittelstacheln schwarzbraun, am Fuße aber gelblichweiß.

H. pacalaensis Backeb. (Abb. 111). Bildet 10 cm starke, bis über 2 m hohe Säulen mit kräftiger Bestachelung, außen grünen und innen weißen Blüten sowie grünen Früchten. Diese Art ist äußerst wüchsig.

H. rubrospinus (Akers) Backeb. (Farbb. 25). Bis 1,5 m hohe und 6 cm dicke Säulen. Dicht und fein gelblich und rötlich bestachelt mit weißen feinen Borstenhaaren. Bis zu 6 cm breite, weitöffnende karminrosa Blüte.

H. turbidus Rau et Backeb. (syn. *H. marksianus* nom. nud.) (Farbb. 26). Dies ist vielleicht der am schönsten bestachelte *Haageocereus*. Die bis etwa 1,2 m hohen Triebe tragen ein dichtes, gelbes bis dunkelbraunrotes Stachelkleid. Die Blüten sind außen weinrot mit grün, innen weiß, die Früchte weinrot.

H. versicolor (Werd. et Backeb.) Backeb. (Abb. 117). Bildet schlanke 1–2 m hohe Säulen, die ganz dicht gelblich, rötlich oder braun bestachelt sind. Die Blüte ist außen grünlich, innen weiß.

An weiteren schönen Haageocereen seien genannt: *H. albispinus* (Abb. 103), *H. chalaensis* (Abb. 108), *H. chrysacanthus, H. multangularis* (Abb. 110). *H. olowinskianus* (Abb. 113), *H. pseudomelanostele* (Abb. 112), *H. superbus* (Abb. 116).

Hamatocactus Britt et R.

Kugelkakteen aus Mexiko bis Texas mit langen Hakenstacheln.

H. hamatocanthus (Mühlpf.) Knuth. Kugeln bis zu 30 cm ⌀, im Alter sich in die Länge streckend. Etwa 13 Rippen mit Nektardornen oberhalb der Areolen. Auffallend durch 1–4 bis zu 12 cm lange starke Mittelstacheln. Bis 7 cm lange hellgelbe, rotschlundige Blüte.

H. setispinus (Engelm.) Br. et R. In Liebhaberkreisen weit verbreitet. Kugeln von etwa 10 cm ⌀ im Alter sich streckend bis zu höchstens 15 cm Höhe. Die gelben Blüten mit roter Mitte erscheinen willig schon an jungen Pflanzen. Eine äußerst dankbare Liebhaberpflanze, die kräftige Erde, ständig schwache Feuchtigkeit und starke Sonne liebt.

H. uncinatus Gal. (Abb. 118). Kurzsäulig bis etwa 20 cm hoch mit langen Hakenstacheln und rötlich-bräunlicher Blüte. Backeb. hatte für diese Pflanzen eine eigene Gattung „*Glandulicactus*" aufgestellt. Es käme aber höchstens eine Untergattung von *Hamatocactus* in Frage.

Abb. 102. *Gymnocalycium oenanthemum*

Abb. 103. *Haageocereus albispinus*

Abb. 104. *Haageocereus chosicensis*

Abb. 105. *Haageocereus decumbens* var. *multicolorispinus*

Abb. 106. *Gymnocalycium quehlianum*

Abb. 107. *Gymnocalycium vatteri*

Abb. 108. *Haageocereus chalaensis*

Harrisia Britt.
Der Gattung *Eriocereus* sehr nahestehende schlanke, verzweigte, wenigrippige Cereen, die meist anlehnend klettern. Aus Westindien bis Florida stammend, eignen sie sich wegen ihres großen Wärmebedürfnisses nicht für den Liebhaber.

Haseltonia Backeb. = *Cephalocereus* Pfeiff.

Hatiora Br. et R.
Strauchige, reichverzweigte, rhipsalisähnliche, feingliederige Pflänzchen aus Brasilien.

H. salicornioides (Abb. 114). Bis 40 cm lang werdende Zwergsträucher, anfangs aufrecht wachsend, später hängend. Einzelglieder 1–3 cm lang und nur etwa Baumförmige Cereen mit weitausladender Krone aus Südmexiko. Einzige Art: wächst sehr langsam, ist aber nicht empfindlich und blüht leicht. Halbschattiger Stand.

Heliabravoa Backeb.
Baumförmige Cereen mit weitausladender Krone aus Südmexiko. Einzige Art: *H. chende* (Goss.) Backeb. Schwach bestachelte 7 m hohe Bäume mit 5 cm großen weißen Blüten. Ohne Liebhaberwert.

Helianthocereus Backeb.
Nicht berechtigte Gattung für die tags und farbig blühenden Arten von *Trichocereus*.

Heliocereus (Beg.) Br. et. R.
Blattkaktusähnliche Pflanzen mit meist nur 3- bis 4rippigen Trieben von etwa 1 m Länge bei 2–3 cm Ø. Große rote Trichterblüten.

H. speciosus (Cavan.) Br. et R. (Farbb. 23). Meist anlehnend aufrecht, oder auch hängend, meist nur 3, vereinzelt 4–5 Rippen. Gelbe bis bräunliche schwache Stacheln. Bis zu 15 cm große, leuchtend violettkarminrote Blüte, die zu den schönsten Kakteenblüten überhaupt gehört. Heimat: Mittel-Mexiko. Die Art möchte nahrhafte Erde mit höherem Humusanteil und stetige schwache Bodenfeuchtigkeit.

Hertrichocereus Backeb., gehört zur *Stenocereus*.

Hildewintera Ritt. (syn. *Winteria* n. n.)
Neuer Name für die bisherige Gattung *Winteria* Ritt. n. n. Erst 1958 von Ritter entdeckte, interessante Cereengattung aus Bolivien (Provinz Florida), die abweichend von allen bekannten Kakteen eine doppelte Blumenkrone aufweist, eine äußere sich ausbreitende mit schmalen langen Blütenblättern und eine innere mit kurzen breiten Blütenblättern, die sich nach innen an die Staubfäden legen. Einzige bekannte Art:

H. aureispina Ritt. (Farbb. 24). Verzweigt und von übergeneigten Felsen herabhängend, Triebe bis zu 1,5 m lang und bis zu 2,5 cm dick; dicht mit zarten, goldgelben Stacheln bekleidet, bis zu 50 an der Zahl und bis zu 1 cm lang, bei blühbaren Trieben z. T. etwas länger; Blüten 4–6 cm lang und etwa 5 cm breit, äußere Blütenblätter orangegelb, mit zinnober- bis blutrotem Mittelstreif, innere Blütenblätter weiß bis hellrosa.

Es handelt sich zweifellos um eine der interessantesten Entdeckungen der letzten Jahre. Die schöne goldgelbe Pflanze kann man im Gewächshaus als Ampelpflanze oder vom Hängebrett herabhängend ziehen. Die Pflanze wächst, vor allem gepfropft, sehr schnell und ist völlig anspruchslos. Sie hat sich in sehr vielen Sammlungen als unermüdlicher Blüher erwiesen und gehört damit zu den schönsten und empfehlenswertesten Liebhaberkakteen überhaupt.

Homalocephala Br. et. R.
H. texensis (Hopf.) Br. et R. (Abb. 115 und Farbb. 22) ist die einzige Art. Flachkugelige Pflanze aus Nordmexiko, Texas und Neu-Mexiko (USA), die bei uns kaum bis 20 cm breit und 10 cm hoch, in der Heimat bis 30 cm breit wird. Die etwa 6 cm breit werdende Blüte in Rosa, Orange und Scharlach ist so eigenartig schön, daß wir die Pflanze jedem Liebhaber empfehlen möchten, der ihnen einen hellen, heißen Platz am Glas geben kann. Die einzelnen schmalen Blütenblätter sehen wie Vogelfedern aus. *Homalocephala* verlangt mineralischen Boden mit viel Lehm, viel Feuchtigkeit im Frühjahr zu Beginn der Wachstumsperiode und Trockenheit im Hochsommer und im Winter. Die Blüte ist ab 10 cm ⌀ der Pflanze zu erwarten. BUXBAUM hat nunmehr die Gattung *Homalocephala* in die Gattung *Echinocactus* einbezogen.

Horridocactus Backeb.
Eine stark bestachelte chilenische Kugelkakteengattung, die man nach unserer Meinung mit der Gattung *Neochilenia* und wohl auch *Pyrrhocactus* zu einer Gattung vereinigen könnte. *Horridocactus* hat statt stärkerer Haarbildung an der Blütenröhre (bei *Neochilenia*) nur leichte Filzbildung.

H. choapensis (Ritt.) Backeb. (Abb. 119). Dunkel-bräunlichgrüne Körper von bis zu 10 cm ⌀. Starke, fast schwarze Bestachelung. Bis zu 5 cm breite hell-grünlichgelbe Blüte.

H. curvispinus (Bert.) Backeb. (Abb. 128). Starke gebliche, nach oben gebogene Bestachelung und 3,5 cm große blaßgelbe, außen grünliche Blüten.

H. horridus (Colla) Backeb. (Abb. 129). Schwärzlich-blaugrüne Körper. Weiße kurze, starke Bestachelung. Bis 4 cm breite bäunlichgelbe Blüte mit roten Mittelstreifen.

Hylocereus (Berg.) Br. et R.
Epiphyllum-ähnliche riesige Blattkakteen, meist mit 3 sehr hohen dünnen Rippen, epiphytisch mit Luftwurzeln wachsend, mit sehr großen (bis 30 cm ⌀) nächtlichen weißen Blüten, deren Röhren nur starke Schuppen, aber keine Stacheln, Borsten oder Haare tragen. Heimat: Mexiko bis nördliches Südamerika. In den „Annals of the Missouri Botanical Garden" vom Februar 1958 wird über einen Neufund *Epiphyllum gigas* berichtet, das Triebe bis zu etwa 100 m Länge in den Baumkronen macht und eine riesige Blüte besitzt. Es wurde in Cerro Trinidad in Mittelmexiko entdeckt. Nach allem scheint es sich hierbei um einen *Hylocereus* zu handeln, um den größten Vertreter des gesamten Kakteenreichs.

Hymenorebutia Fric et Buin., gehört zur *Lobivia.*

Islaya Backeb.
Kugelkakteen aus dem westlichen Südperu mit dichtem, meist blaßgelbem

Abb. 109. *Haageocereus ferox*

Abb. 110. *Haageocereus multangularis*

Abb. 111. *Haageocereus pacalaensis*

Abb. 112. *Haageocereus pseudomelanostele*

Abb. 113. *Haageocereus olowinskianus*

Abb. 114. *Hatiora salicornioides*

Abb. 115. *Echinocactus (Homalocephala) texensis*

Wollfilz im Scheitel, ziemlich kleinen gelben Blüten und sehr auffallenden, meist karminroten bis 4 cm langen und bis 1 cm breiten Früchten, die meist nur wenige Samen enthalten und locker mit Luft aufgeblasen sind.

Islaya brauchen fast reine Mineralerde bei sehr wenig Feuchtigkeit. Sie blühen und fruchten willig. Der Wuchs ist sehr langsam.

J. krainziana Ritt. (Abb. 120). Zylindrische Körper bis zu 12 cm ⌀, im Alter niederliegend und bis zu 0,75 m lang werdend. 16–20 Rippen. Stark weißwollige, große Areolen. Gelbliche bis bräunliche kurze Bestachelung. Bis über 3 cm große gelbe, wohlriechende Blüte. Blütenduft ist bei tagblühenden Kakteen wie *Islaya* eine Seltenheit.

I. molendensis (Vaup.) Backeb. (Farbb. 27). Länglich kugelig. 10 bis höchstens 20 cm hoch. Bis etwa 16 Rippen, diese zwischen den Areolen leicht eingekerbt. Die leuchtend hellkarminroten, sehr auffallenden großen Früchte sind mit Luft aufgeblasen und enthalten nur einzelne wenige kleine Samenkörner.

Isolatocereus Backeb., gehört zu *Stenocereus.*

Jasminocereus Br. et R. Baumartige Cereen der Galapagos-Inseln.

Krainzia Backeb.
zu *Mammillaria* gehörige Pflanzen aus Durango (Mexiko) mit auffallenden langröhrigen rosa Blüten und schwarzen Samen mit weißem Nabel.

K. guelzowiana (Werd.) Backeb. (Farbbild 28). Kugeln bis zu 7 cm ⌀, von schneeweißen Haaren fast verhüllt. 1 bis zu 1 cm langer hakiger Mittelstachel von gelber, roter oder brauner Farbe und eine bis zu 6 cm breite, leuchtend karminrosa Blüte.

K. longiflora (Br. et R.) Backeb. (Abb. 130). Kugeln bis zu 6 cm ⌀, dicht und kräftig bestachelt, mit ebenfalls schöner rosa Blüte von etwa 4 cm ⌀. Die einzelnen Blütenblätter tragen oft einen dunkleren Mittelstreifen. Sehr dankbare willige Blüher, die man nur nicht zu naß halten darf.

Lasiocereus Ritt.
Meines Wissens noch unveröffentlichte peruanische Gattung.

L. rupicolus Ritt. Baumförmige, Pseudocephalien tragende Pflanzen mit dichtwolligen und beborsteten schwarz-weißen Röhrenblüten. Die Verwandtschaft ist noch völlig ungeklärt, da in Kultur noch keine Pflanze geblüht hat. Die Pflanze ähnelt einem etwas lockerer und hell bestachelten *Haageocereus versicolor.*

Lemaireocereus Br. et R. gehört z. T. zu *Pachycereus,* z. T. zu *Stenocereus.*

Leocereus (Berg.) Br. et R.
Dünntriebige, halbniederliegende Sträucher aus Brasilien.

Lepidocoryphantha Backeb.
Untergattung von *Coryphantha.*

L. runyonii (Br. et R.) Backeb. (Abb. 121). Der *Dolichothele longimamma* ähnelnde Pflänzchen mit Rübenwurzeln, rasenbildend, aus Texas. Die hellpurpurfarbige Blüte ist sehr schön. Sie entsteht aus einer Furche auf der Warzenoberseite, die von der Areole bis etwa zur Hälfte der Warze reicht. Die Art braucht mineralischen Boden, sehr wenig Feuchtigkeit und heißen, hellen Stand nahe dem Glas.

Lepismium Pfeiff.
Rhipsalis-ähnliche Epiphyten aus dem mittleren Südamerika, bei denen die Blüte sich nicht breit radförmig ohne Blütenröhre öffnet, wie das bei *Rhipsalis* der Fall ist, sondern die eine schlanke Blüte besitzen mit zwar kurzer, aber ausgeprägter Blütenröhre.

Leptocereus (Berg.) Br. et R.
Mittelamerikanische Gattung aus Kuba, Haiti, Puerto Rico, die ohne Bedeutung für den Liebhaber ist.

Leptocladodia Buxb.
Bisher als Mammillarien geführte, gruppenbildende kleinere Kakteen, deren Einzelglieder kurzsäulig wachsen.
Die Leptocladodien wachsen und blühen sehr gut in mineralischem Boden bei nur mäßiger Feuchtigkeit und völliger Trockenheit im Winter. Ihre Heimat ist Nordostmexiko bis Texas.

L. elongata DC. Eine weitbekannte Anfängerart mit bis zu 20 cm langen und ca. 3 cm dicken Trieben und dichter Bestachelung, die von weißlich über gelb, fuchsrot bis braun variieren kann. Am beliebtesten sind die var. *stella-aurata* mit etwas stärkerer goldgelber Bestachelung und *rufocrocea* mit rotgelber Bestachelung. Die Blüten sind 1—1,5 cm groß und blaßgelb, die Früchte kleine schmutzigrote Keulen.

L. microhelia (Werd. et Buxb.) (Abb. 122, 123) dagegen wächst meist einzeln bis zu 15 cm Höhe und etwa 4 cm ∅. Der Name bedeutet „kleine Sonne", da die Areolen seidig glänzende, nach den Seiten, nach oben und unten gleichmäßig abstrahlende Randstacheln tragen, während Mittelstacheln erst bei älteren Pflanzen sowie bei Varietäten auftreten. Die bekannteste Varietät ist *microheliopsis* (Abb. 124) mit 2—4 Mittelstacheln und hellpurpurfarbener Blüte, während *microhelia* gelblichweiße Blüten hat.

Leuchtenbergia Hook.
Im Alter bis etwa 50 cm groß werdend, mit starkem Stamm und dicker Rübenwurzel. Der Stamm trägt bis zu 12 cm lange schlanke, blaugrüne, 3kantige Warzen mit starkwolligen Areolen an deren Spitze. Die weißlichen bis gelblichbräunlichen Stacheln sind papierartig, abgeflacht und unregelmäßig verdreht und werden etwa 10, vereinzelte bis zu 15 cm lang. Oberhalb der Areolen junger Warzen entstehen die duftenden, bis zu 8 cm großen gelben Blüten. Heimat Mittel- bis Nordmexiko. Die einzige bekannte Art ist

L. prinzipis Hook. (Abb. 125). Diese äußerst interessante, mehr einer Agave als einem Kaktus ähnelnde Pflanze braucht viel Sonne, lockeren, mineralischen Boden und wenig Feuchtigkeit bei absoluter Trockenheit im Winter.

Leucostele Backeb. = *Trichocereus.*

Lobeira Alex.
Epiphyllum-ähnliche tagblühende Pflanzen aus Mexiko.

Abb. 116. *Haageocereus superbus*

Abb. 117. *Haageocereus versicolor*

Abb. 118. *Hamatocactus (Glanduli-cactus) uncinatus*

Abb. 119. *Horridocactus choapensis*

Abb. 120. *Islaya krainziana*

Abb. 121. *Coryphantha (Lepidocoryphanta) runyonii*

Abb. 122. *Leptocladodia microhelia*

Abb. 123. *Leptocladodia microhelia* var. *droegeana*

Abb. 124. *Leptocladodia microhelia* var. *microheliopsis*

Abb. 125. *Leuchtenbergia principis*

Abb. 126. *Lobivia arachnacantha*

Abb. 127. *Lobivia caineana*

Abb. 128. *Horridocactus curvispinus*

Abb. 129. *Horridocactus horridus*

Abb. 130. *Mammillaria (Krainzia) longiflora*

Lobivia Br. et R. (siehe auch Ergänzungen Seite 277)
Gattung südamerikanischer, besonders nordargentinischer und bolivianischer Kugelkakteen, die uns eine große Anzahl der unempfindlichsten und blühwilligsten Kugelkakteen stellt.
Die Lobivien gehören zu unseren besten Anfängerpflanzen, die willig und äußerst reich blühen. Sie stellen keinerlei Ansprüche, sind aber für etwas humoseren Boden und etwas mehr Feuchtigkeit als die meisten Kakteen dankbar.

L. arachnacantha Buin. et Ritt. (Abb. 126). Kleine kugelige, reichlich sprossende Pflanzen mit schlankröhrigen, etwa 5 cm großen goldgelben Blüten. Diese Art leitet zu *Echinopsis* hinüber.

L. backebergii (Werd.) Backeb. Sprossend, bis etwa 10 cm hoch und 5 cm dick werdend. Etwa 15 Rippen. Bis 5 cm lange, gelbliche bis braune randständige Stacheln und etwa 4 cm breite, hell karminrote, flach öffnende Blüte.

L. binghamiana Backeb. Bis 8 cm lang und dick werdend. Stark sprossend. Bis zu 22 Rippen. Bis zu 12 gelbe bis braune Stacheln. Leuchtend bläulichrote Blüten von etwa 5 cm Größe. Staubfäden rot.

L. caineana Card. (Abb. 127). Kugelig bis kurzzylindrisch. Bis zu 9 abgerundete Rippen. Sehr schöne, tief rosarote, etwa 6 cm breite Blüten, die in Scheitelnähe entstehen. Die Pflanze sieht nicht wie eine *Lobivia* aus, sowohl die Blüte wie der Habitus des Körpers sind etwas abweichend.

L. densispina Werd. (Abb. 134). Bei 5 cm ⌀, etwa 10–15 cm hoch werdend, stark verzweigend. Zahlreiche Rippen. Dichte kurze und feine gelbliche bis bräunliche Bestachelung. 5 cm breite gelbe Blüte.

L. drijveriana Backeb. Selten sprossend. Etwa 6 cm breite und bis zu 10 cm hohe Körper mit dicker Rübenwurzel. Etwa 12 Rippen. 10–12 anliegende helle Randstacheln und 1–4 dunklere bis schwarze gebogene Mittelstacheln. Länge der Stacheln sehr variabel. Sehr schöne, breit öffnende, etwa 6 cm breite gelbe bis rötlich-gelbe Blüte.

L. haageana Backeb. (Abb. 131). Zylindrisch wachsende, wenig sprossende Körper. Bis 30 cm hoch und bis 8 cm ⌀, bis 22 Rippen. Starke Bestachelung mit etwa 10 gelblichen Randstacheln und 2–4 Mittelstacheln von 3–7 cm Länge, der längste meist schräg nach unten gerichtet. Bis 7 cm große Trichterblüten in gelben bis roten Farbtönen mit dunklem Schlund.

L. hertrichiana Backeb. Ähnlich *L. binghamiana,* aber mit nur halb so vielen stärkeren Rippen, viel größeren weißfilzigen Areolen und bis 6 cm breiter, hellblutroter, hellschlundiger Blüte. Staubfäden rot.

L. jajoiana Backeb. (Farbb. 30, 31). Wegen ihrer einzigschönen Blüte die Königin der Lobivien. Einzeln wachsend bis etwa 8 cm ⌀. Etwa 12–14 Rippen. 8–10 etwa 1 cm lange, helle Randstacheln und meist ein nach oben gerichteter 2,5–5 cm langer, hakiger Mittelstachel. Die 6–7 breiten Blüten sind weittrichterig, der Blütenschlund ist schwärzlich lackartig glänzend und nach oben durch einen ebensolchen Lackring abgeschlossen, aus dem die dunklen glänzenden Staubfäden entspringen. Die Blütenfarbe variiert von gelb, safran, weinrot bis dunkel tomatenrot.

L. leucomalla Wessn. (Abb. 135). Körper wie *L. densispina.* Ganz dicht schneeweiß behaart und beborstet. Blüte gelb und etwa 5 cm breit.

Abb. 131. *Lobivia haageana*

Abb. 132. *Lobivia pectinifera*

Abb. 133. *Lobivia pentlandii* var. *maximiliana* f. *cristata* (Foto: Andreae)

L. mistiensis (Werd. et Backeb.) Backeb. Einzelne oder nur wenig sprossende Körper von etwa 8 cm ∅, mit großer Rübenwurzel. Etwa 25 Rippen. 5—9 etwas abvon gelblicher Farbe und 1—3 hakenförmige, meist braune Mittelstacheln. besonders schöne Blüte ist langtrichterig und öffnet nur bei stärkster Sonne am Vormittag voll. Die schmalen Blütenblätter laufen spitz zu, sind außen rosenholzfarben und innen gelbrot gestreift.

L. peclardiana Krainz. Bildet kleine, nur 5—6 cm groß werdende Kugeln mit meist glänzend dunkelgrüner Oberhaut. Bis zu 16 Rippen. 12—16 Randstacheln von gelblicher Farbe und 1–3 hakenförmige, meist braune Mittelstacheln. Die Blütenfarbe variiert von weiß über rosa bis karmin, die Blütenlänge von kurzröhrig bis zu langröhrig, von 4—7 cm insgesamt. Es handelt sich bei dieser Pflanze offensichtlich um eine Hybride zwischen *L. tiegeliana* und einer *Pseudolobivia.* Die Pflanzen haben sehr schöne Blüten und blühen außerdem reichlich, so daß sie dem Liebhaber besonders empfohlen werden können.

L. pentlandii (Hook) Br. et R. Äußerst variable Art, rasenförmig wachsend, bis 15 Rippen, diese durch schräge Querfurchen unterbrochen, in denen die Areolen sitzen. Die Stacheln sind meist gebogen. Nähere Angaben über die Bestachelung wären angesichts der starken Variation bezüglich Länge, Farbe und Anordnung wertlos. Kennzeichnend ist aber die nächtliche Blüte, deren Länge je nach Varietäten zwischen 3 und 8 cm schwankt. Die Blüte ist auch im Hochstand engtrichterig und öffnet nie radförmig. Der Blütenschlund und die Blütenmitte sind immer wesentlich heller als die Blütenblätter. Die innersten Blütenblätter stehen oft senkrecht oder sogar leicht zum Griffel zu nach innen gebogen. Die interessantesten Varietäten sind wohl *albiflora* mit gelblichweißer, rosa überhauchter Blüte; *maximiliana* (syn. *L. corbula)* (Abb. 133 und 136) mit mehrfarbiger Blüte, karminrot, gelblichrosa und rosa; *ochroleuca* mit teils gelblicher, manchmal langer, leuchtend orangefarbiger Blüte.

L. raphidacantha Backeb. Wenig sprossend, kurzzylindrisch, bis zu 20 cm hoch und bis etwa 8 cm dick werdend, 16 Rippen. Gebogene wirre Stacheln bis zu 8 cm Länge. Hellrote bis rosa Blüte.

L. rossii Böd. (Abb. 146). Meist einzeln wachsende Kugeln bis zu 10 cm ∅. 18 scharfkantige Rippen, in schräggestellte Höcker zerlegt. 4—8 kräftige gelbliche bis zu 4 cm lange Stacheln. Orangegelbe etwa 4 cm große Blüten, die in reicher Zahl erscheinen.

L. rubescens Backeb. Zylindrisch wachsend. Bis 20 cm hoch bei 8 cm ∅. Pfahlwurzel. Bis etwa 14 Rippen. 7 Randstacheln bis zu 3 cm lang, 1—2 kräftige bis 5 cm lange Mittelstacheln. Gold- bis rötlichgelbe, 5—6 cm breite Blüten mit dunkelrotem Schlund.

L. sanguiniflora Backeb. (Abb. 147). Kugelig. Einzeln wachsend. Bis 8 cm ∅. Bis zu 18 Rippen. Etwa 10 etwa 1 cm lange Randstacheln und 1—3 hakige Mittelstacheln, die meist nur 2 cm lang sind, nach Backeb. aber bis 8 cm Länge erreichen können. Die sehr kurzröhrigen Blüten sind blaß- bis dunkelblutrot mit heller Mitte und 4—5 cm breit. Dazu var. *violaciflora* n. n. mit dunkleren ins Karminviolette gehenden Blüten (Abb. 137).

L. tiegeliana Wessn. Kugelig. 5—6 cm groß. Glänzendgrüne Oberhaut. Bis 18 Rippen, die in Höcker aufgeteilt sind. 8—12 zum Körper gebogene, 1 cm lange ho-

Abb. 134. *Lobivia densispina*

Abb. 135. *Lobivia leucomalla*

Abb. 136. *Lobivia pentlandii* var. *maximiliana (L. corbula)*

Abb. 137. *Lobivia sanguiniflora* var. *violaciflora*

Abb. 138. *Lobivia tiegeliana* var. *distefanoiana*

Abb. 139. *Lobivia wrightiana*

Abb. 140. *Borzicactus (Loxanthocereus)* FR 173

Abb. 141. *Borzicactus (Loxanthocereus)* (neu, unbeschrieben)

niggelbe Randstacheln und 1—3 übereinanderstehende, nach oben gebogene, glänzend dunkelbraune, 0,5—1 cm lange Mittelstacheln. Violette, 3—4 cm breite Blüte. Besonders schön durch ihre länglichen Areolen und die pectinate (kammartige) Bestachelung ist var. *distefanoiana* Cullm. (Abb. 138).

L. westii Hutch. Gruppenbildend. Zylindrisch wachsend, bis zu 20 cm lang und bis 6 cm dick, bleibt aber meist viel schlanker und kürzer, 16—18 Rippen. Schwache strohgelbe bis braune Bestachelung. Sehr schöne bis zu 7 cm lange und bis 4 cm breite Blüte von leuchtend goldoranger Farbe.

L. wrightiana Backeb. (Abb. 139). Gruppenbildend. Bis etwa 12 cm hoch und 5 cm breit werdend, bis zu 17 gehöckerte Rippen. 10 weiche 5—10 mm lange Randstacheln und meist 1 unregelmäßig verbogener Mittelstachel bis 7 cm Länge. Lange und zartröhrige, zart fliederfarbige Blüte von etwa 6 cm Länge und 4 cm Breite.

Es gibt noch eine große Anzahl weiterer schöner Lobivien, von denen wir nur noch folgende namentlich erwähnen wollen: *L. boliviensis, L. higginsiana, L. kupperiana, L. pectinifera* (Abb. 132). Von dieser letztgenannten Art gibt es eine Unzahl von Formen und Varietäten, wobei man bei mancher Pflanze kaum mehr entscheiden kann, ob es sich um eine ihrer Varietäten oder um eine eigene Art handelt. S. Farbbild 29.

Lophocereus (Berg.) Br. et R.
Große, verzweigte Säulenkakteen aus Südarizona und Nordwestmexiko, die mehrere nächtliche, kleine Blüten jeweils aus einer Areole bringen.

Lophophora Coult. (syn. *Anhalonium*).
Der Rauschgiftkaktus der Indianer aus Mexiko und den südwestlichen USA, der auch unter dem indianischen Namen Peyote oder Peyotl bekannt geworden ist. Blau- bis graugrüne flache Kugeln. Als erwachsene Pflanzen ohne Stacheln, mit gelblichweißen Filzflocken an den Areolen. Starke Rübenwurzeln. Die *Lophophora* hält man in fast rein mineralischem Boden bei mäßiger Feuchtigkeit im Sommer und völliger Trockenheit im Winter. Sie blüht dann zuverlässig.

L. williamsii (Lem. et Salm-Dyck) Coult. (Abb. 148). 8, selten 10 Rippen. Höchstens 2 cm große, blaßrosa Trichterblüten aus dem Scheitel. 1 cm lange, kugelige bis längliche rosa Frucht.

Loxanthocereus Backeb.
Gehört zu *Borzicactus*. Schlanke Säulen mit ziemlich stark zygomorphen Blüten. Leichtblühende Loxanthocereen sind FR 173 (= Sammelnummer des Entdekkers F. Ritter; ist noch unbeschrieben), *L. gracilis* (Abb. 140, 143), *L. gracilispinus*, ferner die in Abb. 141 gezeigte, noch unbeschriebene, schon ab 15 cm Höhe blühfähig werdende, zwergige Art mit der Sammelnummer FR 277 a nach dem Samenkatalog der Firma H. Winter, Frankfurt.

L. cullmannianus Backeb. (Abb. 142). Bis über 1 m hoch und bis 6,5 cm dick werdend. Kurz bräunlichgelb bestachelt. Lachsfarbene Blüte bis 9 cm lang und bis 4,5 cm Ø.

Machaerocereus Br. et R.
Bis zu 3 m lange und 8 cm dicke Triebe mit etwa 12 Rippen und auffallend schöner Bestachelung. Die Randstacheln sind strahlig gestellt, der einzige Mittelstachel

Abb. 142. *Borzicactus (Loxanthocereus) cullmannianus*

Abb. 143. *Borzicactus (Loxanthocereus) gracilis*

Abb. 144. *Machaerocereus eruca*

Abb. 145. *Mammillaria aureilanata*

wird 3 cm lang, ist dolchartig breit abgeflacht und zeigt schräg nach unten. Die weiße nächtliche Blüte ist bis 14 cm lang und bis 10 cm breit. Die Art verlangt kräftigen, vorwiegend mineralischen Boden und heißesten, sonnigen Stand.

M. eruca (Brand.) Br. et R. (Abb. 144). Bis zu 3 m lange und 7–8 cm dicke Triebe, am Boden liegend und auf der ganzen Länge wurzelnd. Dolchartige, rot und weiß gezeichnete flache Stacheln, die später vergrauen. Nächtliche Blüte weiß, bis 14 cm lang und 6–7 cm breit.

M. gummosus (Engelm.) Br. et R. Körper bis 1 m lang und 4–6 cm dick. Buschig und halb aufrecht wachsend. Ebenfalls leicht abgeflachte Stacheln. Blüte wie bei *M. eruca.*

Maihuenia Phil.

Opuntia-ähnliche, kleine gruppenförmig wachsende cereoide Pflänzchen aus dem südlichsten Chile und Argentinien, die bei uns winterhart sind. Sie sind jedoch trotz der erwähnten Ähnlichkeit nicht den Opuntien, sondern der Gattung *Peireskia* verwandt.

M. poeppigii (Otto) Web. Triebe bis 6 cm lang bei 1 cm ⌀. Meist 3 Stacheln von 0,5 bis höchstens 2 cm Länge. Höchstens 3 cm lange hellgelbe Blüte. Sehr langsam wachsend. Wie die winterharten Opuntien muß die Pflanze auf gut drainiertem Grund stehen.

Maihueniopsis Speg.

Pflanzen ähnlich der vorstehenden Gattung, aber mit gegliederten Trieben. Die Glieder sind länglich kugelig und stark miteinander verwachsen. Eine Eigenart liegt darin, daß die Staubfäden aus der Mitte der Röhrenwand entspringen. Der Gattung *Opuntia* verwandt.

Malacocarpus Salm-Dyck

Ist als Untergattung zu *Notocactus* zu stellen.

Einzeln wachsende Kugelkakteen aus Uruguay und Paraguay, mit scharfkantigen Rippen, stark wolligem Scheitel, aus dem die kurzröhrigen Blüten entstehen. Letztere gelb mit rotem Stempel.

Alle *Malacocarpus*arten sind dankbare Wachser und Blüher. Man gibt ihnen nahrhafte Erde mit Humus, genügend Feuchtigkeit und hält sie nur im Winter ziemlich trocken. Sie vertragen Halbschatten.

M. arechavaletai (Sch. et Speg.) Berg. Schwarzgrün. Etwa 10 cm ⌀. 13–21 Rippen. Bis zu 9, etwa 1 cm lange helle Randstacheln und 1–4 stärkere, 1–2 cm lange, schwarze Mittelstacheln, die später vergrauen. Etwa 4 cm große goldgelbe Blüte. Länglich weiche weiße Frucht, etwa 2 cm.

M. fricii (Ar.) Berg. Glänzend hell- bis dunkelgrüne Kugeln von 10 cm ⌀. 15–20 Rippen. Wolliger Scheitel. Sehr große, gelblichweiße, dichtwollige Areolen. Spärliche gelbliche Randbestachelung, keine Mittelstacheln. Etwa 4 cm große gelbe Blüte.

M. sessiliflorus (Mack.) Backeb. (syn. *M. tetracanthus* Schum.). Flache Kugeln, die im Alter bis zu 20 cm breit werden können und bis zu 30 hohe, scharfe Rippen erreichen. 4 kreuzweise stehende weißliche Randstacheln, von denen der obere nur etwa 0,5 cm lang wird, die übrigen 1,5–2 cm. Die kanariengelben Blüten sind etwa 5 cm groß. Frucht blaßrosa.

Mammillaria Haw. (siehe auch Ergänzungen Seite 277)
Die große Gattung der Warzenkakteen, die der Liebhaberei wohl die meisten schönen und zugleich dankbaren Arten stellt. Durch die gleichmäßige Anordnung der Warzen und die äußerst vielfältige Bestachelung in den verschiedensten Farben sind diese Pflanzen auch ohne Blüte sehr schön. Die Blüten entspringen den Axillen zwischen den Warzen, stehen meist im Kranze um den Scheitel und werden nach einem halben bis einem Jahr von einem Kranz meist keulenförmiger und häufig leuchtend roter Früchte abgelöst, die oft noch viel zierender sind als die Blüten selbst. Fast alle Arten sind in Mexiko beheimatet.
Die Mehrzahl der Mammillarien ist sehr kulturwürdig und schön, so daß man sie bedingungslos empfehlen kann. Man gibt ihnen mit Ausnahme der weichfleischigen grünen Arten sonnigsten Stand und nahrhafte, mehr zur mineralischen Seite neigende Erde. Mit der Bewässerung kann man etwas sparsam sein, obwohl viele Mammillarien im Sommer reichliche Wassergaben vertragen. Im Winter hält man sie so gut wie trocken, ausgenommen *M. plumosa,* die im Winter gegossen werden muß, sofern sie hell und wenigstens tagsüber warm stehen kann. *M. plumosa* blüht dann auch im Dezember und Januar, ist also ein ausgesprochener Winterblüher.

M. albilanata Backeb. Meist einzeln wachsende, kurzzylindrische Körper, bis 15 cm hoch bei 6–8 cm ⌀. Von kurzen weißen Stacheln dicht eingehüllt, mit weißwolligem Scheitel. Nur wenig über 1 cm große, dunkelrosa bis tiefkarminrote Blüten mit schmalen, spitzen Blütenblättern. Rote bis rosa Früchte.

M. aureilanata Backeb. (Abb. 145). Einzeln wachsende Kugeln von meist nur 5 cm ⌀; nur haardünne seidenglänzende, goldgelbe bis weiße Randstacheln, bis zu 30 an der Zahl und bis 1,5 cm lang. Bis 1,8 cm breite weißliche Blüte. Blütenblätter mit blaßrosa Mittelstreif. Blaßrosa Frucht. Dicke Rübenwurzel.

M. aurihamata Böd. Kugeln von 6 cm ⌀. Dicht und fein gelblichweiß bestachelt, einer der Mittelstacheln langhakig und mehr bräunlich. Kleine gelbe Blütchen.

M. bachmannii Böd. (Abb. 152). Bis 18 cm große dunkelgrüne Kugeln. Auffallend durch die stark weißwolligen Areolen. 2 cm große dunkelrosa Blüten.

M. backebergiana (Abb. 153). Wahrscheinlich noch unbeschrieben.

M. baumii = *Dolichothele baumii.*

M. bocasana Pos. (Abb. 149). Stark gruppenbildend. Sehr weißfleischige Körper von etwa 5 cm ⌀. Bis zu 30 haarförmige feine, bis 2 cm lange weiße Randstacheln und 1–3 etwa 1 cm lange, gelbliche bis bräunliche Mittelstacheln; der unterste hakig. Blüte trichterig bis knapp über 1 cm ⌀. Blütenblätter gelblichweiß mit rosa oder mit bräunlichem Mittelstreif. Früchte sehr auffallend, bis 4 cm lang bei 4 mm ⌀, leuchtend hellkarminrot.

M. bombycina Quehl. (Abb. 150). Einzeln oder wenig sprossend. Bis 20 cm hoch und 6–8 cm ⌀. 30–40 ganz feine, weiße, strahlig gestellte Randstacheln und 2–4 weiße, gelbe oder rötliche Mittelstacheln, der oberste kurz, der unterste bis zu 2 cm lang und hakig. Blüten hell karminrot bis rosa und etwa 1,5 cm groß.

M. candida Scheidw. (Abb. 209). Schöne weiße oder rosa Kugeln. Bis zu 10 cm ⌀. Etwa 50 weiße feine 5–9 mm lange Randstacheln und 8–12 weiße bis rosa über-

Abb. 146. *Lobivia rossii*

Abb. 147. *Lobivia sanguiniflora*

Abb. 148. *Lophophora (Anhalonium) williamsii*

Abb. 149. *Mammillaria bocasana*

Abb. 150. *Mammillaria bombycina*

Abb. 151. *Mammillaria celsiana*

hauchte Mittelstacheln von 4—14 mm Länge. Blüten 1,5—2 cm breit, weißlich mit schmutzigrosa Mittelstreif. Die Art steht neuerdings bei *Mammilloydia.*

M. carrettii Reb. (Abb. 154). Kugeln von 6 cm ⌀. 14 bis zu 1,3 cm lange gelbe Randstacheln und 1 etwas längerer, brauner hakiger Mittelstachel. Blüten 2,5 cm lang, weißlich mit rosa Mittelstreif, schwach duftend.

M. celsiana Lem. (Abb. 151). Bis zu 20 cm hoch und 10 cm breit werdend, meist einzeln wachsend. Bis zu 30 feine, weiße bis gelbliche bis 8 mm lange Randstacheln und 4—6 stärkere gold- bis blaßgelbe Mittelstacheln, deren Länge von 1—4 cm Länge variieren kann. Der unterste Mittelstachel ist der längste und zeigt schräg nach unten. Die etwa 1 cm große Blüte ist karminrot, die Frucht ebenfalls karmin- bis blutrot.

M. collinsii (Br. et R.) Orc. (Abb. 156). Zuerst einzeln, dann kleine Gruppen bildend, gleichmäßige Kugeln bis zu 8 cm ⌀. 7 etwa 6 mm lange, helle dunkelgespitzte Randstacheln; 1 dunkelbrauner etwa 5 mm langer Mittelstachel. Die Pflanze fällt auf durch die starke weiße Wolle in den Axillen, aus denen weiße unregelmäßig gebogene Borsten kommen. Die gelbliche, leicht rosa gestreifte Blüte ist etwa 1,5 cm groß. Die dunkelrote, keulige Frucht ist 2 cm lang.

M. compressa DC. (syn. *M. angularis*). Schnellwachsend und Polster bis zu 1 m Durchmesser bildend. Die einzelnen Köpfe haben bis zu 8 cm ⌀. Epidermis blaugraugrün. Bestachelung sehr stark variierend, 2—6 meist weiße, aber auch bräunliche, starke Randstacheln, deren unterste zwischen 2 und 7 cm Länge erreichen können; Blüten rot.

M. crucigera Mart. (Abb. 157) Körper höchstens 5 cm ⌀, sich dichotomisch teilend. Sehr kleine Warzen mit ganz kurzen, strahlig gestellten weißen Randstacheln, ohne Mittelstachel. Die trichterigen kleinen Blüten sind purpurrot, ebenso die Narben.

M. densispina (Coult.) Vpl. (Abb. 158). Schöne, dicht bestachelte Kugeln von 6—8 cm ⌀. Einzeln wachsend. 20—25 etwa 1 cm lange, dünne gelbliche Randstacheln und 5—6 gelbe bis fuchsrote Mittelstacheln, meist ebenso lang, ausnahmsweise bis zu 2 cm. Etwa 1 cm breite, außen rötlich gelbe, innen blaßgelbe Blüte.

M. dixanthocentron Backeb. (Abb. 159). Zunächst kugelig bis 8 cm ⌀, im Alter kurzsäulig werdend. Etwa 20 kurze weiße Randstacheln und 1 kürzerer, sowie ein bis 2 cm langer leicht nach außen oder unten gebogener gelblichweißer Mittelstachel. Hellrote kleine Blüten. Durch die Art der Bestachelung sehr auffallend.

M. elegans DC. (Abb. 162 und 160). 5—6 cm große Kugeln. Bis zu 30 weiße Randstacheln und 1—2 ebenfalls weiße, aber braun gespitzte, 1 cm lange Mittelstacheln. Karminrote Blüten. Gehört zu den schönsten Mammillarien.

M. elegans var. *donatii* Berge (Abb. 161). Meist einzeln wachsende, blaugrüne Kugeln von 8—9 cm ⌀. 16—18 etwa 8 mm lange, dünne weiße Randstacheln, 2 dunkle bis graue übereinander angeordnete, etwa 1 cm lange Mittelstacheln. Blüten karminrot und 13—14 mm breit.

M. elongata = *Leptocladodia elongata.*

M. erectacantha Foerst. (Abb. 166). Kleinbleibende Kugeln von nur 3,5 cm ⌀. Dunkel gespitzte weiße bis bräunliche Bestachelung.

Abb. 152. *Mammillaria bachmannii*

Abb. 153. *Mammillaria backebergiana*

Abb. 154. *Mammillaria carettii*

Abb. 155. *Mammillaria dumetorum*

Abb. 156. *Mammillaria collinsii*

Abb. 157. *Mammillaria crucigera*

Abb. 158. *Mammillaria densispina*

Abb. 159. *Mammillaria dixanthocentron*

Abb. 160. *Mammillaria elegans* var.

Abb. 161. *Mammillaria elegans* var. *donatii*

M. fasciculata Engelm. (Farbb. 32). Länglichkugelig, bis 8 cm ⌀, stark sprossend. Grüner Körper meist rot überlaufen. Bis zu 20 feine weiße, dunkelgespitzte Randstacheln, meist 1 hakiger bis 1,8 cm langer dunkler Mittelstachel. 2 cm breite weiße Blüten mit karmin- oder purpurroten Mittelstreifen.

M. flavescens (DC.) Haw. (Abb. 163). Kugelig bis kurzsäulig, dunkelgrün, stark sprossend. Weißwolliger Scheitel. Bis 2 cm lange dünnadelige, hellgelbe Stacheln, davon 4 Mittel- und 8–10 Randstacheln. Blaßschwefelgelbe kleine Blüte.

M. fraileana (Br. et R.) Böd. (Abb. 165). Schlank zylindrisch wachsend. Bis etwa 15 cm hoch und 4 cm breit. 11—12 bis 1 cm lange bräunliche bis weiße Randstacheln, der unterste hakig. Verhältnismäßig große weiße, rosa getönte, weittrichterige Blüte zu 3 cm ⌀. Frucht fliederfarbig.

M. geminispina Haw. (syn. *M. bicolor* und *M. nivea*). (Abb. 168 und 172). Eine auffallend schöne *Mammillaria.* 8 cm dicke, dicht und weiß bestachelte Kugeln. Blüten gelblich mit roter Mitte.

M. gigantea Hildm. (Abb. 169). Große blaugrüne Kugeln, bis 17 cm ⌀. Stark weiß bestachelt. Knapp 2 cm lange, kremfarbene Blüten mit karminroter Mitte.

M. guelzowiana = *Krainzia guelzowiana.*

M. hahniana Werd. (Abb. 170). Eine der schönsten Mammillarien mit weißem Haarkleid. Gruppenbildend. Einzelköpfe 8—10 cm ⌀. 20—30 haarartige, feine weiße Randstacheln von durchschnittlich 1 cm Länge. Meist 1 nur wenige mm langer, weißlicher, dunkelgespitzter Mittelstachel und aus den Axillen bis zu 20 weiße Haare von 3—5 cm Länge. Karmin- bis purpurrote Blüten von 1,5 cm ⌀.

M. heyderi Mühlpf. (Abb. 171). Flache saftiggrüne Kugeln mit langgezogenen pyramidalen Warzen. Gleichmäßig sternförmig ausstrahlende feine, fast weiße Randstacheln. Ein stärkerer, oft auch fehlender, bräunlichweißer Mittelstachel. Bis zu 2,5 cm lange bräunlichrosa Blüte.

M. humboldtii Ehr. Eine der schönsten schneeweißen Mammillarien. Kugelig, einzeln wachsend oder gelegentlich wenig sprossend. Keine Mittelstacheln, aber bis zu 80 blendend weiße 2—8 mm lange Randstacheln, die den Körper völlig verhüllen. Kleine bis 1 cm breite, hellkarminfarbige Blüten. Leider ist diese sehr schöne Art äußerst selten und kaum erhältlich.

M. leona Pos. (Abb. 173). Bläulichgrüne 3—4 cm dicke und 10—15 cm lange Triebe, stark sprossend. Bis zu 35 weiße, völlig ineinander verflochtene Randstacheln von 5 mm Länge und 7—8 etwas längere weiße, gelbliche oder auch rötliche Mittelstacheln. 1 cm große rosa Blüte. Gehört richtig zu *Leptocladodia.*

M. louisae Linds. (Abb. 176). Gehört zu den noch nicht lange bekannten großblumigen niederkalifornischen Arten. Die rosa Blüte wird bis zu 4 cm breit.

M. magnifica n. n. (Abb. 174). Eine herrliche Pflanze mit langen hellen Hakenstacheln. Sie ist offensichtlich noch unbeschrieben.

M. mainae Brand. (Abb. 175). Kurzzylindrische bis 10 cm hohe Körper. Gelbliche dunkelgespitzte Bestachelung; der Mittelstachel ist dunkler, hakig und 2 cm lang. Bis 2,5 cm breite weiße Blüte mit roten Mittelstreifen.

M. marksiana Krainz. Flache gelbliche Kugeln bis 8 cm ⌀. 8—10 gelbe, 5—8 mm lange Randstacheln und 1 goldgelber 8 mm langes Mittelstachel. Weißwollige Axillen. Die 1,5 cm breite Blüte ebenfalls gelb und zwar mit grünlichem Schein.

Abb. 162. *Mammillaria elegans*

Abb. 163. *Mammillaria flavescens*

Abb. 164. *Mammillaria formosa*

Abb. 165. *Mammillaria fraileana*

Abb. 166. *Mammillaria erectacantha*

Abb. 167. *Mammillaria erythrosperma*

Abb. 168. *Mammillaria geminispina*

Abb. 169. *Mammillaria gigantea*

Abb. 170. *Mammillaria hahniana*

Abb. 171. *Mammillaria heyderi*

M. mazatlanensis (Reb.) Sch. et Guerke. Zylindrisch wachsend, bis 12 cm hoch bei etwa 3 cm ⌀. 13—15 feine, weiße, 6—10 mm lange Randstacheln. 3—4 hell- bis rötlichbraune, bis zu 15 mm lange Mittelstacheln. Die zwischen karmin- und purpurrote Blüte wird bis zu 3 cm breit.

M. mendeliana (Bravo) Werd. (Abb. 177). Dunkelgrüne Kugeln bis 9 cm ⌀. Kurze weiße Randborsten, 2—4, im letzteren Fall kreuzweise gestellte rötlichbraune Mittelstacheln. Tiefrosa Blüten.

M. mercadensis Pat. (Abb. 182). Einzeln oder nur wenig sprossend. Gleichmäßige Kugeln von etwa 5 cm ⌀. 25—30 feine weiße Randstacheln von 5—8 mm Länge, 4—7 braune, rötliche oder gelbliche Mittelstacheln, 1,5—2,5 cm lang, der unterste hakig. Blüte 1—3 cm ⌀, gelblichweiß bis blaßrosa.

M. microhelia = *Leptocladodia microhelia.*

M. mystax Mart. (Abb. 183). Bis 15 cm große dunkelgraugrüne Kugeln. Weißwollige Axillen mit weißen Borsten. Ganz auffallend sind die bis 7 cm langen Mittelstacheln, die im Neutrieb oft purpurrot sind und später vergrauen. Blüten 2—2,5 cm groß, purpurrosa.

M. napina Purp. (Abb. 178). Flachkugelig mit dicker Rübenwurzel. Bis zu 6 cm breit 10—12 weißliche bis blaßgelbe, 8—9 mm lange, gebogene, starke Randstacheln, den Körper fast verhüllend. Keine Mittelstacheln. Schöne, große, weitöffnende, dunkelrosa bis hellkarminfarbige Blüte von etwa 4 cm ⌀.

M. nivosa Link. Kugelige, meist einzeln wachsende Art von etwa 10 cm ⌀. Dunkelgrüner Körper mit etwa 8 gelben 1 cm langen Randstacheln und 1—4 ebenfalls gelben bis zu 1—2 cm langen Mittelstacheln. Die Axillen stark weißwollig. Gelbliche, bis 1,5 cm breite Blüten und auffallende, fast kugelige, leuchtendrote Früchte von etwa 1 cm ⌀.

M. ortiz-rubiona (Bravo) Werd. (Abb. 179). Bis zu 10 cm breite, erst im Alter sprossende Kugeln. 25—30 schneeweiße bis 15 mm lange Randstacheln und 4—6 ebenso lange Mittelstacheln von reinem Weiß verhüllen den Körper völlig. Die weißlich-rosa Blüte wird bis 3 cm breit. Die keulige Frucht ist karminrot. Die Art steht neuerdings bei *Mammilloydia.*

M. parkinsonii Ehrenb. (Abb. 180). Gehört zu den schönsten, weithin bekannten und verbreiteten Mammillarien. Sie fällt durch ihre dichte weiße Bestachelung auf; die Mittelstacheln sind oft rötlich getönt und rotbraun gespitzt. Durch dichotomische Teilung bildet die Pflanze oft sehr große Gruppen. Die unscheinbaren Blütchen sind nur 1,5 cm lang und schmutzigrosa.

M. pennispinosa Krainz. Eine der auffallendsten Erscheinungen unter den Mammillarien durch ihre seltsamen Fiederstacheln, d. h. die Stacheln sind ganz fein mit winzigen Härchen besetzt und machen dadurch einen federartigen Eindruck. Die Pflanzen wachsen einzeln auf dicker Rübenwurzel, der Körper ist kugelig bis kurz zylindrisch und erreicht ca. 5 cm ⌀. Bis zu 20 dünne, grauweiße, bis 8 mm lange Randstacheln und 1 rotbrauner hakiger, etwa 1 cm langer Mittelstachel. Blaßgelblichrosa Blüten von reichlich 1 cm ⌀ mit rosa Schlund, 2 cm lange, hellkarminrote schlanke Früchte.

M. plumosa Web. (Abb. 181). Der Flaumfederkaktus. Stark sprossend und große Gruppen bildend. Einzelköpfe 6—7 cm ⌀. Sehr weichfleischig. Bis zu 40 gefie-

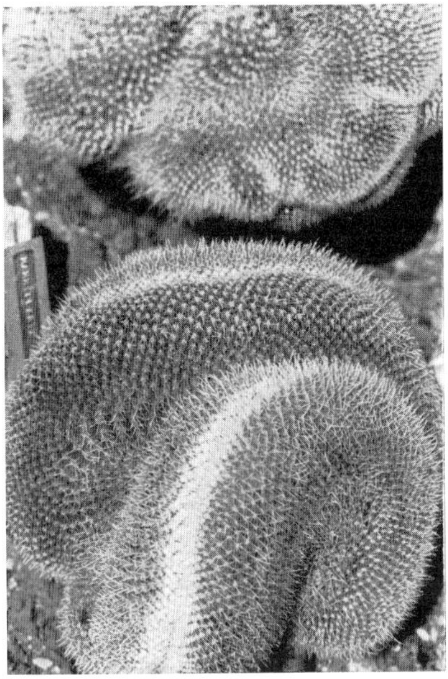

Abb. 172. *Mammillaria geminispina* f. *cristata*

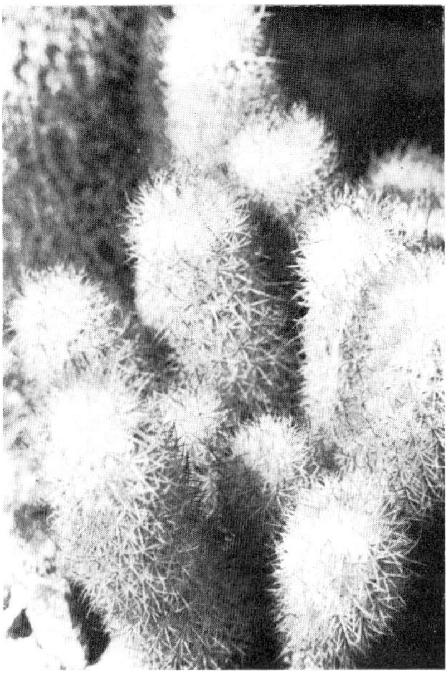

Abb. 173. *Leptocladodia (Mammillaria) leona*

Abb. 174. *Mammillaria magnifica* n. n.

Abb. 175. *Mammillaria mainae*

Abb. 176. *Mammillaria louisae*

Abb. 177. *Mammillaria mendeliana*

Abb. 178. *Mammillaria napina*

Abb. 179. *Mammilloydia (Mammillaria) ortiz-rubiona*

Abb. 180. *Mammillaria parkinsonii*

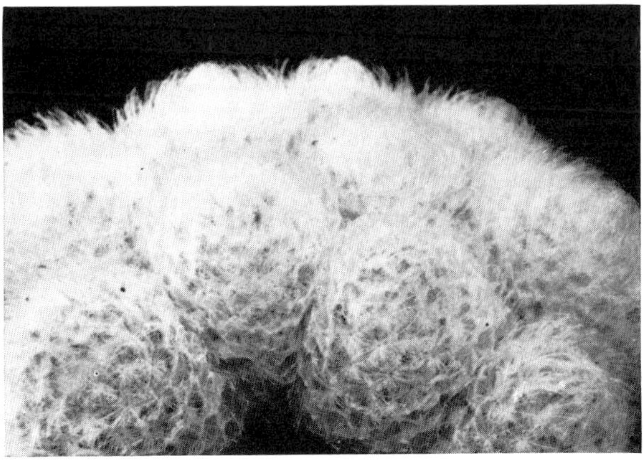

Abb. 181. *Mammillaria plumosa*

derte, bis 7 mm lange, weiche, weiße bis gelbliche Randstacheln, die den Körper völlig verhüllen; 1–1,5 cm große, gelblich- bis grünlichweiße unscheinbare Blüten, blaßrötlichgrüne Früchte.

M. praelii Mühlpf. (Abb. 201). Etwa 8 cm große graugrüne Kugeln. 4–6kantige Warzen. Die Axillen tragen reichlich weiße bis bräunlichweise Wolle und ca. 2 cm lange weiße, gedrehte und unregelmäßig verbogene Borsten, durch die die Pflanze sehr auffällt. 4–6 weiße bis bräunliche, ganz kurze Randstacheln (höchstens bis 5 mm), keine Mittelstacheln. 1 cm breite blaßgelbe Blüten mit roten Mittelstreifen.

M. pringlei (Coult.) Brand. (Abb. 185). Diese bis 8 cm ⌀ erreichende Art gehört ebenfalls zu den schönsten Mammillarien. Die etwa 20 weißgelben Randstacheln und die etwa 6 gebogenen, gelben Mittelstacheln von 2–3 cm Länge verhüllen den Körper fast völlig. Die nur 1 cm großen Blütchen sind leuchtend karminrot.

M. prolifera (Mill.) Haw. (syn. *M. pusilla*). Die robusteste Anfängerart, die man sich denken kann. Sie wächst, blüht und fruchtet normalerweise auch unter den ungünstigsten Bedingungen. Stark sprossend, kurzsäulig, Einzelköpfe etwa 3 cm ⌀; bis zu 40 feine bis haarartige, etwa 1 cm lange Randstacheln und 5–9 etwas kürzere Mittelstacheln. Die Bestachelung variiert von reinweiß (var. *haitiensis*) über gelb bis braun (var. *multiceps*). Die Blüten sind gelblich, die keuligen ca. 1 cm langen Früchte dunkel mennigrot.

M. pseudoperbella Quehl (Abb. 186). Bis zu 15 cm ⌀ erreichende grauweiße Kugeln. Der Körper ist völlig verdeckt durch die etwa 30 kurzen reinweißen Randstacheln, über die sich 2 kurze braune bis schwarze übereinanderstehende Mittelstacheln erheben. Die 1,5 cm große Blüte ist karminrot.

M. pullihamata Backeb. (Abb. 187). 6 cm große Kugeln. Mehr als 20 weißliche, 6 mm lange Randstacheln, 4–6 rötlichbraune Mittelstacheln, davon 1 hakig und bis 2,5 cm lang.

M. rettigiana. Böd. Meist einzeln wachsend. Kurzzylindrisch bis 4 cm ⌀. 18–20 bis 1 cm lange, dünne, weiße bis gelbliche Randstacheln, von denen der unterste hakig ist. 1,5 cm breite Blüten in Scheitelnähe. Petale gelblich mit rosa Mittelstreif, rote kleine Frucht.

M. rhodantha Lk. et O. Äußerst variable Art bezüglich der Stachelfarben und Stachellänge. Meist einzeln wachsend. Bis 10 cm ⌀. Im Alter bis zu 30 cm hoch werdend. 16–20 Randstacheln bis zu 1 cm lang. Meist 4 Mittelstacheln, oft leicht gebogen, durchschnittlich 2 cm lang, bei manchen Varietäten, z. B. *pringlei,* 2 bis zu 5 cm lang. Die etwa 1,5 cm breiten Blüten sind karmin- bis purpurrot, die schlankkeuligen Früchte hell rötlichbraun bis karminrot und meist etwa 2–3 cm lang.
Man findet in den Sammlungen Farbvarietäten in Gelb, Braun und Rot und vor allem die langbestachelte gelbe var. *pringlei* wirkt sehr dekorativ. Alle aber sind sehr wüchsig und gehören zu den dankbarsten Anfängerkakteen. Sie blühen im Herbst und fruchten im Frühjahr.

M. rubida Backeb. (Abb. 188). Flachkugelig. Einzeln wachsend. Blaugrün, bei starker Sonne rot überlaufen. Verhältnismäßig große Warzen. 7–8 bis 1,5 cm lange

Abb. 182. *Mammillaria mercadensis*

Abb. 183. *Mammillaria mystax*

Abb. 184. *Mammillaria nunezii*

Abb. 185. *Mammillaria pringlei*

Randstacheln und 1 bis 3 cm langer Mittelstachel, die Stacheln alle rötlichbraun bis rötlichschwarz. Grünlichweiße, 2 cm große Blüte.

M. rutila Zucc. (Abb. 189). Dunkelgrüne bis 13 cm große Kugeln mit stark weißwolligen Scheiteln. Stacheln von fast weiß bis fast schwarz variierend. Purpurrote 1,5 cm große Blüten.

M. schiedeana Ehr. (Abb. 193). Durch die schöne, fein seidig glänzende Bestachelung sehr auffallend, meist einzeln und mit Rübenwurzeln. Bis zu 6 cm ⌀ erreichend, meist aber kleiner bleibend. Axillen lang- und weißwollig, bis zu 75 feinste goldgelbe bis weißliche Randstacheln von 2–5 mm Länge. Keine Mittelstacheln. Weißliche Blüten von 1–1,5 cm Breite. Hellkarminfarbige 1–2 cm große, schlankkeulige Früchte.

M. seitziana Mart. (Abb. 194). Dunkelgrüne Körper von etwa 6 cm ⌀. Zahlreiche kleine Warzen. 4–6 Randstacheln, der untere am längsten (bis 3 cm) und mehr oder weniger abstehend. 2,5 cm lange fleischrosa Blüte.

M. sempervivi DC. (Abb. 191). Dunkelgrün, bis 7 cm ⌀. Schlanke kantige Warzen. Nur wenige, 3 mm lange weiße Randstacheln und meist 2 bis zu 4 mm lange rötliche bis gelbliche Mittelstacheln. 1 cm lange schmutzigweiße Blüte mit rötlichen Mittelstreifen, Blüte manchmal auch gelblichrosa.

M. sphacelata Mart. (Abb. 192). Gruppenbildend mit 10–20 cm langen, 3 cm dicken Trieben. Bis zu 15 kräftige weiße Randstacheln von 5–8 mm Länge, 1–4 ebenso lange weiße, bräunlich gespitzte Mittelstacheln, die im Neutrieb rubinrot herauskommen. 1,5 cm lange dunkelrote Blüte.

M. spinosissima Lem. (Abb. 195, 196). Ebenfalls zu den wüchsigsten und schönsten Anfängerkakteen gehörig. Einzeln wachsend, im Alter bis 30 cm Länge und 10 cm ⌀ erreichend. 20–30 feinborstige Randstacheln von 4–10 mm Länge und 7–15 etwas stärkere bis zu 2 cm lange Mittelstacheln. Die schöne, sehr dichte Bestachelung variiert von fast Weiß über Gelb und Hellbraun zu Rot. Die Blüte ist ca. 1,5 cm breit und hellkarmin bis purpur, die Frucht blaßrot.

M. supertexta Mart. (Abb. 197). Bis 20 cm hoch und 7 cm dick. Von weißer Axillenwolle und zahlreichen weißen Randstächelchen ganz verhüllt, 2 kurze, feine dunkle Mittelstacheln. Hellrote, kaum 1 cm große Blüte.

M. theresae Cutak. (Farbb. 35). Wurde erst 1967 in Durango (Mexiko) in über 2000 m Höhe entdeckt. Körper bis 4 cm lang und bis 2,5 cm ⌀. Die Warzen tragen im Verhältnis zu den zwergigen Körpern große Areolen mit 20–30 radial gestellten, winzigen, feinen reinweißen Randstacheln; diese sind bis 2 mm lang und schwach gefiedert, wie wir das bereits von *M. pennispinosa* kennen. Die leuchtend violettpurpurnen, lang- und schlankröhrigen Blüten erreichen 4,5 cm Länge und 3,5 cm Breite, sind also größer als die Pflanze selbst. Eine der schönsten Entdeckungen der letzten Jahre, gut wachsend (vor allem gepropft) und leicht blühend. (Siehe Ergänzung hierzu Seite 277.)

M. verhaertiana Böd. (Abb. 202). Sehr schöne Pflanzen, bis 5 cm ⌀. Locker gestellte Warzen, die einen Strahlenkranz von glänzenden, feinen gelblichen bis weißen, bis zu 1,5 cm langen Randstacheln und 3–4 etwas kürzere, leicht gebogene dunkle Mittelstacheln tragen. Die 2 cm langen Blüten sind weiß.

M. viereckii Böd. (Abb. 199). Meist einzeln wachsend bis zu 7 cm ⌀. Wird im Alter länglich. Axillen mit weißer Wolle und bis zu 10 Haarborsten. 6–10 weiße

Abb. 186. *Mammillaria pseudoperbella*

Abb. 187. *Mammillaria pullihamata*

Abb. 188. *Mammillaria rubida*

Abb. 189. *Mammillaria rutila*

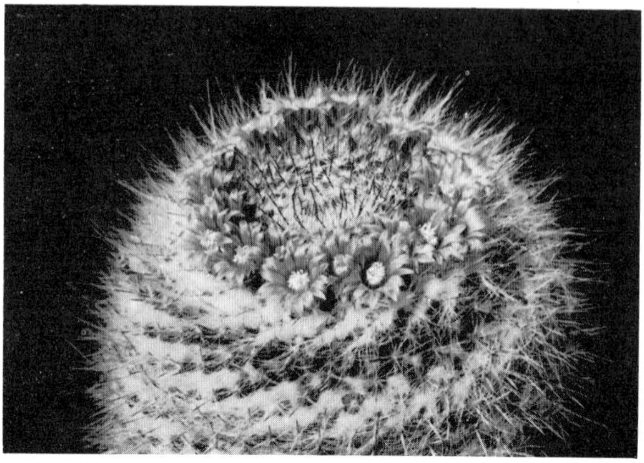
Abb. 190. *Mammillaria saetigera*

Abb. 191. *Mammillaria sempervivi*

Abb. 192. *Mammillaria sphacelata*

bis gelbliche feine Randstacheln von 4–5 mm Länge. 9–10 z. T. von den Randstacheln kaum unterscheidbare, gelbliche Mittelstacheln bis zu 12 mm lang. Bis 1,5 cm breite weißliche Blüten, deren Petale einen blaßolivfarbigen Mittelstreif tragen, rötlich hellbraune Frucht.

M. viperina Purp. (Abb. 200). Zylindrische, 1,5 cm starke Triebe, die später niederliegen und 15—20 cm lang werden. Die dichte feine Bestachelung variiert von gelblichweiß bis rötlich und dunkelbraun. Die 1 cm großen Blüten variieren von hellkarmin bis karminviolett. Die Art gehört vielleicht zu *Leptocladia.*

M. wildii Dietr. Stark sprossend, hellgrün, mit schlanken hohen Warzen, die Einzelkörper kurz zylindrisch. 4—5 cm Ø. Haarartige Borsten in den Axillen. 8—10 ganz feine, glasartige Randstacheln, 6—8 mm lang. 3—4 bis 1 cm lange, gelbliche bis bräunliche Mittelstacheln, der unterste hakig. Bis 1,2 cm breite weißliche Blüten und bräunlichrote keulige Früchte. Eine nicht umzubringende Art. Es gibt von ihr auch eine rosa blühende Varietät.

M. woodsii Craig. (Abb. 204). Einzeln wachsende Kugeln, bis zu 10 cm Ø. Axillen in Scheitelnähe mit dichter weißer Wolle. 25—30 haarfeine, glasweiße Randstacheln von 4—8 mm Länge, 2—4 Mittelstacheln, hell, rötlich-bräunlich mit schwarzer Spitze, die obersten 4—5 mm, die untersten 1 cm, ausnahmsweise bis 1,6 cm lang. Blüten 1—1,5 cm breit, hellkarmin bis tiefrosa. Frucht 1,5 cm lang und dunkelrosa. Ebenfalls sehr schöne und gut wachsende Art.

M. yaquensis Craig. Stark sprossende, schlankzylindrische, kleinbleibende Art. Einzelköpfe 6—8 cm lang bei 1,5—2 cm Ø. 18 kremfarbige, 5—6 mm lange Randstacheln. 1 stark gehakter rotbrauner, bis fast schwarzer, durchschnittlich 7 mm langer Mittelstachel. Die glockige, 2 cm große Blüte ist purpurrosa und auffallend groß für die zwergigen Körper. Sehr zierend ist auch die keulige, 1 cm lange blutrote Frucht.

M. zeilmanniana Böd. Eine der besten und blühwilligsten Anfängerarten. Einzeln bis wenig sprossend, kugelig, 5—6 cm Ø. 15—18 feine weiße, oft haarartige bis 1 cm lange Randstacheln, 4 rötlichbraune, bis 1 cm lange Mittelstacheln, der unterste hakig. Sehr zahlreiche, bis 2 cm große Blüten, deren Farbe von karminviolett bis purpurrosa variiert. Grünliche unscheinbare Früchte.

M. zephyranthoides Scheidw. (Abb. 208). Diese Pflanze fällt auf durch ihre sehr langen Warzen (2,5 cm). Die Areolen tragen bis zu 18 strahlig gestellte, feine weißliche Randstacheln und 1—2 bis zu 1,5 cm lange gelbliche bis braune hakige Mittelstacheln. Bis 4 cm lange und breite, weißliche bis gelbliche Blüte mit roten Mittelstreifen. Die Pflanze ist allgemein als *Mammillaria* bekannt und verbreitet, gehört aber zu *Dolichothele.*

M. zeyeriana Haage jun. (Abb. 205). Bis 10 cm große, matt blaugrüne Kugeln. Etwa 10 bis 1 cm lange, feine weiße Randstacheln und 4 bis zu 2,5 cm lange rubinrote bis nußbraune, später vergrauende Mittelstacheln. Blüte rötlichorange.

An pflegenswerten Mammillarien gibt es noch Hunderte; wir können aber hier nur wenige weitere benennen, z. B. *M. dumetorum* (Abb. 155), *M. erythrosperma* (Abb. 167), *M. formosa* (Abb. 164), *M. nunezii* (Abb. 184), *M. saetigera* (Abb. 190), *M. trichacantha* (Abb. 198), *M. zacatecasensis* (Abb. 203).

Abb. 193. *Mammillaria schiedeana*

Abb. 194. *Mammillaria seitziana*

Abb. 195. *Mammillaria spinosissima*

Abb. 196. *Mammillaria spinosissima*, Varietät mit Hakenstacheln

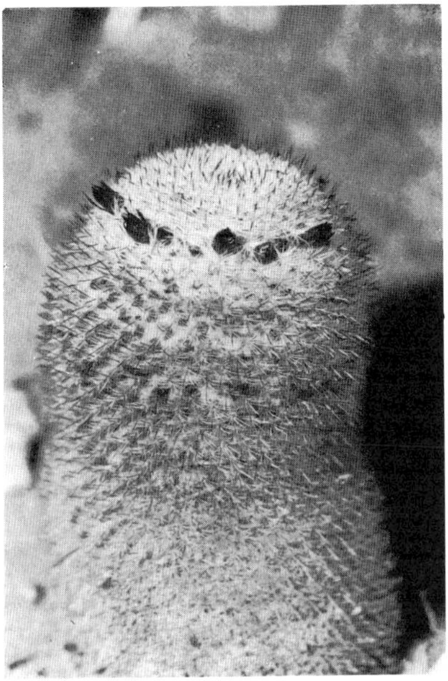

Abb. 197. *Mammillaria supertexta*

Abb. 198. *Mammillaria trichacantha*

Abb. 199. *Mammillaria viereckii*

Abb. 200. *Mammillaria viperina*

Abb. 201. *Mammillaria praelii*

Abb. 202. *Mammillaria verhaertiana*

Abb. 203. *Mammillaria zacatecasensis*

Mammillopsis Br. et R.
Mammillaria-ähnliche Kugelkakteen aus dem Hochgebirge in Nordmexiko mit orange- bis mennigroten, sehr langröhrigen Blüten in Scheitelnähe.

M. senilis (Lodd.) Web. (Farbb. 33). Herrliche, schneeweiße Kugeln von 6–7 cm ⌀, erst im Alter sprossend und länglich werdend. Bis zu 40 gelblichweiße bis schneeweiße, 8–14 mm lange Randstacheln und 5–6 von ihnen kaum unterscheidbare Mittelstacheln, der unterste jedoch bis 2 cm lang und hakig. Die Blüten sind bis 7 cm lang und bis 6 cm breit. Die rundliche Frucht ist rot. Diese schöne Art ist leider bei uns wenig blühwillig und gerade von gepfropften Exemplaren kann man kaum Blüten erwarten. Es empfiehlt sich, sie in fast rein mineralischer Erde zu kultivieren und nur zur Wachstumszeit genügend zu gießen. Im Winter hält man sie möglichst kühl. In der Heimat wächst sie nämlich in Höhen bis 3000 m und ist Frost und Schnee gewöhnt.

Mammilloydia Buxb.
Für die unter *Mammillaria* aufgeführten Arten *candida* (Abb. 209) und *ortiz-rubiona* (Abb. 179) von BUXBAUM neu aufgestelltes Genus.

Marenopuntia Backeb.
Wahrscheinlich unberechtigte Gattung für Opuntien aus Sonora (Mexiko) mit Rübenwurzeln.

Marginatocereus Backeb. (syn. *Stenocereus*).
Nachtblühende große Säulenkakteen aus Mexiko mit Borsten an der Blütenröhre.

M. marginatus (DC.) Backeb. Dunkelgraugrüne Säulen, die im Alter durch Verzweigung oft baumförmig werden. Bis 7 m hoch und bis 15 cm ⌀. Die Art ist bei den Liebhabern beliebt wegen ihrer oft völlig aneinandergerückten, kurzstacheligen, schneeweißen bis braunen Areolen, die wie Perlenketten auf den scharfen Kanten der Rippen herablaufen. Sie wächst sehr gut.

Marniera Backeb.
Ist als Untergattung von *Epiphyllum* zu betrachten.

Marshallocereus Backeb.
Gehört zu *Stenocereus*.

Matucana Br. et R.
Eine Gattung sehr schöner, im Alter zylindrisch werdender Kugelkakteen aus Peru mit zygomorphen, scheitelständigen, großen kahlröhrigen Blüten, in 2000 bis über 4000 m Meereshöhe wachsend.
Die Matucanas sind alle sehr wüchsig und blühwillig und stellen nach unserer Erfahrung keine besonderen Ansprüche. Sie blühen auch noch bei halbschattigem Stand und sind ohne Einschränkung sehr zu empfehlen.

M. aurantiaca = *Submatucana aurantiaca.*

M. comacephala Ritt. (Abb. 206). Bei 8 cm ⌀ anfangs kugelig, später langzylindrisch werdend. Etwa 25 Rippen. Bis zu 20 feinborstige Randstacheln von 1–5 cm Länge, 5–10 etwas stärkere Mittelstacheln; ein leicht nach oben gebogener Mittelstachel, alle Stacheln weiß bis rahmgelb und den Körper völlig verhüllend. Blüten rot und bis 5,5 cm lang. Eine sehr schöne Pflanze.

M. haynei (O.) Br. et R. Bis 30 cm hoch und bis 10 cm dick werdend. Etwa 30 nicht in Rand- und Mittelstacheln unterscheidbare weiße bis bräunliche, dunkel gespitzte Stacheln. 6–7 cm lange karmin- bis scharlachrote Blüte.

M. hystrix Rauh et Backeb. (Abb. 207). Ebensogroß wie die vorige Art. Weißliche, mehr oder weniger kammförmig gestellte Randstacheln, dunkelbrauner, schwarzgespitzter kräftiger Mittelstachel bis 5 cm lang. Blüte 7 cm lang, dunkelkarmin.

M. ritteri = Submatucana ritteri.

Mediocactus Br. et R.

Epiphytisch wachsende, hängende, meist 3kantige Cereen aus Südamerika. Ohne Bedeutung für den Liebhaber.

Mediolobivia Backeb.

Nordargentinische kleine Kugelkakteen, bei denen die Rippen ganz in Warzen aufgelöst sind. Die Blütenröhre ist behaart, der Griffel freistehend.

Alle Mediolobivien sind unempfindlich und wachsen und blühen auch bei halbschattigem Stand zuverlässig. Sie wünschen etwas humosere Erde und genügend Feuchtigkeit im Frühjahr und Sommer.

M. aureiflora Backeb. (Abb. 210). Gruppenbildend. Einzelköpfe bis zu 6 cm ∅, meist jedoch nur 4–5 cm. Bis zu 20 weiße, gelbliche oder bräunliche Borstenstacheln von 5 mm bis 3 cm variierend. Die schönen Blüten haben etwa 4 cm ∅ und sind hellgelb bis orange.

M. kesselringiana Cullm. (Abb. 211). Sprossend. Einzelköpfe etwa 5 cm ∅. Blaugrün mit braunviolettem Hauch. 14–18 Stacheln, die nicht in Rand- und Mittelstacheln zu unterscheiden sind, die unteren glashell, die oberen bräunlich, die längsten der oberen bis 1,5 cm lang. 4 cm große, kräftig rosarote Blüten mit fast weißem Schlund.

M. sarothroides Werd. (Abb. 212). Bleibt etwas kleiner. Hat 15–16 weiße borstenartige Randstacheln und 3–4 schneeweiße, bei manchen Exemplaren auch braune Mittelstacheln, die 2–3 cm lang werden und der Pflanze ein dicht borstiges Aussehen verleihen. Die 4 cm große Blüte ist hell feuerrot (nach WERDERMANN tief feuerrot).

Melocactus Link et Ott. (siehe auch Ergänzungen Seite 277)

Sehr interessante Kugelkakteen, deren Verbreitungsgebiet von Mittelamerika bis Peru und Brasilien reicht. Sie haben hohe ausgeprägte Rippen und meist starke Bestachelung. Wenn die Pflanze blühfähig wird, stellt sie das Wachstum des eigentlichen Pflanzenkörpers ein und bildet im Scheitel einen Wollschopf, also ein endständiges Cephalium aus Wollhaaren und Borsten, aus denen die winzigen, meist roten Blütchen kommen, die *Mammillaria*-Blüten stark ähneln. Den Blüten folgen später die keuligen, leuchtendroten schlanken Früchte von etwa 2 cm Länge. Das Cephalium wächst immer weiter in die Höhe und kann schließlich den Körper an Höhe mehrfach übertreffen.

M. maxonii (Rose) Gürke. (Abb. 213). Etwa 10 cm große dunkelgrüne Kugeln. Etwa 12 kantige Rippen. Bis 9 kräftige Randstacheln, ein leicht nach oben gebogener Mittelstachel, alle Stacheln rötlich bis bernsteingelb. Braunborstiges Cephalium. Kleine rosarote Blüten.

Abb. 204. *Mammillaria woodsii*

Abb. 205. *Mammillaria zeyeriana*

Abb. 206. *Matucana comacephala*

Abb. 207. *Matucana hystrix*

Abb. 208. *Dolichothele (Mammillaria) zephyranthoides*

Abb. 209. *Mammilloydia (Mammillaria) candida*

Abb. 210. *Mediolobivia aureiflora*

M. peruvianus Vpl. (Abb. 219). Kugeln bis 17 cm hoch und bis 15 cm breit. 12–14 Rippen. Bis zu 10 Randstacheln von 1–3 cm Länge und meist ein 2–4 cm langer Mittelstachel. Alle Stacheln sind rotbraun und stark. Das Cephalium erscheint durch die zahlreichen, kurzen roten Borsten fuchsrot gefärbt.

Die Melocacteen gelten allgemein als äußerst empfindlich und für den Anfänger ungeeignet. Das läßt sich von wurzelechten Pflanzen, die bei uns aus Samen gezogen wurden, jedoch nicht sagen. Im Gewächshaus und Glasbeet erweist sich die Art *peruvianus* jedenfalls als wüchsig und äußerst blühwillig. Es ist uns allerdings noch nicht gelungen, die winzigen, ganz im Cephalium versteckten Blütchen zu beobachten, doch bringen ältere Pflanzen mehrere Hundert Früchte pro Jahr und zwar vom Frühjahr bis zum Spätherbst. Mineralische Erde, volle Sonne und vorsichtige Wassergaben sind allerdings Voraussetzung für eine erfolgreiche Pflege, nicht aber warme Überwinterung nach unserer Erfahrung. Diese ist nur für frische, noch nicht eingewöhnte, Importe unerläßlich.

Micranthocereus Backeb.
Kleinbleibende, Cephalien bildende Säulenkakteen aus Brasilien mit sehr kleinen Blüten und Früchten. Diese ebenso wie *Coleocephalocereus* hauptsächlich in Bahia (Brasilien) beheimatete Gattung ist bis zu den jüngsten Reisen Buinings nahezu unbekannt geblieben. Jetzt wurde ebenfalls durch die Firma su-ka-flor in Wohlen (Schweiz) erstmals eine Anzahl Pflanzen importiert, und diese schönen, nur etwa 1 m hoch werdenden Säulen wurden demnach erst jetzt in Europa bekannt und der näheren Untersuchung zugänglich gemacht. Durch die Freundlichkeit Buinings ist es mir nun möglich in diesem Buch eine solche Seltenheit zu zeigen, und zwar die Aufnahme einer neu entdeckten Art, die den Namen

M. rufispinus Buin. (Abb. 214) erhalten soll. Sie trägt ein dichtes weißwolliges Pseudocephalium und lange fuchsrote Mittelstacheln. Die reichlich erscheinenden Blüten sind außen rot und innen gelb.

M. violaciflorus Buin. wurde bereits im Jahr 1969 in „Kakteen und andere Sukkulenten" S. 129 f. veröffentlicht. Bis 1 m hohe und 4 cm dicke Säulen mit 14 Rippen. Areolen mit weißlichen bis bräunlichen Haaren. Bis 25 cm strahlig stehende weiße bis hellbraune Randstacheln, 1 mehr oder weniger kräftiger bis 2,5 cm langer roter Mittelstachel. Das Pseudocephalium besteht aus dichter weißer bis bräunlicher Wolle und tritt oft in jährlichen ringförmigen Zonen auf. Die 2,3 cm langen Blüten sind außen violett, innen bläulichviolett.

Micropuntia Daston, gehört zu *Opuntia*.

Mila Br. et R.
Zwergige Säulenkakteen aus Mittelperu, wo sie von fast Meereshöhe bis zu einer Höhe von 3500 m vorkommen.

M. caespitosa Br. et R. (Abb. 215). 10–15 cm hoch und bis zu 3 cm dick werdend. Gruppenbildend. Meist 10 Rippen. 20 bis zu 1 cm lange weiße, gelblich bis bräunlich gespitzte Randstacheln. 1–3 Mittelstacheln, etwas länger und dunkelbraun gespitzt; etwa 3 cm große, gelbe bis rötlich-gelbe Blüten.

Mitrocereus Backeb.
Riesige verzweigte Säulenkakteen aus Mexiko, die aus einem scheitelständigen Borsten- und Filzschopf blühen.

Abb. 211. *Mediolobivia kesselringiana*

Abb. 212. *Mediolobivia sarothroides*

Abb. 213. *Melocactus maxonii*

Abb. 214. *Micranthocereus rufispinus*

Abb. 215. *Mila caespitosa*

Abb. 216. *Monvillea haageana*

Abb. 217. *Neobesseya similis*

Abb. 218. *Neochilenia esmeraldana*

Abb. 219. *Melocactus peruvianus*

Abb. 220. *Neochilenia ebenacantha*

Abb. 221. *Neochilenia malleolata*

Monvillea Br. et R.
Kletternde oder anlehnende Säulenkakteen aus dem nördlichen und mittleren Südamerika mit großen, weißen nächtlichen Blüten, deren Röhren große Schuppen, aber keine Haare oder Stacheln tragen.

Monvillea ist äußerst dankbar in der Kultur; alle Arten wachsen sehr stark und blühen sehr reich. Sie lieben reichlichere Feuchtigkeit im Sommer und vertragen auch Halbschatten. Leider sind sie für den kleinen Fensterpfleger wenig geeignet, weil sie zu viel Platz in Anspruch nehmen. Sie blühen bereits bei einer Höhe von 1. m.

M. haageana Backeb. (Abb. 216). Hellblaugrüne, 3–4 m lang und 4 cm dick werdende Triebe, sich verzweigend. 5–6 Rippen. 7 fast weiße, dunkel gespitzte Randstacheln von knapp 1 cm Länge. Meist ein dunkelbrauner bis 2 cm langer Mittelstachel. Die weißen, nächtlichen Blüten sind schlankröhrig und werden bis zu 23 cm lang und bis 15 cm breit.

M. spegazzinii (Web.) Br. et R. (syn. *M. marmorata*) 2–3 m lang und 1,5–2 m dick werdend. 4 Rippen, dunkelblaugrün marmorierte Epidermis. 3 schwarze, am Grunde stark verdickte, 4 mm lange Randstacheln. Später bis zu 5 Randstacheln und manchmal 1 Mittelstachel bis 1,5 cm lang. Blüten ebenfalls schlankröhrig, aber nur bis zu 12 cm lang.

Morawetzia Backeb.
Oreocereus-ähnliche Pflanzen, die an ihren keulig verdickten Enden ein aus Filz, Haaren und Borsten bestehendes Cephalium tragen, aus dem die roten zygomorphen Blüten kommen. Heimat: Mittelperu.

M. doelziana Backeb. Stark von unten verzweigend. Etwa 1 m hoch und bis zu 8 cm ⌀. Bis etwa 20 Stacheln, davon 4 über Kreuz stehende Mittelstacheln, deren längster bis zu 4 cm lang wird. Alle Stacheln gelblich- bis dunkelbraun. Die blaukarminroten Blüten sind bis 10 cm lang. Die Pflanze ist wüchsig, beansprucht aber ziemlich viel Platz.
Nach Buxbaum ist die Gattung wegen der gleichartigen Blüten zu *Oreocereus* zu ziehen.

Myrtillocactus Cons.
Baumartig wachsende Säulenkakteen aus Mexiko, Niederkalifornien und Guatemala mit kleinen, weißen Tagesblüten und heidelbeerartigen Früchten.

M. geometrizans (Mart.) Cons. Ist in unseren Sammlungen weit verbreitet, wird aber selten in größeren Exemplaren angetroffen. Bis zu 4 m hohe Bäume mit dichter Krone und kurzem Stamm; die schön hellblau bereiften Triebe erreichen bis zu 10 cm ⌀ und haben 5–6 scharfkantige Rippen. 5–9 meist nur wenige mm lange braune Randstacheln und ein fast schwarzer Mittelstachel, dessen Länge von 1–7 cm variieren kann. Etwa 2–3 cm große, grünlichweiße Blüten. Diese Art braucht zum freudigen Gedeihen reichlich Feuchtigkeit und viel Wärme, auch im Winter.

Navajoa Croiz.
Ist als Synonym oder Untergattung von *Toumeya* anzusehen.

Neoabbottia Br. et R.
Sehr große, baumförmige Cereen aus Haiti und der Dominikanischen Republik,

die wegen ihrer Größe und wegen ihres Wärmebedrüfnisses für den Liebhaber nicht in Betracht kommen.

Neobesseya Br. et R.
Langwarzige Kugelkakteen aus den westlichen USA bis Nordmexiko. Die Warzen tragen eine Furche auf ihrer Oberseite, aus der Blüten und Seitensprosse entstehen. Meist große gelbe oder rosa Blüten in Scheitelnähe.

N. similis (Engelm.) Br. et R. (Abb. 217). Dunkelgrüne Kugeln von 6–10 cm ∅. Lange *Mammillaria*-ähnliche Warzen. Weiße bräunlichgespitzte Stacheln. Bis 6 cm lange hellgelbe Blüte.

Neobinghamia Backeb.
Von Backeberg aufgestelltes Genus für mehr oder weniger weißwollige Säulenkakteen aus Peru. Sowohl ihrem Habitus nach wie auch nach ihren Standorten (nach Ritter durchwegs in Überschneidungsgebieten der Vorkommen von *Espostoa* und *Haageocereus*) handelt es sich um Naturhybriden zwischen den beiden genannten Gattungen. In den Muggensturmer Kakteenkulturen von Dr. Karius gingen unter Zehntausenden von *Esposto*sämlingen eine ganze Anzahl von Pflanzen auf, die *Neobinghamia* gleichen. Da die Samen durch Ritter von *Espostoa* geerntet wurden, spricht diese Tatsache für die Hybridnatur von *Neobinghamia.*

Neobuxbaumia Backeb.
Riesige Säulenkakteen aus Mexiko, die wegen ihrer Größe für den Liebhaber ohne Bedeutung sind.

N. polylopha (DC.) Backeb. Bis zu 13 m hohe und 30 cm dicke Säulen, die man häufig in sehr schönen Stücken in den Freiland-Kakteensammlungen der europäischen Mittelmeerküste stehen sieht. Die schönsten Exemplare stehen im „Jardin Exotique" in Monaco.

Neocardenasia Backeb.
Untergattung von *Neoraimondia,* die höhere Stämme bildet und bei der die Blütenröhre lang und dicht bestachelt ist.

Neochilenia Backeb.
Sehr dankbare und schöne chilenische Kugelkakteen mit meist schwarzen Körpern, bei denen die Rippen vielfach in Warzen aufgelöst sind. Aus dem Scheitel entstehende, behaarte, weittrichterige Blüten, die von den eng- und oft langröhrigen, nur mit spärlichem Filz versehenen Blüten der Gattung *Neoporteria,* bei denen die innersten Blütenblätter sich meist noch nach innen zusammenneigen oder aber senkrecht in die Höhe stehen, stark abweichen. Eine Zusammenfassung der beiden Gattungen erscheint uns deshalb unmöglich.
Die *Neochilenia*-Arten sind äußerst empfehlenswerte Liebhaberpflanzen, da sie keine besonderen Ansprüche stellen und selbst im Halbschatten noch willig wachsen und reich blühen. Ältere Pflanzen tragen oft ganze Blütensträuße im Scheitel.

N. aerocarpa (Ritt.) Backeb. (Farbb. 34). Ca. 6–8 cm hoch und 4–5 cm dick werdend. Rippen ganz in Warzen aufgelöst. 8–10 rötlichbraune bis dunkle Randstacheln und 1–2 schwärzliche, nach oben und unten zeigende Mittelstacheln, alle Stacheln nur 4–6 mm lang. Schöne, 5 cm lange und ebenso breite Blüte.

Petale seidig glänzend, kremrosa mit dunklerem rosa Mittelstreif. Griffel dick und von karminroter Farbe. Narben rosa.

N. esmeraldana (Ritt.) Backeb. (Abb. 218). Schwarzer Körper von etwa 5–7 cm Ø. Stark sprossend. Die Rippen völlig in Warzen aufgelöst. 10–14 nicht deutlich in Rand- und Mittelstacheln unterschiedene, schwärzliche Stacheln von nur 2–3 mm Länge. Blüte seidig, weiß, leicht gelblich und rötlich getönt, 4,5 cm lang und ebenso breit. Griffel rosa. Narben weiß.

N. jussieui (Monv.) Backeb. (Abb. 222). Etwa 12 cm hoch und 7 cm dick werdend. Fast schwarzer Körper mit bis zu 16 gehöckerten Rippen. 7–14 bräunliche, etwa 1 cm lange Randstacheln. 1–2 bräunliche bis schwarze, 2–2,5 cm lange Mittelstacheln. Bis 4 cm große, schmutzigrosa Blüte.

N. malleolata (Ritt.) Backeb. (Abb. 221). Graugrüne Körper von 4–5 cm Ø, sprossend. Die Rippen sind ganz in Höcker aufgelöst. Die Areolen tragen starken weißen Filz. Die vorhandenen Stachelchen sind winzig klein. Die etwa 4 cm große Blüte ist bräunlich bis rötlich gelb.

N. napina (Phil.) Backeb. Dunkelgrau bis schwärzlichgrün mit langer Rübenwurzel. Bis 10 cm hoch und 5 cm dick werdend. Etwa 14 Rippen, die in starke Höcker aufgeteilt sind. Bis zu 9 anliegende, schwärzliche, nur wenige mm lange Randstacheln. 3–4 cm große, kremgelbe Blüte. Hierzu die stärker bestachelte var. *spinosior* (Abb. 223).

N. paucicostata (Ritt.) Backeb. (Abb. 242). Vielleicht die schönste Neochilenia mit hellblaugrauem Körper, breitkugelig, 8–10 Rippen; 5–8 Randstacheln und 1–4 Mittelstacheln, alle anfangs schwarz, später vergrauend und 2–4 cm lang; Blüte 3,5 cm lang und breit, rötlichweiß.

N. reichei siehe *Reicheocactus,* da unter diesem Namen allgemein bekannt.

N. taltalensis (Hutch.) Backeb. Bis 8 cm große, meist pechschwarze Kugeln. 14 kinnartig gehöckerte Rippen. Bis zu 12 bräunliche Randstacheln und einige schwärzliche Mittelstacheln. 3–4 cm große Blüte von purpurrosa bis blaßgelb variierend. Letztere Farbspielart, die var. *flaviflora,* zeigt Abb. 224.
Weitere schöne Neochilenias sind *N. ebenacantha* (Abb. 220) und die Varietäten der angeführten Arten (Abb. 225).

Neodawsonia Backeb.
Untergattung von *Cephalocereus,* bei der das scheitelständige Cephalium vom Neutrieb durchwachsen wird und dann als Wollring die Pflanze umgibt.

Neogomesia Castan.
*Ariocarpus*ähnliche Pflanzen aus Mexiko (Tamaulipas). Bis zu 4 cm lange Warzen, bei denen die großen Areolen seltsamerweise nicht an der Spitze der Warzen, sondern bereits etwa 1 cm davor auf deren Oberseite sitzen Diese Verschiebung der Warzenspitze rechtfertigt nicht die Aufstellung eines Genus bei sonst gleichartigen Blüten. Die Gattung ist deshalb zu *Ariocarpus* zu stellen.

Neolloydia Br. et R.
Kleine, schön bestachelte und großblütige Kugelkakteen aus Mexiko bis Texas USA mit weitlaufenden Faserwurzeln und Warzen ähnlich *Mammillaria.* Die Warzen tragen oberhalb der Areolen eine Furche. Die Blüten erscheinen aus jüngsten Areolen im Scheitel.

Abb. 222. *Neochilenia jussieui*

Abb. 223. *Neochilenia napina* var. *spinosior*

Abb. 224. *Neochilenia taltalensis* var. *flaviflora*

Abb. 225. *Neochilenia* var. nova Fr. 803?

Abb. 226. *Neolloydia knuthiana*

Abb. 227. *Neoporteria castaneoides*

Abb. 228. *Neoporteria gerocephala (N. multicolor)*, schwarzstachelige Form

Abb. 229. *Neoporteria gerocephala (N. multicolor)*, weißstachelige Form

Die *Neolloydia* will sonnigen, heißen Stand und vorsichtige Bewässerung. Als Erde gibt man einen hohen Bimskiesanteil von etwa 50 %. Im Winter hält man sie am besten kühl und völlig trocken.

N. grandiflora (O.) Berg. 8–10 cm hoch und 4 cm ⌀. Wenige sprossend. Axillen weißwollig. Die großen, weißfilzigen Areolen tragen 16–20 weiße 4–6 mm lange Randstacheln, von denen die obersten dunkel gespitzt sind, normalerweise keine Mittelstacheln. Sehr schöne etwa 3,5 cm große dunkelpurpurrosa Blüte.

N. knuthiana (Böd.) Backeb. (Abb. 226). Einzeln wachsend oder sprossend. Kugelig bis 6 cm ⌀. 18–20 weiße oder gelblichweiße, etwa 8 mm lange Randstacheln und 1 gleichfarbiger, 1 cm langer Mittelstachel. Blüten 2,5–3 cm ⌀, lilarosa.

N. viereckii (Werd.) Backeb., einfach oder wenig sprossend, kugelig bis kurz zylindrisch, 5–7 cm ⌀; Scheitel dicht weißwollig; etwa 20 glasigweiße 1 cm lange Randstacheln, 4 bis zu 3 cm lange unten weiße, oben dunkle, schwarz gespitzte Mittelstacheln; 2–2,5 cm große lilarosa Blüte.

Neoporteria Br. et R.
Kugelige, im Alter zylindrische, nicht sehr groß werdende Pflanzen aus Chile und Nordargentinien, die aus einer Areole mehrere Blüten zu bringen vermögen. Die Blütenröhre ist lang und zylindrisch, die inneren Blütenblätter stehen meist senkrecht oder nach innen zusammengeneigt. Blütenröhre und Fruchtknoten fast kahl. Blüte im Scheitel entstehend.
Die Neoporterien sind durch ihre schöne Bestachelung zu empfehlen. In mineralischer Erde und bei hellem Stand wachsen und blühen sie zufriedenstellend.

N. gerocephala Y. Ito (syn. *N. senilis, N. multicolor*) (Abb. 228, 229, 230, 231), die schönste *Neoporteria.* Kugeln bis zu 10 cm ⌀. Etwa 25 Randstacheln und 1–6 Mittelstacheln. Alle Stacheln weich und unregelmäßig gebogen und ineinander verflochten, 2–5 cm lang, den Körper wirr und dicht verhüllend. Die Stachelfarbe variiert von reinem Weiß über Gelb und Braun bis zu reinem Schwarz. Die auffallenden Blüten werden bis zu 6 cm lang und etwa 2,5 cm breit, sind sehr schlankröhrig und hellkarminrot.

N. nigrihorrida Backeb. Bis etwa 10 cm ⌀ erreichend, 16–18 Rippen. Etwa 16–15 mm lange Randstacheln und 6–7 starke, bis 3 cm lange Mittelstacheln. Alle Stacheln schwarz. 4 cm lange, hellkarminrote Blüte.

N. planiceps Ritt. (Abb. 234). Die größte bekannte *Neoporteria,* die bis zu 40 cm ⌀ erreichen kann. Die Pflanze fällt durch ihre zahlreichen, wirr verbogenen, haarartigen Stacheln von weißer bis bräunlicher Farbe auf. Die nur 3 cm lange Blüte ist karminrot.

N. wagenknechtii Ritt. (Abb. 236). Bis zu 11 cm dicke schwärzlich graugrüne Kugeln, die im Alter länglich werden. 11–17 Rippen. Bis zu 20 weißliche bis hellbräunliche Randstacheln und 3–6 bis 3 cm lange dunkelbraune Mittelstacheln. Blüte wenig über 2 cm lang, hellpurpur.

N. villosa (Monv.) Berg. Etwa 15 cm hoch und 8 cm dick. 13–15 Rippen. Mehr als 20 hellgelbe, hellbraune oder graue feine Randstacheln von 1–2 cm Länge und etwa 4 dunklere, bis 3 cm lange, etwas stärkere Mittelstacheln. 2–2,5 cm lange, blaßrosa bis weiße Blüte.

Abb. 230. *Neoporteria gerocephala (N. multicolor)*

Abb. 231. *Neoporteria gerocephala (N. senilis)*

Abb. 232. *Neoporteria nidus*

Abb. 233. *Neoporteria occulta*

Ferner seien genannt *N. castaneoides* (Abb. 227), *N. nidus* (Abb. 232), *N. occulta* (Abb. 233), *N. subgibbosa* (Abb. 235).

Neoraimondia Br. et R.
Gewaltige, vom Boden aus verzweigte Kandelaber aus dem pazifischen Peru, bis zu 10 m hoch werdend. Bis 25 cm lange Stacheln. Die Blüten erscheinen aus verdickten Areolen. Die Verdickung kann sich zu zylindrischen, bis 5 cm langen Gebilden entwickeln.

Neowerdermannia Fric
Kugelkakteen aus Bolivien, Nordargentinien und Nordchile mit großer Rübenwurzel, bis 4000 m hoch in den Anden vorkommend mit kleinen, weißen kahlen Blüten und winzigen Früchten.

N. vorwerkii Fric (Abb. 237). Körper flachrund, über 7 cm breit werdend. 16 in Höcker aufgelöste Rippen. Etwa 10 meist 1,5 cm lange Stacheln, davon ein 1–4 cm langer, oft hakiger Mittelstachel. Die weiße Blüte nur 2–2,5 cm groß.

Nopalea Salm-Dyck.
Buschige bis baumförmige, Glochiden tragende Pflanzen aus Mittelamerika, die zur Gattung *Opuntia* zu stellen sind.

Nopalxochia Br. et R.
Epiphytische Blattkakteen aus Mexiko. Die Gattung gehört wahrscheinlich zu *Epiphyllum*.

Normanbokea Klad. et F. Buxb.
Neue Gattung für die als *Pelecyphora valdeziana* Möller und *Solisia pseudopectinata* weit verbreiteten Pflanzen.

Notocactus Berg.
Gruppe südbrasilianischer bis nordargentinischer Kugelkakteen die uns eine große Anzahl gutwachsender und willig blühender Anfängerkakteen gibt.
Die Gattung ist besonders empfehlenswert, weil alle Arten auch schon ohne Blüten schön sind. Sie blühen schon als kleine Pflanzen von etwa 3 cm größe mit ihren großen, schönen Blüten, selbst wenn man nur Halbschatten für sie zur Verfügung hat. Sie lieben nahrhaften humosen Boden und während der Vegetationszeit gleichbleibende leichte Feuchtigkeit.

N. apricus (Ar.) Berg. Kugelig, wenig sprossend, 15–20 Rippen. Stacheln im Neutrieb rotgelb, 18–20 borstenartige Randstacheln bis zu 1 cm Länge. 4 stärkere und dunklere, unregelmäßig gebogene Mittelstacheln von 2–3 cm Länge. Bis 8 cm lange und bis 6 cm breite, gelbe Blüten.

N. concinnus (Monv.) Berg. Flachkugelig, 6–10 cm breit und etwa halb so hoch. Scheitel unbestachelt. Bis zu 18 Rippen. 10–12 borstige, bis 7 mm lange, gelbe Randstacheln und 4 übers Kreuz stehende, dunkelgelbe bis bräunliche Mittelstacheln, davon der unterste bis über 2 cm lang und schräg nach abwärts gebogen. 7 cm lange und 4–5 cm breite, hellgelbe Blüte.

N. floricomus (Ar.) Berg. (Abb. 238). Kugelig und im Alter säulig werdend. Bis zu 13 cm ⌀. 20 weißliche, bis rötliche 5–10 mm lange Randstacheln und 4–5, bis zu 2,5 cm lange, kräftige Mittelstacheln von gelblicher bis rötlicher Farbe. Bis 6 cm lange und 5 cm breite, gelbe Blüten.

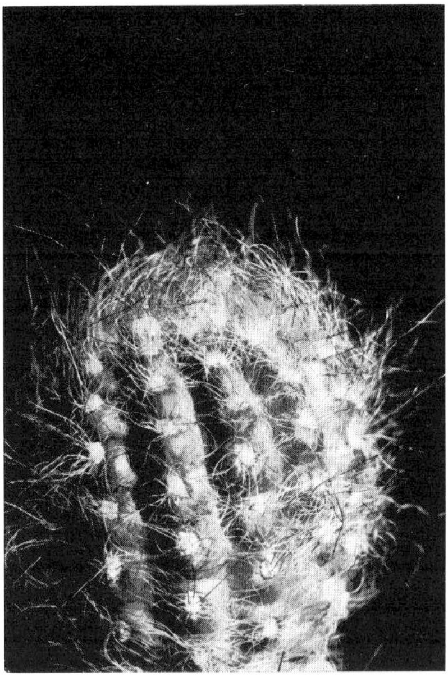

Abb. 234. *Neoporteria planiceps*

Abb. 235. *Neoporteria subgibbosa*

Abb. 236. *Neoporteria wagenknechtii*

Abb. 237. *Neowerdermannia vorwerkii*

N. leninghausii Haage jun. (syn. *Eriocactus leninghausii* Backeb.). Säulig wachsend, bei 10 cm ⌀ bis zu 1 m hoch werdend. Auffallend ist der schräge Scheitel. Bis zu 30 Rippen. 15 dünne hellgelbe Randstacheln, 3–4 goldgelbe borstige, verbogene Mittelstacheln. 5 cm breite reingelbe Blüte.

N. ottonis (Lehm.) Berg. (Abb. 243). Sehr variable, meist kräftige grüne Art. Meist 5–6 cm. Vereinzelt bis 11 cm ⌀. 6–12 Rippen. 8–10 kurze, gelbe Randstacheln. Meist 3–4 braune, 1–2,5 cm lange Mittelstacheln. Bis 6 cm lange und etwa 4 cm breite, dunkelgelbe Blüte.

N. scopa (Spreng.) Berg. Kugelig bis zylindrisch wachsende, ganz dicht und fein bestachelte Säulen, die bis 25 cm hoch und bis 10 cm dick werden können. Am schönsten ist var. *ruberrima* (Abb. 240, 241) mit ihren bis zu 40 schneeweißen, bis 7 mm langen Randstacheln und den 3–4, bis 1 cm langen kräftigeren, blaßroten bis tief rubinroten Mittelstacheln. Die hellgelben Blüten werden bis 4 cm lang und breit.

N. submammulosus (Lem.) Backeb. (Abb. 246). Kugelig, einzeln, etwa 6–9 cm ⌀. Ca. 16 Rippen, die in kinnartige Höcker zerlegt sind, zwischen denen die Areolen sitzen. Ca. 6 durchschnittlich 1 cm lange Randstacheln und 2 bis zu 2 cm lange abgeflachte, schräg nach oben und unten gerichtete Mittelstacheln, alle Stacheln gelblichweiß. Blüte hellgelb und ca. 4 cm lang und breit.

N. uebelmannianus Buin. (Abb. 244). Eine erst in den letzten Jahren gefundene interessante Art, denn die bis 17 cm ⌀ erreichenden, glänzend dunkelgrünen Pflanzen mit ihren dicken abgerundeten Rippen könnte man eher für ein *Gymnocalycium* halten. Die bis 5 cm breiten Blüten kommen in weinroten und in blutroten, helleren und dunkleren Farbtönen vor. Eine sehr wertvolle Bereicherung unserer Sammlungen, deren Import wir der Firma su-ka-flor in Wohlen zu danken haben.

Weitere Notocacteen sind *N. mammulosus* (Abb. 239), *N. mueller-melchersii*, *N. rutilans* (Abb. 245), *N. velenowskii* (Abb. 247).

Nyctocereus (Berg.) Br. et R.

Aufrechte oder anlehnende und überhängende, verzweigte, schlanke Säulenkakteen aus Mexiko und dem übrigen Mittelamerika (var. Abb. 248). Ist sehr wärmebedürftig, blüht daher nur im Gewächshaus gut. Er verträgt Halbschatten.

N. serpentinus (Lag. et Rodr.) Br. et R. Triebe bis 3 m lang und 2–5 cm dick, 10 bis 13 Rippen. Etwa 12 helle, manchmal dunkel gespitzte, 1–3 cm lange, dünne Stacheln; 15–20 cm lange nächtliche Blüte. Die äußersten Blütenblätter sind rötlichgrün, die mittleren rosa, die innersten weiß.

Obregonia Fric

Eigentümliche, flache Kugelkakteen aus dem mexikanischen Staat Tamaulipas. Einzige bekannte Art ist:

O. denegrii Fric (Abb. 257). Graugrün, 10–12 cm breit. Schuppenartige, fast dreieckige Warzen, an deren Spitze die Areolen sitzen. 2–4 schwache, 1–1,5 cm lange, verbogene hellbräunliche Stacheln. Die etwa 2 cm breiten, weißlichen bis blaßrosa Blüten entstehen aus den Areolen in Scheitelnähe und sind kahlröhrig. Diese interessante Pflanze ist leider sehr emfindlich. Sie verlangt mineralische Erde und halbschattigen Stand. In voller Sonne vertrocknet sie.

Abb. 238. *Notocactus floricomus*

Abb. 239. *Notocactus mammulosus*

Abb. 240. *Notocactus scopa*
var. *ruberrima* mit Knospen

Abb. 241. *Notocactus scopa*
var. *ruberrima*

Abb. 242. *Neochilenia paucicostata* (rechts), *Mammillaria (Solisia) pectinata* (links)

Abb. 243. *Notocactus ottonis*

Abb. 244. *Notocactus uebelmannianus*

Oehmea Buxb.
Mammillaria-ähnliche Pflanzen mit großen, gelben, trichterförmigen Blüten, deren Röhre mit dem Griffel auf ihre ganze Länge verwachsen ist.

O. nelsonii (Br. et R.) Buxb. Sprossend. Etwa 6–7 cm Ø. Axillen schwachwollig. 13–15 feine weiße Randstacheln von bis zu 8 mm Länge und 4 bis zu 1 cm lange dunkle hakige Mittelstacheln; die 3–4 cm breite Blüte erscheint aus den Axillen. Die Pflanze braucht mineralischen Boden. Am besten entwickelt sie sich gepfropft. Bei voller Besonnung entwickelt sich eine dichte Bestachelung, in der man die Pflanze für eine *Parodia* halten könnte.

Opuntia Mill.
Eine Kakteengattung von ungeheurer Vielfalt und Verbreitung von Kanada über den ganzen Doppelkontinent hinweg bis nach Patagonien im südlichsten Südamerika. Zu ihr gehören Zwergkakteen mit nur wenigen cm Größe ebenso wie umfangreiche Büsche und Bäume, Pflanzen mit flachen Trieben und wie solche mit kugeligen oder zylindrischen Gliedern. Die Pflanzen sind meist in einzelne Glieder unterteilt. Besonderes Kennzeichen der Gattung sind die allen Arten gemeinsamen, im Kapitel über die Morphologie der Kakteen bereits näher beschriebenen Glochiden und die röhrenlosen Blüten, deren Fruchtknoten deutlichen Sproßcharakter trägt und auch tatsächlich aus seinen Areolen sowohl Sprosse als auch weitere Blüten zu entwickeln vermag. Unter der sehr großen Zahl der Arten aus allen Klimagebieten finden sich natürlich auch eine ganze Anzahl von kleiner bleibenden Arten, die wegen ihrer schönen Körper oder ihrer Bestachelung oder auch wegen ihrer schönen Blüten dem Liebhaber empfohlen werden können. Beim Umgang mit allen ist aber größte Vorsicht geboten, weil die heimtückischen winzigen Glochiden äußerst leicht in die Haut eindringen und infolge ihrer Kleinheit kaum zu sehen und nur schwierig zu entfernen sind. Man fasse Opuntien also nie mit der bloßen Hand an.
Die Pflanzen sind in der Kultur sehr dankbar, sie sind dekorativ und zum Teil auch willige Blüher. Der einzige Nachteil für den Liebhaber ist, daß sie leicht zu groß werden und mit ihren breiten, flachen Gliedern zu viel Platz beanspruchen und den anderen Arten der Sammlung Licht wegnehmen. Man kultiviert sie deshalb am besten nicht frei ausgepflanzt, sondern in Töpfen. Sie bleiben dann kleiner. Man gibt ihnen mineralische Erde mit viel Lehm und heißen, sonnigen Stand. Besonders erwähnen wollen wir noch die winterharten Freilandopuntien, die leicht zu kultivieren sind, wenn man einen sonnigen Platz im Garten zur Verfügung hat. Sie brauchen dabei unbedingt einen gut durchlässigen Boden, der keine Nässe stehen läßt. Am besten schafft man sich einen Hügel oder Abhang, den man mit Kies grundiert. Auf den Kies gibt man zunächst grobe, dann feinere Steine und erst darüber eine mineralische Erdschicht von nur wenigen cm Dicke. Im Winter deckt man die Pflanzen am besten mit Tannen- oder Fichtenzweigen ab. Man wird dann bald ein reiches Blühen erleben. Für diese Freilandkultur kommen alle Opuntienarten aus dem gemäßigten bis kältesten Nordamerika in Betracht sowie die den Opuntien verwandte Gattung *Maihuenia* aus Patagonien. An Freilandopuntienarten seien genannt *O. camanchica, O. fragilis, O. polyacantha, O. rafinesquei, O. rhodantha, O. xanthostemma.*

O. albata n. n. (Abb. 249). Eine gültige Beschreibung der Art konnte nicht festgestellt werden. Diese zierlich schneeweiß bestachelte, kleinbleibende *Opuntia*

Abb. 245. *Notocactus rutilans*

Abb. 246. *Notocactus submammulosus*

Abb. 247. *Notocactus velenowskii*

Abb. 248. *Nyctocereus serpentinus* var.

Abb. 249. *Opuntia albata* hort.

Abb. 250. *Opuntia invicta*

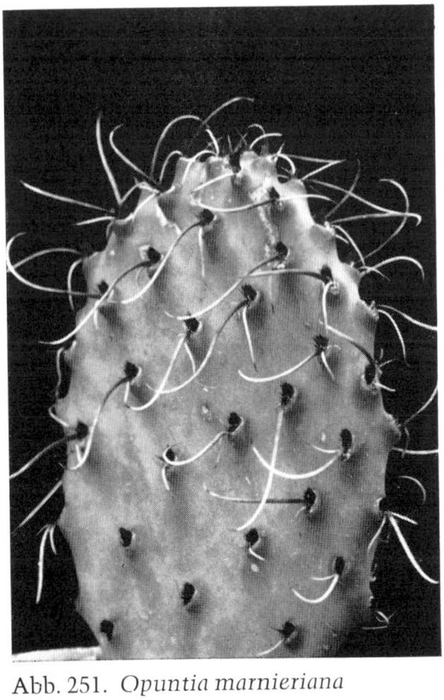
Abb. 251. *Opuntia marnieriana*

Abb. 252. *Opuntia microdasys*

ist erst seit kurzer Zeit in den europäischen Sammlungen aufgetaucht. Die Einzelglieder werden nur 3–5 cm groß. Das ungewöhnliche an dieser Art ist, daß sie nicht die der Gattung *Opuntia* sonst eigenen üblen Glochiden besitzt, die sich in die Haut einbohren und sofort von der Pflanze abbrechen. Die winzigen Stachelchen sind vielmehr geschmeidig, und man kann mit der Hand über die Pflanze streichen wie über zarten Samt. Die Blüte ist hellgelb. Erst künftige eingehende Untersuchungen können zeigen, ob es sich vielleicht um eine Mutation der allgemein bekannten weißen Varietät der *Opuntia microdasys* (Lehm.) Pfeiff. handeln kann.

O. azurea Rose var. *macrocentra* Engelm. Südwestliche USA und Mexiko. Länglichrunde Glieder von 10–20 cm ⌀. Blaugrün und oft lila oder rötlich überlaufen mit meist nur winzigen Stachelchen aus der Mehrzahl der Areolen und mit einem bis 8 cm langen, geraden, schwarzen violettgetönten oder rotbraunen, oft weiß gespitzten Mittelstachel nur aus den obersten Areolen am Triebende. Die herrliche Blüte ist feuerfarben, gelb mit rot geflammt (Farbb. 37) und etwa 6 cm breit, sie erscheint willig schon bei 3gliedrigen Pflanzen.

O. basilaris Eng. et Brig. Aus den südwestlichen USA. 12–20 cm lange, bläulichgraue, oft lila getönte Glieder. Areolen ohne Stacheln, dicht mit rotbraunen Glochiden besetzt. 6 cm breite purpurrosa Blüten; die Blüten erscheinen leider selten. Die var. *cordata* Fobe hat herzförmige Blätter.

O. bergeriana Web. Unbekannter Herkunft, ist äußerst blühwillig. Sie kann im Kübel gezogen werden und blüht im Sommer im Freien stehend mit Sicherheit. Etwas verzweigt, 1–2 m hoch werdend. Einzelglieder 10–25 cm lang und 5–10 cm breit. Stacheln 1–4 cm lang. Die bis 6 cm breite Blüte ist zwischen ziegelrot und rosenholzfarben.

O. invicta (Brand.) Knuth (Abb. 250). Verzweigt Kurzzylindrische Einzelkörper. Die jungen Stacheln von leuchtendem Karminrot.

O. johnsonii. Kleinbleibend. Die ovalen Glieder etwa 8 cm lang und 5–6 cm breit. Wenige, bis zu 1 cm lange Randstacheln und 1–2 bis zu 3 cm lange Mittelstacheln, alle Stacheln weiß. Eine Eigentümlichkeit der Art liegt darin, daß der Fruchtknoten der 2–2,5 cm großen, leuchtend mennigroten Blüte vollständig in den Trieb eingesenkt liegt, und zwar bei uns nicht nur die jeweils ersten Blüten des Jahres, wie HUTCHISON festgestellt hat, sondern sämtliche Blüten. Blüht bereits als ganz junge Pflanze.

O. marnieriana Backeb. (Abb. 251). Bis zu 18 cm lange und 14 cm breite, blau bis graugrüne Triebe, meist 2–3 cm lange, rotbraune, verbogene und gedrehte Mittelstacheln und einige kleine Nebenstacheln. Schon junge Pflanzen bringen zuverlässig ihre 2–3 cm großen, orangefarbigen Blüten.

O. microdasys (Lehm.) Pfeiff. (Abb. 252). Eine der beliebtesten Opuntien aus Mexiko mit meist länglichrunden, 10–15 cm langen Gliedern. Die stachellosen Areolen stehen sehr eng beisammen und tragen dichte Büschel von gelben Glochiden, bei var. *rufida* Schum. rotbraunen und bei var. *albispina* Fobe weißen Glochiden. Die blaßgelbe, bis zu 5 cm große Blüte wirkt unscheinbar.

O. pycnantha Eng. var. *margaritana* Coult. Gehört zu den schönsten Opuntien. Die Glieder werden 10–20 cm lang und bis zu 15 cm breit und sind dicht mit Areolen besetzt, die rote Glochiden und rötlichen Filz, sowie bis zu 10 weiße, bis

Abb. 253. *Opuntia ursina*

Abb. 254. *Oreocereus hendriksenianus*

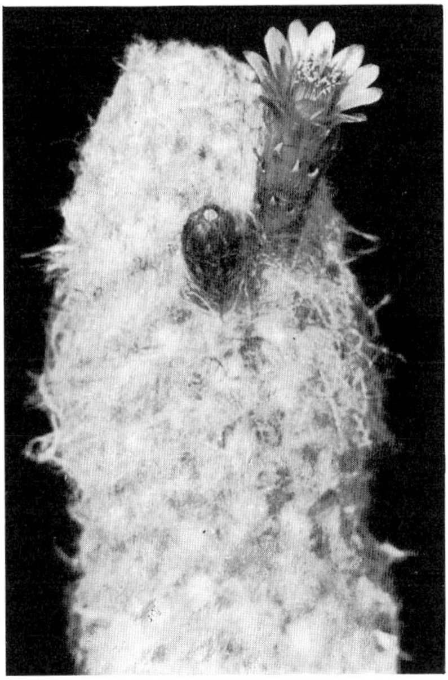

Abb. 255. *Oreocereus ritteri*

Abb. 256. *Oroya borchersii*

Abb. 257. *Obregonia denegrii*

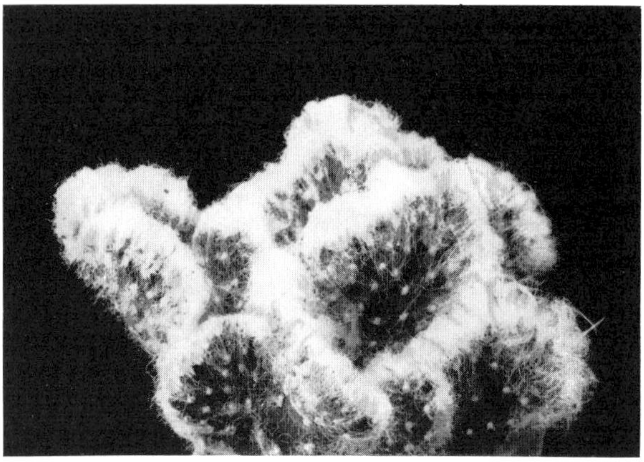

Abb. 258. *Opuntia vestita*

Abb. 259. *Oroya peruviana*

rötliche 5—11 mm lange Stacheln tragen, von denen die meisten schräg nach unten gerichtet sind. Die Blüten erscheinen willig. Sie sind etwa 4 cm breit und hellgelb.

O. rufida Eng. (syn. *O. herrfeldtii* Kupper). Kreisrunde Glieder von meist etwa 15 cm ⌀, graugrün. Große rotbraune Areolen. Etwa 5 cm lange und 4 cm breite rötlichgelbe Blüten, die leider nur selten erscheinen. Heimat südwestliche USA und Nordmexiko.

O. scheeri Web. Zählt zu den schönsten Opuntien, wird aber für den Durchschnittsliebhaber leider zu groß. Die ovalen Glieder sind blaugrün und bis zu 30 cm lang. Die zahlreichen Areolen tragen bräunlichen Filz und Glochiden, bis zu 12 gelbe Stacheln und zahlreiche ineinander verflochtene gelbe und weiße Borstenhaare. Blüte blaßgelb und etwa 10 cm breit. Heimat: Mexiko (Queretaro).

O. ursina Web. (Abb. 253). Gehört infolge ihres dichten, langen weißen Borstenkleids ebenfalls zu den schönsten Opuntien. Sie bleibt bei etwa 10 cm Gliedlänge noch in erträglichen Maßen. Es soll gelb, orange und rosa blühende Formen geben. Die Pflanze ist vielleicht eine Form oder Varietät von *O. hystricina* Engelm. et Big.

O. vestita (SD) Backeb. (Abb. 258). Rasenförmig, in der Heimat fast kugelig. Bei uns 20—40 cm lang und 2 cm dick werdende Einzelbetriebe mit schöner weißer Behaarung. Die 3—3,5 cm großen violettroten Blüten sind außerordentlich selten.

Oreocereus (Berg.) Ricc.

Herrliche, meist stark behaarte Säulen aus den Hochlanden Südperus, Boliviens, Nordchiles und Nordargentiniens, wo sie in Höhen bis über 4000 m über dem Meere vorkommen.

Die Oreocereen gehören unstreitig zu den schönsten Cereen überhaupt, sind aber leider für den Zimmerpfleger schlecht geeignet. Im Cereenkasten im Garten und im Gewächshaus dagegen wachsen sie wurzelecht ausgezeichnet. Der Höhenlage ihrer Herkunft entsprechend wollen sie starke Sonnenbestrahlung und im Sommer wie im Winter einen fühlbaren Temperaturunterschied zwischen Tag und Nacht. Während die Nachttemperatur ohne weiteres auf 0 °C absinken darf, muß sie am Nachmittag wieder auf mindestens 12—15 °C steigen. Man gibt nicht zuviel Humus in die Erde, um ein mastiges Wachstum zu verhindern. Reichliches Sprühen am Abend ersetzt ihnen im Sommer den nächtlichen Tau ihrer Bergheimat. Nächtliche Trockenheit im Sommer läßt sie kümmern.

O. celsianus (Lem.) Ricc. Bis zu 1 m hoch und durchschnittlich 10 cm ⌀, meist vom Grunde verzweigend. 10—17 Rippen. Etwa 9, bis 2 cm lange Randstacheln und 1—4 starke, bis 8 cm lange Mittelstacheln, alle Stacheln gelblich bis rotbräunlich. Bis zu 5 cm lange, meist weiße, manchmal aber auch bräunliche Haare. Blüte seitlich in Scheitelnähe, zygomorph, 7—9 cm lang und etwa 3 cm breit, schmutzigrosa.

O. hendriksenianus Backeb. (Abb. 254). Dichte Gruppen bildend, ebenfalls bis etwa 1 m hoch mit ca. 10 Rippen. Bis etwa 9, etwa 1,5 cm lange Randstacheln und kräftige, bei manchen Exemplaren bis zu 13 cm lange, hornfarbige bis dunkelbraune Mittelstacheln, sowie reichlich lange Wollhaare aus dem Scheitel von weißer, gelblicher, rotbrauner bis schwarzer Farbe, die aber bald ausbleicht. Die 7 cm lange Blüte ist karminrot.

O. ritteri Cullm. (Abb. 255). Der nördlichste *Oreocereus*. Bis zu 2 m lange und 10 cm dicke, im Alter halbniederliegende Triebe bildend, die dicht schneeweiß behaart sind. Die Blüte ist die schönste des Genus, sie ist karmin bis karminviolett und kann bis 11 cm lang und 5 cm breit werden.

O. trollii (Kupp.). Backeb. Die kleinste Art, Gruppen von etwa 10 cm starken, meist unter 50 cm hoch werdenden Säulen, die von dichter weißer bis 7 cm langer Wolle völlig verhüllt sind. Aus der Wolle ragen gelbe, rötliche oder braune, starke Mittelstacheln. Die Blüte ist rosa bis karmin und etwa 4 cm lang bei oft nur 1 cm Breite.

Oroya Br. et R.
Kugelkakteen aus Zentralperu, wo sie in Höhen von 3500 bis über 4000 m vorkommen. Für die Pflege gilt das gleiche wie bei *Oreocereus*.

O. borchersii (Böd.) Backeb. (Abb. 256). Bis zu 20 cm breit werdend, der Körper durch dichte gelbe bis fuchsrote Stacheln ganz eingehüllt. Die Blüten sind zitronengelb bis gelblichgrün und kleiner als bei *O. peruviana*. Diese Art ist auch nicht so blühwillig.

O. peruviana (Schum.) Br. et R. (Abb. 259). Flachkugelig. Dunkel- bis bläulichgrün, bis zu 14 cm ⌀. Bis zu 21 Rippen. 15—20 Stacheln, davon 1—4 Mittelstacheln, alle rötlich- bis schwarzbraun und bis zu 2 cm lang. Blüte aus dem Scheitel und etwa 2—2,5 cm breit. Blütenblätter hellkarmin bis zinnoberrot, am Grunde weißlich bis zitronengelb. Sehr reich blühend.

Ortegocactus Alex.
Die Gattung wurde 1961 von ALEXANDER (Cactus & Sukkulent Journal) aufgestellt für kleine *Coryphantha*-ähnliche Pflanzen, die nicht wie *Coryphantha* aus einer Furche oberhalb der Warzen, sondern aus den Axillen blühen. Man wird die Gattung etwa zwischen *Coryphantha* und *Mammillaria* stehend annehmen müssen. Bekannt wurde nur eine Art, nämlich

O. macdougallii Alex. 3—4 cm große graugrüne Körper mit verhältnismäßig großen Höckerwarzen wie bei *Coryphantha*. 1 Mittelstachel von etwa 5 mm Länge und 7—8 Randstacheln von 0,5—1 cm Länge. Alle Stacheln schwarz oder weißlich mit schwarzer Spitze. Blüte gelb und 2—3 cm lang. Dunkelrote, schwach behaarte länglich-kugelige Frucht.

Pachycereus (Berg.) Br. et R.
Riesige baumförmige Säulenkakteen aus Mexiko, die wegen ihrer Größe keinen Liebhaberwert besitzen (z. B. *P. pringlei* [Wats.] Br. et R.). Um einen Eindruck von diesen Riesen zu vermitteln, wird im Bild der über 10 m hohe *Pachycereus weberi* (Coult.) Backeb. gezeigt, der durch seine weißbereiften Triebe besonders auffällt. Herr R. HÖSSLINGER, Nürnberg, stellte freundlicherweise das von ihm auf einer seiner Mexikoreisen aufgenommene Foto zur Verfügung (Abb. 260).

Parodia Spegg. (siehe auch Ergänzung Seite 277)
Sehr schön und farbig bestachelte Kugelkakteen aus Südbrasilien, Bolivien, Paraguay und Nordargentinien, die nicht zu groß werden und sehr leicht mit verhältnismäßig großen Blüten aus dem Scheitel blühen, und zwar schon als ganz junge Pflanzen.

Abb. 260. *Pachycereus weberi*

Abb. 261. *Parodia brevihamata*

Abb. 262. *Parodia chrysacanthion*

Abb. 263. *Parodia maxima*

Die Parodien gehören zu den schönsten Kugelkakteen, auch wenn sie nicht blühen, durch ihre besonders schöne Bestachelung. Sie sind dabei so blühwillig, daß ältere Pflanzen meist ganze Blütensträuße im Scheitel tragen. Sie wachsen wurzelecht sehr gut, nur *P. nivosa* ist etwas empfindlicher. Man gibt ihnen Lehmerde mit etwas Humus und vermeide sowohl längeres Trockenstehen wie auch starke Nässe.

P. aureispina Backeb. Körper bis etwa 6,5 cm ⌀. Rippen ganz in Höcker aufgelöst. Etwa 40 feine weiße Randstacheln und 6 goldgelbe bis 1,5 cm lange Mittelstacheln, von denen der unterste hakig ist. Die etwa 3 cm breite Blüte ist goldgelb.

P. brevihamata W. Haage (Abb. 261). Zwergige Art von etwa 3–4 cm ⌀. Zierliche, ganz kurze rote bis schwärzliche Hakenstacheln und goldgelbe 2 cm große Blüten.

P. chrysacanthion (Schum.) Backeb. (Abb. 262). Kugeln von etwa 10 cm ⌀, im Alter länglich. Etwa 24 in Höcker aufgelöste Rippen, Scheitel von dicker gelblicher Wolle bedeckt. Zahlreiche feine goldgelbe Stacheln, die längsten bis zu 2,5 cm lang. Gelbe, nur 1–2 cm weit sich öffnende Blüten.

P. culpinensis Ritt. Eine, wie (Abb. 276) zeigt, sehr schön bestachelte Art mit fast schwarzer Epidermis und im Anfang tiefschwarzen Stacheln. Die Blüten sind karmin- bis blutrot. Steht *P. maassii* nahe.

P. maassii (Heese). Berg. Stärker und lockerer bestachelte, größer werdende Art, bis zu 20 cm hoch und bis 15 cm breit. 13–21 Rippen. 8–15 bis zu 1 cm lange gelbe, weißliche oder bräunliche Randstacheln und 4 starke bis zu 4 cm lange hakige Mittelstacheln gleicher Farbe. Es gibt auch dunkel bis fast schwarz bestachelte Pflanzen. Die etwa 3–4 cm großen Blüten sind ziegelrot bis lachsfarbig.

P. mairanana Card. (Farbb. 36). Olivgraugrüne Kugeln von 5 cm ⌀. 9–14 anliegende, 3–12 mm lange Randstacheln, 1 gebogener bis hakiger 2 cm langer Mittelstachel, alle Stacheln hellbraun. Blüten 3,5 cm ⌀, goldgelb bis orangegelb.

P. maxima Ritt. (Abb. 263). Bis über 20 cm dicke Körper mit dichter, gewundener weißer bis blaß bräunlicher Bestachelung. Einzelne der längsten Stacheln können 11 cm erreichen. Die rote Blüte wird bis 4 cm groß.

P. mutabilis Backeb. Kugeln von etwa 8 cm ⌀. Rippen völlig in Warzen aufgelöst. Dicht bestachelt. Etwa 50 haarfeine weiße Randstacheln und 4 z. T. hakige gelbe, fleischfarbige oder rotbraune Mittelstacheln. Gelbe bis 4 cm breite Blüte.

P. nivosa (Fric) Backeb. Schneeweiße, dicht bestachelte Art bis zu 15 cm hoch und 8 cm ⌀. Scheitel dicht weißwollig. Zahlreiche weiße, feine Randstacheln und 4 kräftigere, ebenfalls weiße, bis zu 2 cm lange Mittelstacheln. Hellblutrote Blüte etwa 4 cm breit.

P. penicillata Fechs. et Steeg (Farbb. 38). Bis 12 cm dicke Kugel, lang und dicht weiß bis gelb bestachelt. Blüte orange bis zinnoberrot.

P. rauschii Backeb. (Abb. 264). Kugelig bis 15 cm ⌀. Bis 25 weißliche oder gelbliche Randstacheln und 6 gelbe bis braune Mittelstacheln, 1 davon langhakig und abwärts gerichtet (bis 10 cm). Orangefarbene bis rote Blüte.

Abb. 264. *Parodia rauschii*

Abb. 265. *Parodia ritteri*

Abb. 266. *Parodia rubida*

Abb. 267. *Parodia sanguiniflora*

P. ritteri Buin. (Abb. 265). Bis 10 cm ⌀ erreichend und im Alter zylindrisch werdend. 10–14 gerade, halb abstehende Randstacheln und 1–4 leicht gebogene Mittelstacheln; Stacheln anfangs rosa mit weißem Grund, später weißlich und rot gepunktet. 3,25 cm große Blüte, blutrot bis bräunlichrot.

P. rubida Ritt. (Abb. 266). Bis 16 cm ⌀. 12–16 weißliche Randstacheln und 3–6 braunschwarze gebogene Mittelstacheln. Karminrote Blüte, die nach dem Blütenrand zu bräunlichgelb wird.

P. saint-pieana Backeb. (Abb. 277). Sehr zierliche Erscheinung unter den Parodien. Körper 4–6 cm ⌀, hellgrün, stark sprossend. Die zahlreichen Rippen sind in kleine Wärzchen aufgelöst. Ganz kurze feine, gelbliche bis bräunliche Stacheln. Blüte 2–2,5 cm groß, rein gelb.

P. sanguiniflora Fric ex Backeb. (Abb. 267). Bis etwa 8 cm große Kugeln mit völlig in Warzen aufgelösten Rippen; etwa 15 feine weiße Randstacheln und 4 rote bis bräunliche bis zu 2 cm lange Mittelstacheln, von denen der unterste hakig ist. Die Blüte ist 3–4 cm breit und variiert von gelblichrot über blutrot nach karminrot.

P. schwebsiana (Werd.) Backeb. (Abb. 268). Bis 12 cm hoch und bis 7 cm dick werdend. 13–20 Rippen. Etwa 10 kurze, gelbliche bis bräunliche Randstacheln, bis zu 4 gleichfarbige Mittelstacheln, der unterste stark nach unten gebogen und gehakt, bis 2 cm lang. Die bis zu 2,5 cm große Blüte ist leuchtend blutrot und hebt sich von dem weißwolligen Scheitel auffallend ab.

P. suprema Ritt. (Abb. 269). Blau- bis schwarzgrüne Körper. Stark gelbbraun bis fast schwarz bestachelt. Scharlachrote Blüten. Man wird diese Pflanze wohl als Varietät zu *P. maassii* stellen müssen.

Pediocactus Br. et R.
In Gebirgslagen der südwestlichen USA vorkommende Kugelkakteen, die als Liebhaberpflanze nur eine geringe Rolle spielen. z. B.

P. simpsonii (Engelm.) Br. et R. Körper bis zu 15 cm ⌀. Bis 25 weiße oder kremfarbene Randstacheln und 5–8 bis zu 2,5 cm lange, teilweise gebogene braune Mittelstacheln. 2–3 cm breite gelbliche, rosa oder weiße Blüten. Die Art scheint nach Größe und Farben besonders stark zu variieren.

Peireskia (Plum. 1703) Mill. (syn. *Pereskia* Mill.).
Primitivste Gattung der Familie und damit interessant. Die Peireskien gleichen noch den Laubgehölzen, sie haben holzige Zweige und bilden richtige Blätter aus, die in den meisten Fällen jährlich während der Ruhezeit abfallen. Sie tragen aber bereits richtige Areolen, ohne Glochiden, jedoch mit Stacheln. Sie wachsen teils als aufrechte Sträucher oder Bäume, teils als Kettersträucher und kommen im tropischen Amerika vor. *Peireskia* ist unempfindlich und wächst in jedem nahrhaften Boden gut. Sie wird deshalb sehr häufig als Pfropfunterlage für Weihnachts- und Osterkakteen verwendet.

Peireskia, ebenso wie die nachstehende *Peireskiopsis,* gehören zu den wenigen Kakteen, die auch eine mäßige alkalische Bodenreaktion, bis zu etwa pH 8, vertragen. Bei beiden ist, wie schon eine oberflächliche Betrachtung zeigt, die Sukkulenz nur sehr wenig ausgeprägt, denn diese dünnen, mehr oder weniger holzigen Stämmchen können nicht viel Wasser zurückhalten. So wenig sie na-

Abb. 268. *Parodia schwebsiana*

Abb. 269. *Parodia suprema*

Abb. 270. *Peireskia aculeata* var. *godseffiana*

Abb. 271. *Pelecyphora asseliformis*

türlich auch dauernde Nässe vertragen würden, so sehr muß man jedoch auf regelmäßiges, aber mäßiges Gießen achten, denn längere Trockenheit vertragen sie genau so wenig.

P. aculeata (Plum.) Mill. Bildet kletternde und überhängende Triebe bis 10 m Länge mit bis 9 cm langen und bis 4 cm breiten Blättern und meist 3 kräftigen, bis 2 cm langen Stacheln. Die bis zu 4,5 cm breiten Blüten stehen in Büscheln und sind weiß, blaßgelb oder blaßrosa. Schön ist var. *godseffiana* (Sand.) Knuth (Abb. 270) mit purpurroten Blattunterseiten.

Peireskiopsis Br. et R. (syn. *Pereskiopsis* Br. et R.)
Der vorstehenden Gattung ähnliche Pflanzen, die aber nicht mit *Peireskia* näher verwandt sind, sondern der Gattung *Opuntia* nahestehen. Sie tragen zwar ebenfalls richtige Blätter, haben aber ebenso wie die Opuntien Glochiden auf den Areolen und besitzen außerdem ähnliche Blüten wie *Opuntia.*

Peireskiopsis ist wüchsig und braucht nur genügend Feuchtigkeit während der Vegetationszeit. Sie ist eine ausgezeichnete Unterlage für Sämlingspfropfungen. Sämlinge wachsen auf dieser Unterlage etwa 3mal so schnell wie auf eigenen Wurzeln.

P. velutina Rose. Bildet Büsche von etwa 1,20 m Höhe, Triebe von etwa 1 cm ∅. Die Areolen tragen weiße Haare, wenige weiße, meist nur einige mm lange, höchstens bis 1 cm lange Stacheln und winzige Glochiden. Blätter dunkelgrün und samtig, 2–6 cm lang, 1,5–2,5 cm breit. Blüte gelb, 1–2 cm groß.

Pelecyphora Ehrenb.
Kleine kugel- bis keulenförmige Pflanzen aus San Luis Potosi (Mexiko). Keine erkennbaren Rippen, sondern nur Warzen, deren Areolen kurze Stacheln in ausgeprägt pektinater (kammförmiger) Anordnung tragen. Blüten aus dem Scheitel.
P. asseliformis Ehrenb. (Abb. 271). Bis zu 10 cm hoch und 5,5 cm dick werdend. Graugrün. Die Bestachelung hat ein asselartiges Aussehen. Die Blüte ist etwa 3 cm breit, trichterig und karminviolett.

P. valdeziana Möll. (Abb. 272). Eine Pflanze, die nicht zu *Pelecyphora* gehört, hier aber unter ihrem üblichen Namen aufgeführt wird. Etwa 2,5 cm ∅. Länglich kugelig mit dicker Rübenwurzel. Rippen in Warzen aufgelöst. Ca. 30 glasigweiße 1–2 mm lange, ziemlich in einer Ebene stehende Stacheln. Hellviolette, etwa 2 cm große, aus dem Scheitel entstehende Blüten, die auf einem Stiel sitzen. S. unter *Normanbokea.*

Peniocereus (Berg.) Br. et R.
Aus dem Norden Mexikos und dem Südwesten der USA stammende *Wilcoxia*-ähnliche Gattung mit bis über 3 m hohen, ganz dünnen holzigen Trieben, schwacher, meist anliegender Bestachelung, mächtigen Wurzelrüben und nächtlichen weißen Blüten.

P. greggii (Eng.). Br. et R. Triebe bis höchstens 2,5 cm ∅ und bis 3 m Länge, 3–6kantig. Kleine schwärzliche, stechende Stacheln. Bis zu 20 cm lange, weiße schlankröhrige Blüte. Riesige Rübenwurzel bis zu 60 cm ∅ und bis über 60 kg Gewicht.

Peruvocereus Akers = *Haageocereus* oder Untergattung von *Haageocereus.*

Abb. 272. *Normanbokea (Pelecyphora) valdeziana*

Abb. 273. *Pfeiffera erecta*

Abb. 274. *Cephalocereus (Pilosocereus) houlletii*

Abb. 275. *Echinopsis (Pseudolobivia) ancistrophora*

Abb. 276. *Parodia culpinensis*

Abb. 277. *Parodia saint-pieana*

Abb. 278. *Echinopsis (Pseudolobivia) aurea*

Pfeiffera Salm-Dyck.
Kleine Säulen aus Argentinien und Bolivien mit kleinen, seitlichen, ganz kurzröhrigen Blüten, die durch einen verhältnismäßig großen kantigen und eckigen Fruchtknoten auffallen.

P. gracilis Ritt. Von liegendem Wuchs. Bleistiftstarke, bis 60 cm weit kriechende Triebe mit 5–7 Rippen und feiner borstenartiger, weißlicher bis hellbräunlicher Bestachelung. Weiße Blüten etwa 1 cm groß. Früchte kugelig von 8–9 mm ∅, ebenfalls mattweiß. Die Samen keimen z. T. schon in der Frucht.

P. ianthothele (Monv.) Web. Strauchig. Bis 50 cm lang und bis 2 cm dicke Einzelglieder. Meist 4 Rippen. 6–7 kaum 0,5 cm lange, feine, gelbliche Borstenstacheln. Bis 1,5 cm breite, weißliche Blüte.

Ferner der Neufund *P. erecta* Ritt. (Abb. 273).

Phellosperma Br. et R. Gehört zu *Mammillaria.*

Philippicereus Backeb.
Ist wohl eine Untergattung von *Eulychnia.*

Phyllocactus Lk. Ist ein Synonym zu *Epiphyllum.*

Pilocanthus Bens et Backeb.
Untergattung von *Pediocactus* aus Arizona.
P. paradinei Bens et Backeb. Breitkugelig, wenig sprossend, 3–4 cm hoch bei 6–8 cm ∅. Bis 15 cm lange Rübenwurzel. Keine Rippen, sondern nur zylindrische Warzen. Rand- und Mittelstacheln kaum unterscheidbar, im ganzen bis zu 26 Stacheln, alle haarartig dünn und weiß, einzelne bis zu 7 cm Länge erreichend. Blüte aus dem Trieb des Vorjahres, breit geöffnet und fast röhrenlos. Bis 2,5 cm breit, kremweiß, die inneren Blütenblätter mit rosa Mittelstreif. Die Pflanze ist durch die langen Haarstacheln sehr schön. Sie wächst am besten gepfropft.

Pilocereus Lem. s. unter *Pilosocereus.*

Pilocopiapoa Ritt.
für diejenigen *Copiapoa*-Arten, die an Fruchtknoten und Röhre Haare besitzen, hat RITTER dieses Genus aufgestellt. Er erscheint mir zweifelhaft, ob dieser Unterschied die Bildung eines neuen Genus rechtfertigt. Die Behandlung als Subgenus ist wohl vorzuziehen.

Pilosocereus Byl. et Rowl.
Säulenkakteen aus dem tropischen Amerika von Florida bis Nordperu und bis in die Gegend von Rio de Janeiro. Die Blüten der Gattung entspringen einem Pseudocephalium, also einer Haar- und Wollzone, die sich erst nachträglich aus vorher normalen Areolen und aus der Stielzone der Blüten entwickelt.
Alle Pilosocereen sind infolge ihrer tropischen Heimat sehr wärmebedürftig und gedeihen nur gut, wenn sie auch im Winter tagsüber etwa 20 °C und nachts 10 °C erhalten. Dann wachsen sie allerdings sehr schnell und blühen leicht im Gewächshaus.
Die langjährigen Untersuchungen BUXBAUMS ergaben inzwischen, daß die Gattung *Pilocereus/Pilosocereus* Pflanzengruppen verschiedener Entwicklungslinien mit sehr unterschiedlichen Merkmalen umfaßt, demgemäß also nicht aufrechterhalten werden kann. Die bisherigen Pilo(so)cereen gehören in die Gattungen

Austrocephalocereus, Cephalocereus, Praecereus und *Pseudopilocereus.* Bei manchen Arten steht allerdings noch nicht fest, wohin sie einzureihen sind, denn bei einer Reihe von Arten sind die Beschreibungen völlig unzureichend, und es dauert oft sehr viele Jahre, bis es gelingt, Blüten für eine Untersuchung zu beschaffen.

P. chrysacanthus (Web.) Byl. et Rowl. Bis 5 m hohe und etwa 10 cm dicke, von unten verzweigende Säulen, im Neutrieb blaugrün. 9—12 Rippen. Etwa 7 goldgelbe Stacheln von 2–4 cm Länge, nicht deutlich in Rand- und Mittelstacheln unterschieden. Etwa 2—3 cm lange, feine seidige weiße Wolle, die sich in der Blühzone stark verdichtet und verlängert. Etwa 4 cm große trichterige, blaßrosa bis weißliche Blüte. Gehört jetzt zu *Cephalocereus* und heißt richtig *Cephalocereus chrysacanthus* (Web.) Br. et R.

P. palmeri (Rose) Byl. et Rowl. Blaugrüne Säulen bis zu 6 m hoch und bis zu 10 cm dick. 7—9 Rippen. 8—12 dünne, bräunliche Stacheln, 2—3 cm lang, und dichte, weiße Wollmassen von 4—5 cm Länge in der Blühzone. Blüte rosa bis purpur und etwa 6 cm lang und 4 cm breit. Einer der schönsten Säulenkakteen. Die Pflanze heißt jetzt richtig *Cephalocereus palmeri* Rose. Mit *P. palmeri* wird oft

P. houlletii (Abb. 274) verwechselt, der aber im Gegensatz zu *palmeri* aus dem Scheitel blüht und nur im Scheitel seine Wollmassen bildet. Nun richtig *Cephalocereus houlletii* Lem. Kurz erwähnt seien noch

P. glaucescens (Lab.) Byl. et Rowl. und

P. glaucochrous (Werd.) Byl. et Rowl. wegen ihrer prächtigen hellblauen Bereifung. Beide Arten gehören zur Gattung *Pseudopilocereus* und müssen jetzt heißen *Pseudopilocereus glaucescens* (Lab.) F. Buxb. und *Pseudopilocereus glaucochrous* (Werd.) F. Buxb.

Piptanthocereus = *Cereus.*

Polaskia Backeb.
Baumförmig wachsende Pflanzen aus Mexiko (Puebla) mit eigenartigen kremweißen Blüten, deren Hüllblätter nach unten umgeschlagen sind.

Porfiria Boed.
Gehört als Untergattung zu *Mammillaria.*

Praecereus F. Buxb.
Eine neue Gattung für die kurz- und dickblütigen „Monvillea"-Arten. Verzweigte Säulenkakteen von mehreren Metern Höhe, eine Vorstufe zu der ebenfalls neuen Gattung *Pseudopilocereus.* Die Leitart ist *P. smithianus* (Br. et R.) Buxb.

Pseudoespostoa Backeb.
Ist ein Synonym zu *Espostoa,* von Backeberg aufgestellt für die sich am Boden verzweigenden kleineren Espostoas. Die von Backeberg aufgeführten Unterschiede in der Cephalienbildung beruhen auf Irrtum.

Pseudolobivia Backeb.
Ist als Untergattung zu *Echinopsis* zu stellen. Es handelt sich um tagblühende und meist kurzröhrige Echinopsen. Die Untergattung bringt uns eine ganze An-

zahl ausgezeichneter Liebhaberpflanzen, die nicht nur gut wachsen, sondern auch zuverlässig ihre sehr großen, schönen Blüten in weißen, gelben, rosa und roten Farbtönen entwickeln. Heimat: Nordargentinien und Ostbolivien. Die Pseudolobivien wollen humushaltigen Boden und stets leichte Feuchtigkeit von Frühjahr bis Herbst.

P. ancistrophora (Speg.) Backeb. (Abb. 275). Flachrunde, glänzend dunkelgrüne Körper von bis 8 cm ⌀. 15–16 Rippen. Bis zu 9 etwa 1,5 cm lange weißliche Randstacheln, 1 hakiger bis 2 cm langer hellbräunlicher Mittelstachel. 12 cm lange weiße Blüte.

P. aurea (Br. et R.) Backeb. (Abb. 278). Kugelig bis kurz zylindrisch. Bis zu 10 cm hoch und bis etwa 7 cm ⌀. 14–15 Rippen. Etwa 10 Randstacheln bis 1 cm lang. Meist nur ein stärkerer 2–3 cm langer Mittelstachel, manchmal auch bis zu 4. Randstacheln heller braun, Mittelstacheln dunkler bis schwarz. Etwa 8 cm breite hellgelbe bis dunkelgelbe, flach sich öffnende Blüten.

P. kermesina Krainz. Kugelig. Bis etwa 15 cm ⌀. Glänzend grün. 15–25 Rippen. 11–16, bis 12 mm lange, rötlichgelbe Randstacheln und 4–6 bis 2,5 cm lange, etwas dunklere Mittelstacheln. Die karminrote Blüte ist 15–18 cm lang und 8 bis 9 cm breit.

P. kratochviliana Backeb. (Abb. 282). Flachkugelig. Bis 6 cm ⌀ und bis 5 cm Höhe. 18 Rippen. Etwa 12 weißliche Randstacheln bis zu 1,5 cm lang und 1–4 dunklere, 2–5 cm lange, gebogene oder leicht hakige Mittelstacheln. Die verhältnismäßig kurzröhrige Blüte ist bis 6 cm breit und rein weiß.

P. obrepanda (Salm-Dyck) Backeb. Flachkugelig und etwa 10 cm breit werdend. 17–18 scharfkantige Rippen, die durch Schrägfurchen in beilartige Höcker zerlegt sind. 7–11 weiße bis bräunliche Randstacheln von 1 cm Länge. Sehr häufig ohne Mittelstacheln oder mit 1–3 Mittelstacheln, die 1–3 cm, ausnahmsweise bis 5 cm lang werden können. Die Stacheln sind fast alle leicht gebogen. Die große, weiße Blüte kann bis 20 cm lang werden bei 12–18 cm Breite.

Pseudomammillaria Buxb.
Mammillaria-ähnliche Pflanzen mit langen Wurzeln, die der Gattung *Dolichothele* nahestehen, aber wesentlich kleinere Blüten besitzen. Die Blütenröhre bildet nicht wie bei der *Dolichothele* mit dem Griffel eine feste Säule. Die Pflanzen wachsen gut in jeder Erde und haben wegen ihrer verbogenen, miteinander verflochtenen Stacheln den Namen Vogelnestkaktus.

P. camptotricha (Dams) Buxb. (Abb. 283). Stark sprossend und größere Schuppen bildend, einzelne Köpfe 5–7 cm ⌀. Schlanke bis 2 cm lange Warzen. Axillen mit wenig Wolle und 2–5 gelblichen, 10–15 mm langen Borsten. Meist 7 gelbe, bis über 4 cm lange, unregelmäßige Randstacheln. Kein Mittelstachel. Etwa 1,5 bis 2 cm lange, wenig öffnende weiße Blüte. Heimat: Queretaro in Mexiko.

Pseudomitrocereus Bravo et Buxb.
Sehr große Säulenkakteen Mexikos, die für den Liebhaber ohne Bedeutung sind.

Pseudopilocereus F. Buxb. (siehe auch Ergänzung Seite 277)
Siehe auch unter *Pilosocereus*. (Abb. 284). Die neue Gattung *Pseudopilocereus* wurde für einen Teil der brasilianischen „Pilo"- bzw. „Pilosocereen" neu aufgestellt. Sie umfaßt kleine bis sehr große, zum Teil bereifte Säulenkakteen. Auch

Abb. 279. *Pyrrhocactus strausianus*

Abb. 280. *Pyrrhocactus umadeave*

Abb. 281. *Rebutia marsoneri*

bei teilweiser äußerer Verschiedenheit der Blüten ist deren innerer Bau sehr einheitlich. Die Blüten entspringen jeweils in Scheitelnähe aus sehr filzigen oder wollhaarigen Areolen oder aus Pseudocephalien. Z. B. der bereits unter *Pilosocereus* aufgeführte.

P. glaucochrous (Werd.) F. Buxb., der hier noch kurz beschrieben sei: Bis 4 m hohe und 7 cm dicke, prächtig blau bereifte Säulen. Gelbliche Bestachelung, blühbare Areolen mit weißer Wolle und 3 cm langen weißen Haaren. 5,5 cm lange rosa Blüten.

Pseudorhipsalis Br. et R.
Rhipsalis-ähnliche Pflanzen, hauptsächlich aus Jamaica. Mit dünnen Trieben epiphytisch wachsend, seitlich erscheinende Blüten mit kurzer Röhre.

Pseudozygocactus = syn. *Hatiora.*

Pterocactus Schum.
Opuntia-ähnliche, kleine Pflanzen aus Argentinien mit Rübenwurzeln und endständigen Blüten.

Pterocereus Mac Doug. et Mir.
Hohe, nachtblühende Säulenkakteen aus Mexiko, ohne Bedeutung für den Liebhaber.

Pygmaeocereus Johns. et Backeb.
Ist als Synonym von *Arthrocereus* anzusehen.

Pygmaeolobivia Backeberg = *Digitorebutia.*

Pyrrhocactus Berg. em. Backeb.
Gattung argentinischer Kugelkakteen, die man als Untergattung zu *Neochilenia* stellen könnte. Die Blüten sind glockig, die starken Stacheln meist nach aufwärts gebogen.

P. strausianus (K. Sch.) Berg. (Abb. 279). Schwärzliche Kugeln von 9 cm Ø. Bis zu 13 höckerige Rippen. Bis zu 20 starke, im Neutrieb schwarze, später grau oder bräunlich werdende Stacheln. Kurze trichterige, blaßgelbe Blüten mit leicht bewollter Röhre.

P. umadeave (Fric.) Backeb. (Abb. 280). Mattgrüne Kugeln von 10 cm Ø. Bis zu 18 Rippen. Bis zu 35 starre stechende, nach oben gebogene 3–4 cm lange Stacheln, die den Körper ganz verdecken. Stacheln von weißlich bis fast schwarz variierend. Blaßgelbe, 3,5 cm große Blüte.

Quiabentia Br. et R.
Zylindrische *Opuntia*-ähnliche Pflanzen aus Südbrasilien, Ostbolivien und Nordargentinien, jedoch ohne Glochiden an den Areolen der Triebe. Die Blüten sind endständig.

Rapicactus Buxb. et Oehme.
Schöne *Neolloydia*-ähnliche Pflanze, deren keulenförmiger Sproß durch einen ca. 10 cm langen dünnen Stiel mit der dicken Wurzelknolle verbunden ist.

R. subterraneus (Backeb.) Buxb. et Oehme (Abb. 285). Bis 10 cm lang und 3 bis 4 cm breit, das Verbindungsstück zur Wurzelknolle nur 2–4 mm stark. Läng-

Abb. 282. *Echinopsis (Pseudolobivia) kratochviliana*

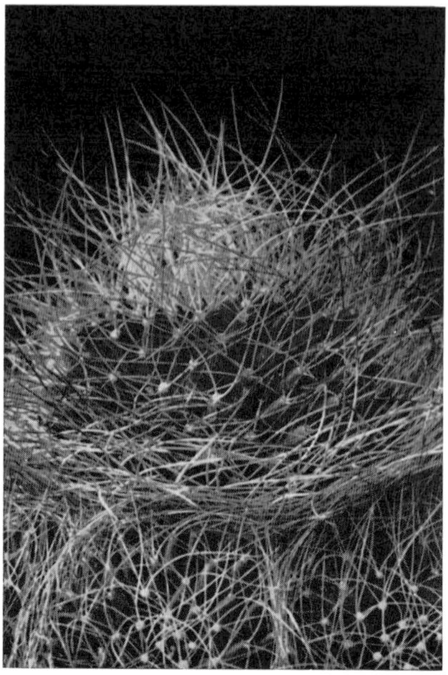

Abb. 283. *Pseudomammillaria camptotricha*

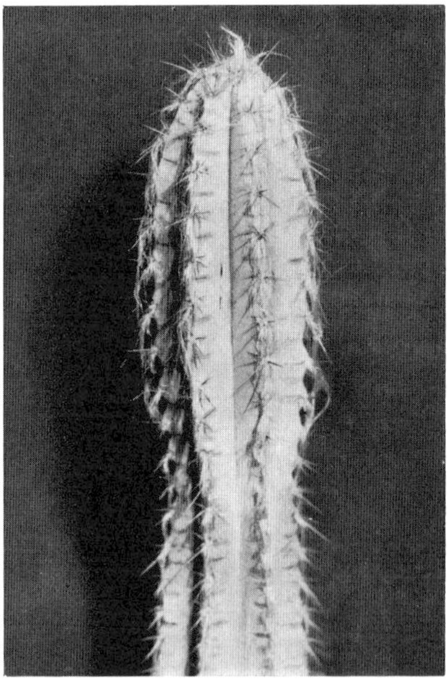

Abb. 284. *Pseudopilocereus glaucochrous*

Abb. 285. *Rapicactus subterraneus*

liche Warzen. Etwa 16 weiße 2–6 mm lange Randstacheln, 2 schwärzliche bis 2 cm lange Mittelstacheln. Schöne scheitelständige, 3 cm breite, hellviolette Blüte. Die Pflanze ist wurzelecht sehr schwierig, selbst unter günstigsten Gewächshausbedingungen. Gepfropft dagegen wächst sie sehr gut, sproßt und blüht reichlich.

Rathbunia Br. et R.
Strauchige, tagblühende Säulenkakteen aus Mexiko mit schlanken Blüten, schuppigen Röhren, teils aktinomorph, teils leicht zygomorph. Staubfäden weit herausragend.

Rauhocereus Backeb.
Nordperuanische, verzweigt wachsende, bis 4 m hohe Säulenkakteen. Die Rippen durch Furchen in Höcker unterteilt. Dicht beschuppte weiße nächtliche Blüten.

Rebutia Schum.
Ist die dankbarste Kakteengattung überhaupt. Die kugeligen warzentragenden Pflanzen sind so klein, daß sie in jeder Sammlung ein Plätzchen finden können und sie blühen im Frühjahr, oft auch noch ein zweites Mal im Herbst, so reich, daß man sie nicht mehr missen möchte. Ihre Heimat ist Nordargentinien und die benachbarten Grenzgebiete von Bolivien. Sämtliche Rebutien wachsen und blühen auch unter ungünstigen Bedingungen. Wir hatten sie schon in reinem Sand, in Bimskies und in reinem Humus stehen und überall blühten sie, auch im Schatten. Am besten allerdings gedeihen sie in nahrhafter Durchschnittskakteenerde bei genügend Feuchtigkeit und bei höherer Luftfeuchtigkeit. Nur bei dauerndem Trockenstehen im Sommer und bei hoher Lufttrockenheit kümmern sie. Ihre schönste Bestachelung erreichen sie bei sonnigem Stand. Sie säen sich oft selbst aus und um manche Pflanzen stehen dann eine Menge Sämlinge. Diese werden oft schon ab 1 cm Größe blühfähig und wir haben wiederholt schon bei 1jährigen Sämlingen die Blüte erlebt, die die Körpergröße dann 2–3mal übertraf. Jedes Pfropfen ist bei dieser Gattung überflüssig.
Einige Autoren beziehen die Gattungen *Aylostera, Cylindrorebutia, Digitorebutia, Mediolobivia* und *Sulcorebutia* alle in die Gattung *Rebutia* ein, eine Lösung, die wohl möglich, aber wegen der durch eine solche Großgattung entstehende Unübersichtlichkeit und Unsicherheit unpraktisch und unerwünscht ist.

R. chrysacantha Backeb. Länglich kugelig. Bis 6 cm hoch und 4–5 cm ⌀. 25–30 weißliche bis gelbe Stacheln, die meisten dünn, einzelne stärker und bis 1,5 cm lang. Blüte 4–5 cm groß und ziegelrot.

R. marsoneri Werd. (Abb. 281). Eine der größten Arten der Gattung. Die Pflanzen können bis zu 8 cm breit und bis 5 cm hoch werden. Ziemlich dicht gelb bis bräunlich bestachelt, die längsten Stacheln bis 3,5 cm lang. Selbststerile gelbe Blüten von etwa 4 cm Breite. Die ganz jungen Knospen sind karminrot bis sie etwa 2 mm Länge erreicht haben. Hierzu var. *sieperdaiana* (Buin.) Donald (Abb. 286), die sich durch feinere, kürzere, weißere Bestachelung unterscheidet, aber keinerlei Verwandtschaft zu *R. senilis* zeigt, wie Backeberg in „Die Cactaceae“ annimmt.

Abb. 286. *Rebutia marsoneri* var. *sieperdaiana*

Abb. 287. *Rebutia senilis* var. *lilacino-rosea*

Abb. 288. *Rebutia violaciflora* var. *knuthiana*

R. minuscula Schum. Etwa 5 cm groß. Bis etwa 25 kleine, weißliche bis zu 3 mm lange dünne Stacheln. 4 cm große hellrote Blüte.

R. senilis Backeb. (Abb. 295). Bis zu 8 cm hoch und bis 7 cm breit werdend. Dicht von schneeweißen, bis zu 3 cm langen feinen Stacheln (bis zu 25) eingehüllt. 3–4 cm breite, hell karminrote bis gelblichrote Blüten, hellerer Schlund. Hierzu die etwas kürzer und lockerer, aber ebenfalls weiß und fein bestachelte var. *iseliniana* Krainz mit orangefarbener, und *kesselringiana* Bew. mit gelber Blüte; ferner *lilacino-rosea* Backeb. (Abb. 287). mit lilarosa Blüte.

R. violaciflora Backeb. (Abb. 296). Bis 5 cm groß; etwa 20 feine, z. T. etwas stärkere gelbliche bis braune, bis zu 2,5 cm lange Stacheln. Die bis zu 3,5 cm breite Blüte ist leuchtend violett karminrosa. Hierzu die dichte, feiner und kürzer bestachelte var. *knuthiana* (Backeb.) Donald (Abb. 288) mit leuchtend hellblutroter etwa 4 cm breiter Blüte, deren schmale Petale spitz auslaufen. Die weitere var. *carminea* Donald (Buin.) halten wir nur für eine nicht ganz erbbeständige Form von *violaciflora* mit etwas dunklerer, mehr hellkarminroter Blütenfarbe.

R. wessneriana Bew. (wahrscheinlich die nicht weiter bekannt gewordene *R. hyalacantha* Backeb.). Bis zu 8 cm groß werdend. Mit starrer glasartiger, weißer Bestachelung. Die leuchtend blutroten Blüten mit ihren spitzen Petalen können bis über 5 cm breit werden.

R. xanthocarpa Backeb. (Abb. 289) gehört zu den kleinsten Arten der Gattung mit nur 3–4, ausnahmsweise bis 5 cm Körpergröße. 15–20 feine, weiche weiße Stacheln von 3–7 mm Länge. Die karminrote Blüte ist nur 2 cm groß. Die Knospe hat schlanke Keulenform und ist nicht spitz, wie bei allen anderen Rebutien, sondern oben abgerundet. Hierzu var. *salmonea* Frič et Backeb. mit lachsfarbiger Blüte und var. *violaciflora* Backeb. mit violettrosa Blüte. Weitere Rebutien sind *R. calliantha, R. krainziana.*

Reicheocactus Backeb.
Halten wir für eine Untergattung von *Neochilenia,* zu der sie der Blütenform nach gehört. Die Blüte erscheint aber nicht aus dem Scheitel, sondern etwas aus dem oberen Drittel des Körpers. Einzige Art:

R. pseudoreicheanus Backeb. (früher *reichei* hort.) (Abb. 297). 6–7 cm groß, mit etwa 40 Rippen, die in winzige Wärzchen aufgelöst sind. Die kurztrichterige Blüte wird bis 3,5 cm groß und ist außen rötlich, innen gelblich.

Rhipsalidopsis Br. et R. (syn. *Epiphyllopsis*).
Ist der bekannte Osterkaktus. Epiphytisch wachsender Kleinstrauch aus den tropischen Wäldern Südbrasiliens mit weihnachtskaktusähnlichen, flachen aber schmaleren Einzelgliedern oder auch zylindrisch, 3–4kantig. Diese sind an den Enden mit zahlreichen, aneinandergerückten Areolen besetzt und hier dicht beborstet. Aus diesen Triebenden entstehen die Verzweigungen und die Blüten. Diese sind trichterig und ohne Röhre. *Rhipsalidopsis* verlangt Schatten, Wärme und ständige milde Feuchtigkeit sowie Humusboden.

R gaertneri (Reg.) Lind. (Abb. 290). Mit flachen Trieben und etwa 4 cm breiten, scharlachroten Blüten. Ferner *Rh. rosea* (Lag.) Br. et R. (Abb. 298) mit dünnen, oft mehr als 2kantigen Trieben und kleinen rosa Blüten.

Abb. 289. *Rebutia xanthocarpa*

Abb. 290. *Rhipsalidopsis gaertneri*

Abb. 291. *Rodentiophila atacamensis*

Rhipsalis Gaertner.
Reich verzweigte, epiphytische Sträucher von hängendem Wuchs und vielerlei Gestalt. Die gegliederten Triebe sind entweder rund oder abgeflacht oder kantig, die Blüten sehr klein und meist ohne Röhre, sehr zahlreich erscheinend, die Frucht meist von der Gestalt einer Johannisbeere, weiß, rot oder schwarz. Das Verbreitungsgebiet ist ungeheuer groß. Es erstreckt sich vom tropisch feuchten Mexiko über Südamerika, Afrika und Madagaskar bis nach Ceylon.

R. cereuscula Haw. Strauchig, z. T. aufrecht bis 60 cm hoch. 20—30 cm lange Langtriebe von 3—4 mm Durchmesser. Aus ihrem Ende wirtelig oder spiralig angeordnet mehrkantige, bis zu 3 cm lange Kurztriebe. In Scheitelnähe die weißen, 1—2 cm breiten Blüten.

R. houlletiana Lem. (Abb. 299) 2—3 m lang werdend, reich verzweigt. Die einzelnen Glieder sind zunächst stielrund, verbreitern sich dann zu *Epiphyllum*-ähnlichen, flachen, gesägten Blättern. Die hängenden weißen Blüten sind trichterig glockig und 2 cm groß; nach ihrer Form könnte man die Pflanze „Schneeglöckchen-Rhipsalis" nennen; die Beere ist fast 1 cm im ⌀ und karminrot.
Als Bewohner tropischer Waldbäume sind alle *Rhipsalis* besonders empfindlich gegen Kalk. Schon neutraler Boden verhindert gutes Gedeihen. Ebenso besonders empfindlich sind sie gegen Austrocknung ihres Wurzelwerks, während ihnen trockene Luft wenig anhaben kann, wenn man öfters einmal nebelt. Ihr Nährstoffbedarf ist dem starken Wachstum entsprechend sehr groß. Man gebe, wie bei den übrigen baumbewohnenden Kakteen, nicht nur den eigentlichen Kakteendünger, sondern öfters auch gewöhnlichen Blumendünder, denn sie haben einen höheren Stickstoffbedarf als die erdbewohnenden Kakteen.

Rhodocactus (Berg.) Knuth.
Peireskia-ähnliche Pflanzen mit unterständigen Fruchtknoten, ohne Bedeutung für den Liebhaber. Ist als Untergattung zu *Peireskia* zu stellen.

Ritterocereus Backeb.
Sehr große, baumförmige Cereen aus Mexiko und den Westindischen Inseln. Ohne Liebhaberwert.

Rodentiophila Ritter.
Noch ungenügend bekannte *Eriosyce*-ähnliche, chilenische, große Kugelkakteen, die saftige runde Beeren von etwa 2,5 cm ⌀ als Früchte tragen.

R. atacamensis Ritt. Enorm dicht und stark bestachelte Pflanzen. wie Abb. 291 zeigt. Die jungen Stacheln sind oft sehr bunt, weißlich, hellrot und bräunlich.

Rooksbya Backeb. = *Neobuxbaumia* Backeb.

Roseocactus Berg.
Wohl Untergattung von *Ariocarpus*, bei der sich aber die Areolen in eine Furche auf der Warzenoberseite verlängern, und bei der die Blüte aus der Furche entspringt.

R. fissuratus (Eng.) Berg. (Abb. 292). Meist einzeln. 10—15 cm ⌀. Dreieckige Warzen mit rauher Oberfläche, die wie mit einer Leiste außen eingefaßt erscheinen und in deren Mitte eine starkwollige Furche verläuft. Blüte rosa und 3—4 cm breit.

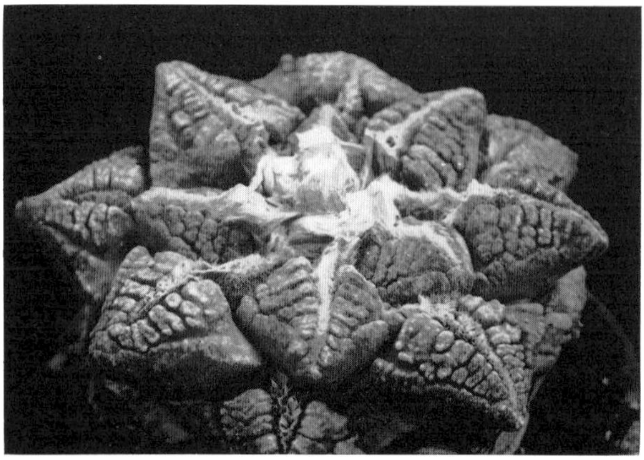

Abb. 292. *Roseocactus (Ariocarpus) fissuratus*

Abb. 293. *Seticereus icosagonus (S. aurivillus)*

Abb. 294. *Soehrensia bruchii*

R. lloydii (Rose) Berg. Warzen kürzer als bei voriger Art und nicht flach, sondern von der Furche aus schräg nach beiden Seiten abwärts abgekantet. Der oberste Teil der Pflanze ist von weißen Wollmassen oft völlig verdeckt. Blüte purpurrot und ebenso groß wie bei voriger Art.

Samaipaticereus Card.
Baumförmig wachsend, wenigrippige Säulenkakteen aus Bolivien, ohne Bedeutung für den Liebhaber.

Schlumbergera Lem.
Epiphytische Sträucher mit gegliederten Flachtrieben, einer der Ahnen des allgemein bekannten Weihnachtskaktus. Der andere Ahnenteil ist *Zygocactus* Schum. von ganz ähnlichem Körperbau. Die heute im Handel und in den Samenhandlungen zu findenden Weihnachtskakteen sind wohl sämtlich Hybriden und Züchtungen aus diesen beiden Gattungen, während man die reinen Arten der genannten Gattungen kaum noch findet. Die Blüte von *Schlumbergera* ist radiär, also regelmäßig gebaut, und dunkelrosa und wird bis etwa 5,5 cm lang. Die bis 8 cm lange Blüte von *Zygocactus* dagegen ist kräftig zygomorph und rot bis violett. Während der Fruchtknoten bei *Schlumbergera* vierkantig ist, ist er bei *Zygocactus* gleichmäßig rund. Die Blütenröhre ist zudem bei *Zygocactus* oberhalb des Fruchtknotens abgeknickt, bei *Schlumbergera* nicht. Die beiden Stammarten unserer Weihnachtskakteen heißen *Schlumbergera bridgesii* (Lem.) Löf. und *Zygocactus truncatus* (Haw.) Schum. Sie kommen beide im östlichen Brasilien, hauptsächlich bei Rio de Janeiro im feuchten tropischen Urwald vor. Dementsprechend müssen wir sie denn auch pflegen. Sofern man sie wurzelecht halten will, muß man ihnen nahezu reinen Humusboden geben, am besten mit einem Zusatz von Sphagnum. Sie wünschen ferner feuchte und warme Luft und stets feuchten Boden. Dies ist auch der Grund, weshalb man in manchen Bauernküchen die prächtigsten Exemplare findet. Sie wollen Wärme also auch im Winter. Um guten Knospenansatz zu erzielen, stellt man die Pflanzen ab August etwas kühler und gibt fast kein Wasser um das Ausreifen der jungen Glieder zu erreichen. Ab September soll dann die Nachttemperatur etwa 20 °C betragen. Wenn dann nach einigen Wochen die Knospen erschienen sind, gießt man ganz langsam steigernd nun wieder etwas reichlicher. Vom ersten Erscheinen der Knospen bis zur Blüte kann man bei durchschnittlichen Verhältnissen mit etwa 3 Monaten rechnen, so daß man durch geeignete Wahl des Zeitpunkts des Trockener- und Kühlerhaltens die Blütezeit in gewissem Rahmen beeinflussen kann.

Sclerocactus Br. et R.
Kugelkakteengattung aus den südwestlichen USA mit kräftigen, gebogenen abgeflachten oder hakigen Stacheln, der Gattung *Toumeya* verwandt. Ohne besonderen Liebhaberwert.

Selenicereus (Berg.) Br. et R.
Ist das Geschlecht der Königin der Nacht. Es handelt sich um meist epiphytische, rankende und kletternde, dünntriebige Sträucher von mehreren Metern Länge mit vielen Luftwurzeln und mit sehr großen und schönen nächtlichen Blüten, die meist nur wenige Stunden halten. Die Gattung hat eine außerordentlich weite Verbreitung von Texas bis nach Argentinien. Die Selenicereen wachsen

Abb. 295. *Rebutia senilis*

Abb. 296. *Rebutia violaciflora*

Abb. 297. *Neochilenia pseudoreicheana (Reicheocactus pseudoreicheanus)*

Abb. 298. *Rhipsalidopsis rosea*

und blühen gut, wenn man ihnen genügend Wärme und leichte humose Erde gibt. Ihrem großen Nachrungsbedürfnis entsprechend brauchen sie ziemlich große Töpfe oder besser Blumenkästen und reichlich Nährsalzgüsse. Sie blühen dann aber auch am Zimmerfenster ohne Schwierigkeit. Man gebe aber etwas Halbschatten, falls die Lage des Fensters nach Süden bis Westen geht. Man kann die Pflanzen um ein Stab- oder Bambusgestell herumwinden, so daß der Platzbedarf noch erträglich bleibt. Im Gewächshaus dagegen zieht man sie an einem Spalier der Gewächshauswand.

S. grandiflorus (L.) Br. et R. Triebe bis 2,5 cm dick und bis zu 5 m lang werdend, 5–8 Rippen. 7–11 bis zu 1 cm lange, gelbliche Stacheln, auch vereinzelt feine Haare im Neutrieb. Die Blüte wird 20–30 cm lang und bis etwa 20 cm breit, die Sepalen schmal und bronzeartig gelbbraun, die Petale schneeweiß, wohlriechend. Diese Art ist die eigentliche Königin der Nacht.

S. macdonaldiae (Hook.) Br. et R. Starkwachsende, 1–1,5 cm dicke und bis zu 8 m lange Triebe mit 5–7 wenig ausgeprägten, aber stark gehöckerten Rippen. Winzige bräunliche Stachelchen. Sehr schöne, bis 35 cm lange und bis 25 cm breite Blüte mit weißen Petalen und gelben und weiter außen purpurrötlichen Sepalen, geruchlos.

S. pteranthus (Lk. et Otto) Br. et R. (syn. *S. nycticalus* Lk.) Die sog. Prinzessin der Nacht. Wird etwa 3–3,5 m lang und meist 2–3 cm, ausnahmsweise 4–5 cm dick. Die 4–5 kantigen Triebe sind dunkel bläulichgrün. Die weißwolligen Areolen tragen 6–12 gelbliche bis dunkelbraune, nur bis 5 mm lange Stacheln. Die Blüten sind bis zu 30 cm lang und etwa 20–25 cm breit, die Sepalen schmal, bräunlich bis gelblich mit Purpurschein, die Petalen weiß, geruchlos.

Seticereus Backeb.
Sehr dankbare und schöne Säulenkakteen aus Südecuador und Nordperu, die lange Borsten aus den blühfähigen Areolen entwickeln. Die roten Blüten sind zygomorph und erscheinen willig und reichlich. Die Pflanzen wollen nahrhaften, aber gut durchlässigen Boden und sind dankbar für etwas höhere Wärme, vor allem im Winter. Wer im Gewächshaus einen Platz für sie übrig hat, wird sich über das dichte farbige Stachelkleid und die reiche Blüte bestimmt freuen.

S. icosagonus (H. B. K.) Backeb. (syn. *Cereus aurivillus* Schum.) (Abb. 293). Gruppenbildend, halbniederliegend. Die Triebe normal bis zu 60 cm lang und 4–6 cm dick. Bis zu 20 Rippen. Etwa 30 goldgelbe, bis 1,5 cm, vereinzelt bis 2 cm lange Stacheln und an den blühfähigen Triebenden gelbliche, 2–3 cm lange, haarfeine Borsten. Die 7–8 cm langen, nur wenig sich öffnenden Blüten sind zinnober- bis scharlachrot, vereinzelt orangefarbig.

S. humboldtii (H. B. K.) Backeb. (Abb. 300). Kräftiger als die vorige Art. von gleicher Wuchsform, etwa 1 m hoch und 5–7 cm dick werdend. Etwa 12–13 Rippen. Bis zu 25 honiggelbe bis rotbraune, etwa 1 cm lange Randstacheln und 4–7 bis zu 2 cm lange, gleichfarbige, bis etwas dunklere Mittelstacheln. Blühfähige Triebe außerdem bis zu 4 cm lange, gelbliche, feine Borsten und weißliche Haare. Die Blüte ist 5–7 cm lang und ist rosa, karmin oder blutrot.

Seticleistocactus Backeb.
Vielleicht Untergattung von *Cleistocactus*. Unterscheidet sich von letzterer

Gattung durch schrägen Blütensaum und langen Borsten an Blütenröhre und Frucht.

Setiechinopsis (Backeb.) de Hass.
Arthrocereus verwandt.

S. mirabilis (Speg.) de Hass. Kleine zylindrische Pflanzen von 2–2,5 cm ⌀ und 10–15 cm Höhe. Meist unverzweigt. 11 Rippen. 9–14 dünne, kurze Randstacheln und 1 bräunlicher, 1–1,5 cm langer Mittelstachel. Langröhrige, nächtliche, weiße Blüte mit zahlreichen, ganz feinen schmalen Petalen, bis 12 cm lang und 3–4 cm breit, stark und sehr fein duftend. Heimat Argentinien (Santiago del' Estero). Gepfropft ist die Pflanze ein unermüdlicher, sehr empfehlenswerter Blüher, der ohne Fremdbestäubung regelmäßig Früchte ansetzt und eine Unzahl Samen bringt.

Soehrensia Backeb.
Den Lobivien verwandte, große Kugeln von bis über 50 cm ⌀, die im Alter auch säulig werden, wobei die größte Art etwa 2 m Höhe erreichen kann. Die roten bis gelben Blüten sind relativ klein, kurzröhrig und trichterig. Heimat: Nordwestargentinien. *Soehrensia* wächst gut, blüht aber meist erst bei etwa 20 cm ⌀. Sie kommt aber nur für Liebhaber in Frage, die über reichlich Platz verfügen.

S. bruchii (Br. et R.) (Abb. 294). Backeb. Zunächst einzeln, später gruppenbildend. Dunkelgrün. Über 50 cm breit. Bis zu 50 zwischen den Areolen stark gehöckerte Rippen. Stacheln hellgelb bis bräunlich, 9–12 Randstacheln und 1–3 Mittelstacheln, meist aber nur einer. Die längsten Stacheln bis zu 3 cm lang. Die 4–5 cm großen Blüten sind blutrot.

S. korethroides (Werd.) Backeb. Bis 30 cm ⌀, Wuchsform wie vorstehend. Mattgrün. Bis zu 20 abgerundete Rippen. 12–20 hellgelbe Randstacheln bis etwa 3 cm lang und 4–7 etwas dunklere Mittelstacheln, die z. T. über 5 cm lang werden. Die bis zu 7 cm lange und 4,5 cm breite Blüte ist blaß- bis tiefrot.

Solisia Br. et R.
Kleine Kugelkakteen aus Mexiko mit pectinater Bestachelung und seitlich am Körper aus den Axillen erscheinenden Blüten. Gehört nach herrschender Meinung zu *Mammillaria.*

S. pectinata (Stein) Br. et R. (Abb. 301). Einzeln wachsend, 3–4 cm ⌀ und nur im Alter bis zu 6 cm Höhe verlängert. Nur Warzen mit strichförmig verlängerten Areolen und ca. 40 kammförmig gestellten, reinweißen, bis 2 mm langen Stachelchen. Die 2,5 cm breite, trichterige Blüte ist rosa bis fast weiß. Die Art ist wunderschön in der Bestachelung aber etwas heikel. Man gibt ihr reinen Mineralboden mit reichlich Lehm und gießt nur sehr wenig.

Stenocereus (Berg.) Ricc.
Nachtblühende mexikanische Säulenkakteen ohne Bedeutung für den Liebhaber, ausgenommen die eine, sehr zu empfehlende Art, nämlich:

S. (Lemaireocereus) beneckei (Ehrbg.) (Abb. 302). Zunächst einzeln wachsend, erst im Alter verzweigend. Bis 1,5 m hoch und 5–7 cm dick. Die Triebe rein weiß überpudert. Von dieser mehligen weißen Wachsschicht heben sich die im Neutrieb leuchtend roten, später schwarzen Stacheln prächtig ab. Die elfenbeinfarbigen, 6–7 cm großen Blüten erscheinen im Winter und stehen im Scheitelnähe.

Abb. 299. *Rhipsalis houlletiana*

Abb. 300. *Seticereus humboldtii*

Abb. 301. *Mammillaria (Solisia) pectinata*

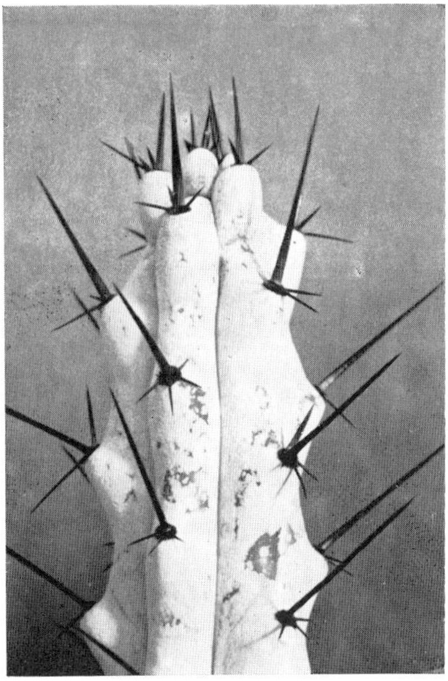

Abb. 302. *Stenocereus (Lemaireocereus) beneckei*

Abb. 303. *Matucana (Submatucana) ritteri*

Abb. 304. *Sulcorebutia kruegeri*

Abb. 305. *Sulcorebutia steinbachii*

Die Pflanze wächst am besten gepfropft. Man darf aber beim Gießen oder Nebeln *niemals* auch nur einen Tropfen Wasser auf die Pflanze bringen, weil Wasser die weiße Puderschicht unweigerlich zerstört. Einer der schönsten Cereen.
S. marginatus (DC.) F. Buxb. unter *Marginatocereus.*

Stephanocereus Berg.
Säulenkakteen aus Brasilien, die am Scheitel ein dichtes Pseudocephalium aus Stacheln und Haaren bilden, das in der neuen Vegetationsperiode durchwachsen wird und als Ring an der Pflanze verbleibt. Nächtliche weiße Blüten. Einzige Art:
S. leucostele (Gürke) Berg. 3 m hohe Säulen, meist einzeln. Dicht weiß bestachelt und weiß bewollt und behaart. Ebenfalls weißwolliges Cephalium mit langen gelben Borsten durchsetzt. 7 cm lange weiße Blüten.

Stetsonia Br. et R.
Baumförmige Säulenkakteen aus Westargentinien mit großen nächtlichen Trichterblüten und schlanken, gebogenen Röhren. Einzige Art:
S. coryne (SD.) Br. et R.

Strombocactus Br. et R. (em. Buxb.)
Flachkugelige Pflanzen aus Zentralmexiko, die flache rhombische Warzen tragen.

S. disciformis (DC.) Br. et R. (Abb. 306). Einzeln, flachkugelig, graugrün, bis 8 cm ⌀. Die Rippen sind in rhombische Warzen aufgelöst. 4—5 weißliche Stacheln, die jedoch später abfallen. 2—4 cm große, trichterige weiße bis gelblichweiße Blüten. Die Art ist empfindlich und wird deshalb am besten gepfropft.

Strophocactus Br. et R.
Blattkaktusähnlicher Epiphyt aus den feuchten Amazonasurwäldern, der sich mit seinen flachen Trieben an Stämme und Äste anlegt und aus der Mitte dieser Triebe Luftwurzeln treibt.

Submatucana Backeb.
Ist eine Untergattung von *Matucana* mit behaarter statt mit kahler Blütenröhre, mit breiteren Rippen und lockerer, aber stärkerer Bestachelung. Kultur wie bei *Matucana.*

S. aurantiaca (Vpl.) Backeb. (Abb. 307). 8—15 cm ⌀. Bis zu 16 Rippen. Glänzendgrün. Die gelbe bis rötlichbraune Bestachelung stark variierend, nämlich zwischen 10 und 25 gelbe bis rötlichbraune Stacheln, die kaum in Rand- und Mittelstacheln getrennt werden können, 2—4,5 cm lang. Die orangefarbene Blüte wird bis zu 9 cm lang und etwa 6 cm breit.

S. ritteri Buin. (Abb. 303). Durchschnittlich etwa 10 cm breit. Flachkugelig. 12—22 Rippen. 7—14 Stacheln, schwarzbraun. 1—3 cm lange Randstacheln und 1—5 Mittelstacheln bis zu 4 cm lang. Die bis 9 cm lange und bis zu 5 cm breite Blüte ist zinnoberrot mit karmin.
S. madisoniorum (Hutch.) Backeb. (Farbb. 42). Breitrunde grünlichgraue Kugeln mit wenigen breitgedrückten Rippen. Man könnte diese Art, solange sie nicht blüht, für eine *Lophophora* halten. Es gibt locker und lang bestachelte und völlig stachellose Pflanzen. Die zinnoberrote Blüte ist bis 10 cm lang.

Subpilocereus Backeb. = *Cereus* Mill.

Sulcorebutia Backeb.
Kleine Kugelkakteen aus Ostbolivien, bis zu 3000 m Höhe vorkommend, mit Rübenwurzeln, *Rebutia*-ähnlichen Blüten, deren Knospen jedoch *Weingartia*-Knospen oder *Gymnocalycium*-Knospen ähneln, also breite Schuppen tragen, sowie mit verlängerten Areolen und ± pektinater Bestachelung. Die Gattung scheint *Weingartia* näher zu stehen als *Rebutia*. Die Pflanzen wachsen gut und blühen reich, ohne besondere Kulturansprüche zu stellen. Man hält sie wie Lobivien oder Rebutien.

S. glomerispina (Card.) Backeb. In den Sammlungen als *S. glomeriseta* n. n. verbreitet (Abb. 308). Etwa 4 cm dicke Kugeln mit zahlreichen weißen bis hellbräunlichen Borstenstacheln. Knapp 3 cm lange purpurfarbige Blüte.

S. kruegeri (Card.) Cullm. (Abb. 304). Zunächst als *Aylostera* und als *Rebutia* beschrieben, ist der Blüte und der Bestachelung nach eine *Sulcorebutia*. Kugelig, etwa 5 cm ⌀. In Höcker aufgelöste Rippen. Kammförmige weißliche bis gelbliche Bestachelung. Rötlichgelbe, 2,5 cm große, in reicher Zahl erscheinende Blüten.

S. steinbachii (Werd.) Backeb. (Abb. 305). Gruppenbildend. Bis etwa 6 cm hoch und 4 cm dick werdend. Die Rippen in längliche Höcker aufgeteilt. 6–8 gelbliche, bräunliche oder fast schwarze Randstacheln, bis zu 6 mm lang. Meist ein schwarzer, bei hell bestachelten Pflanzen auch brauner, bis zu 2,5 cm langer, kräftiger Mittelstachel. Blüten aus einer kurzen Furche am oberen Areolenende, hellrot, blutrot oder karminviolett.

Tacinga Br. et R.
Opuntienverwandte, schlanktriebige Sträucher aus den Trockenwaldgebieten von Bahia — Brasilien mit kletternden Trieben und nächtlichen Blüten, deren Petale nach unten zurückgerollt sind und die zwischen den Petalen und den Staubfäden feine weiße Haare tragen.

T. funalis Br. et R. Bis zu 12 m lang. Die Triebe nur 1—1,5 cm dick und stielrund, Keine Stacheln, sondern nur ganz kurze und feine Glochiden. Blüte 7—8 cm lang mit blaßgrünen Petalen.

Tephrocactus Lem.
Wird man wohl als Untergattung von *Opuntia* auffassen müssen. Diese oft große Polster bildenden, kugelförmig bis kurzzylindrisch wachsenden Pflanzen wachsen meist in sehr großen Höhen der Anden, von Mittelperu bis zum 49. südlichen Breitegrad unweit der Magalhaes-Straße. Das höchste Vorkommen stellte Prof. RAUH bis 4600 m über dem Meere fest, wo die Pflanzen zeitweise im Schnee begraben sind. Die meisten Tephrocacteen wachsen bei uns wurzelecht recht gut, so daß Pfropfen überflüssig ist. Wenn man sie aber schon pfropfen wollte, dann nur auf eine schwach wachsende Unterlage wie *Eriocereus jusbertii*, um ein Deformieren zu vermeiden. Die Pflanzen wünschen nahrhafte Erde bzw. reichliche Nährsalzgüsse, den sonnigsten Stand, den man zur Verfügung hat und stärkere Abkühlung des Nachts, verbunden mit reichlicher Bewässerung und Nebeln während der Vegetationszeit, um die starke nächtliche Taubildung ihrer Bergheimat nachzuahmen. Sie behandelt bringen die Tephrocacteen weitgehend die Bestachelung und Behaarung wie in ihrer Heimat.

T. articulatus var. *papyracanthus* (Phil.) Backeb. (Abb. 310). Eine auffallende Pflanze. Graugrüne Kugeln von etwa 5 cm ⌀. Areolen sehr groß mit langen,

Abb. 306. *Strombocactus disciformis*

Abb. 307. *Matucana (Submatucana) aurantiaca*

Abb. 308. *Sulcorebutia glomerispina* syn. *S. glomeriseta*

Abb. 309. *Tephrocactus floccosus* var. *cardenasii*

Abb. 310. *Tephrocactus articulatus* var. *papyracanthus*

Abb. 311. *Thelocactus hexaedrophorus*

Abb. 312. *Thelocactus nidulans*

dichten, braunen Glochidenbüscheln und 1–3 schneeweißen, papier- oder holzspanartigen, bis zu 10 cm langen und bis 7 mm breiten Randstacheln. Diese Stachelgrößen werden bei uns in der Kultur erzielt. Mit der weißen bis rosa Blüte kann man allerdings kaum rechnen.

T. floccosus (SD.) Backeb. Bis zu 2 m große Polster. Einzelglieder etwa 10 cm lang und 3 cm dick, dicht von weißen Haaren verhüllt. 1–3 hellgelbe, 1–3 cm lange, dünne, stechende Stacheln. Bis zu 3,5 cm breite, gelbe bis orangefarbige Blüte. Besonders schön die von MARNIER beschriebene var. *cardenasii* (Abb. 309), die ein dichtes, hellgelbes, wolliges Fell trägt, durch das der Körper nicht mehr zu sehen ist.

T. molinensis (Speg.) Backeb. Bis etwa 4 cm lange und 2 cm dicke Glieder. Stachellos, mit dichten Büscheln rotbrauner Glochiden. Sehr schöne Pflanze.

T. rauhii Backeb. Einer der schönsten Tephrocacteen. In der Heimat bis zu 25 cm lang und bis 8 cm dick werdend, in wurzelechter Kultur bei uns nur halb so groß. Mit zahlreichen abstehenden, gekräuselten, weißen Haaren und meist 1 dünnen, weißen, gelb gespitzten, etwa 1,5 cm langen Mittelstachel.

T. sphaericus (Först.) Backeb. (Abb. 313). Gruppen aus länglich-kugeligen Gliedern, die 4 cm lang und 2,5–3 cm dick sind. Zahlreiche weiße bis hellbräunliche Randstacheln und dunklere gebogene Mittelstacheln. 4 cm große dunkelgelbe Blüte.

Thelocactus Br. et R.
Kugelige, bis kurzzylindrische Kakteen aus Mexiko bis Südtexas mit Rippen, die sich in große Warzen unterteilen, auf denen sich die Areolen befinden. Die großen, aus scheitelnahen Areolen entstehenden Blüten sind glockig bis sehr weittrichterig. Fruchtknoten und Röhre tragen große Schuppen ohne Haare oder Stacheln.
Die Thelocacteen gehören zu den schönsten und empfehlenswertesten Liebhaberkakteen, einmal durch ihre schöne Bestachelung und durch ihre meist ansehnlichen Blüten. Sie wachsen wurzelecht sehr gut in vorwiegend mineralischem Boden und erhalten Wasser selbst im Sommer nur in sehr kleinen Gaben. Sonniger Stand bringt die Bestachelung besonders schön zur Entwicklung.

T. bicolor (Gal.) Br. et R. (Abb. 314). Einzeln. Kugelig bis oval, höchstens bis zu 10 cm ⌀. 8 Rippen. 9–18 bis zu 2,5 cm lange, gerade bis leicht gebogene, rötliche bis gelbliche Randstacheln, meist 4 ebenso gefärbte, 3,5–5 cm lange Mittelstacheln. Sehr schöne, bis zu 6 cm große, purpurfarbige flach ausgebreitete Blüte. Noch schöner ist var. *tricolor* (Schum.) (Abb. 315). Knuth mit starker dichter Bestachelung von mehr roter und weißer Färbung und mit mehr zylindrischem Wuchs.

T. hexaedrophorus (Lem.) Br. et R. (Abb. 311). Kugelig. Einzeln. Blau- bis graugrün. Bis zu 15 cm ⌀. 13 in 6kantige Höcker aufgelöste Rippen. 6–9 bis zu 18 mm lange Randstacheln und 1 stärkerer 2–3 cm langer Mittelstachel. Alle Stacheln gelblich bis rötlich und bräunlich und fein geringelt, 6–8 cm große, weiße Blüte.

T. nidulans (Quehl) Br. et R. (Abb. 312). Einzeln. Flachkugelig. Bis zu 20 cm ⌀ bei 10 cm Höhe erreichend. Blaugrün. Etwa 20 Rippen. Äußerst wild bestachelt. Obere und untere Stacheln der Areole 1–2 cm lang, mittlere meist 4–6 cm,

Abb. 313. *Tephrocactus sphaericus*

Abb. 314. *Thelocactus bicolor*

Abb. 315. *Thelocactus bicolor* var. *tricolor*

Abb. 316. *Thelocactus saussieri*

Abb. 317. *Thrixanthocereus blossfeldiorum*

Abb. 318. *Thrixanthocereus cullmannianus*

Abb. 319. *Espostoa (Thrixanthocereus) mirabilis* f. *cristata*

Abb. 320. *Toumeya papyracantha*

vereinzelt bis etwa 10 cm. Die etwa 15 Stacheln sind anfangs bräunlich und werden später grauweiß und zerfasert. Die blaß gelblichweißen Blüten werden 4 cm lang und nur halb so breit, weil die starken dichten Stacheln ein volles Ausbreiten verhindern.

T. saussieri (Web.) Berg. (Abb. 316). Flachkugelig bis zu 20 cm ⌀. Etwa 20 Rippen, die in konische, leicht nach oben gebogene Warzen aufgelöst sind. 9—11 weiße, bis 1,5 cm lange Randstacheln und 4 bräunliche, 3—4 cm lange Mittelstacheln. 4—5 cm breite, schöne purpurfarbige Blüte.

T. schwarzii Backeb. (Farbb. 41). Etwa 6 cm große Kugeln. 13 in Höcker aufgelöste Rippen. Bis zu 14 weißliche oder gelbliche, unten rote Randstacheln von etwa 1,5—2 cm Länge. Bis 8,5 cm breite, sehr schöne purpur- bis karminfarbige Blüte.

Thelocephala Yto

Unter diesem Namen hat der Japaner Yto die Fricsche Gattung *Chileorebutia* (n. n.) umbenannt und veröffentlicht. Es handelt sich dabei um jene Gruppe von kleinen rebutiaähnlichen chilenischen Kugelkakteen, wie z. B. *aërocarpa*, die bis 30 cm lange, dicke Pfahlwurzeln in den Boden senken, mit denen sie durch einen einige Zentimeter langen dünneren Wurzelhals verbunden sind. Auf Grund der Blüten wird man aber diese Gruppe nur als Untergattung von *Neochilenia* anerkennen können.

Thrixanthocereus Backeb.

Meist einzeln wachsende Säulenkakteen aus dem nördlichen Peru und dem anstoßenden ecuadorianischen Grenzgebiet, mit vom Scheitel herablaufendem Cephalium und übel riechenden nächtlichen Blüten. Buxbaum hat alle Arten zu *Espostoa* einbezogen. Wir stimmen dem zu, soweit es sich um *T. senilis* Ritt. und ähnliche Arten handelt, die *Espostoa*-ähnliche schwarze Samen haben. Anders jedoch bei *T. blossfeldiorum* Backeb. (Abb. 317), und *T. cullmannianus* Ritt. Diese beiden Arten haben völlig anders gestaltete Samen, nämlich winzige braune Samenkörnchen, die in ihrem riesig vergrößerten Hilum aufsitzen. Das Samenkorn hat hierbei eine hut- oder mützenförmige Gestalt, die im Bereich der ganzen Familie völlig ungewöhnlich ist. Nur vom inneren Bau der Samen kann man sagen, daß sie morphologisch ähnlich gebaut seien. Es ist nun schon ein lange erkanntes biologisches Gesetz, daß die Lebewesen in ihrer Entwicklung von der Eizelle ab die Entwicklung ihrer Stammesgeschichte durchlaufen (wie z. B. der menschliche Embryo Kiemen und Schwanz aufweist). Je früher dabei in der Entwicklung des Individuums ein Merkmal auftritt, desto älter ist es bereits in der stammesgeschichtlichen Entwicklung. Nachdem also die außergewöhnliche Samenform schon bei der Hülle des Embroys vorhanden ist, liegt diese Eigentümlichkeit vermutlich auch stammesgeschichtlich sehr weit zurück und macht es uns unmöglich, diese Pflanzen in einer Gattung mit anderen Pflanzen vereinigt zu sehen, die dieses Merkmal nicht aufweisen. Die Cephalienbildung setzt ein bei *cullmannianus* bei etwa 50 cm Höhe, bei *blossfeldiorum* bei 0,8—1 m und bei *senilis* bei 2 m Höhe. Alle drei genannten Arten wachsen sehr gut auf eigenen Wurzeln, wollen im Winter aber nicht zu kalt stehen. Es sind sehr schöne Pflanzen, bei denen der Gewächshaus- oder Cereenkastenbesitzer eines Tages mit dem Einsetzen der Cephalienbildung rechnen kann. Nur bei *E. senilis* muß man länger Geduld haben.

T. blossfeldiorum (Werd.) Backeb. (Abb. 317). Fast immer einzeln, bis zu 4 m hoch und bis zu 10 cm dick werdend. Etwa 22 Rippen. 20–25 glashelle Randstacheln bis zu 8 mm lang. Bis zu 4 bräunliche bis schwarze Mittelstacheln, von denen der stärkste etwa 3 cm lang wird. Das Cephalium umfaßt 4–7 Rippen, deren mittlere vertieft im Körper liegen (s. Abb.), ist nach der hellsten und heißesten Seite gerichtet und besteht aus dichter gelblichweißer Wolle und zahlreichen, dicht stehenden, weißen, bräunlichen und schwarzbraunen Borsten, von denen die längsten 4–5 cm lang werden. Die schmaltrichterige Blüte ist bis zu 6 cm lang und bis 5,2 cm breit, kremweiß und stark übelriechend.

T. cullmannianus Ritt. (Abb. 318). Wenig sprossend. 1–2 m hoch und 3–6 cm dick. 18–24 Rippen. Bis mehr als 120 nicht in Rand- und Mittelstacheln unterscheidbare, größtenteils sehr feine weiße Stacheln, die kürzesten 5 mm, die längsten 2–3 cm lang, einzelne rot gespitzt oder gelblich oder bräunlich. Keine durchlaufenden Cephalien wie bei *T. blossfeldiorum,* sondern in einzelne unterbrochene Blühzonen aufgelöst. In den Cephalien bis über 150 feine weiße oder braune haarfeine Stacheln von 1 bis über 3 cm Länge pro Areole. Blüte rein weiß, etwas kleiner als bei *T. blossfeldiorum* und leicht duftend.

T. senilis (Farbb. 39). Richtig *Espostoa senilis* (Ritt.) Buxb. Verzweigte Büsche von 2–4 m Höhe. Triebe 4–6 cm dick und der vorstehenden Art ähnelnd. 17 bis 18 Rippen. Etwa 30 feine weiße 1 cm lange Wollhaare. 40–50 weiße bis 1 cm lange Randstacheln. 20–30 weiße, ebenso lange Mittelstacheln. 1–3 der Mittelstacheln sind oft stärker, stehen übereinander, sind gelb bis rotbräunlich und werden 3–4 cm lang. Die Cephalien sind gelb, bräunlich oder fuchsrot. Der Scheitel ist nicht nach dem Cephalium zu umgebogen, wie bei vorigen Thrixanthocereen, sondern steht gerade. Die bis zu 6 cm lange und bis 4 cm breite Blüte ist nächtlich und intensiv purpurrot.

Bemerkungen zu *Thrixanthocereus:*

Alle 3 oben aufgeführten *Thrixanthocereus*-Arten haben inzwischen beim Verfasser geblüht. Cephalien, Blüten, Früchte und Samen machen. wie z. T. schon oben ausgeführt, einen wenig einheitlichen Eindruck. Doch genügen die bisherigen Beobachtungen noch nicht zu einer unanfechtbaren Beurteilung. Der Eindruck hat sich allerdings verstärkt, daß die Art *senilis* zu *Espostoa* gestellt werden muß. Bezüglich der Cephalien der 3 Arten ist festzustellen, daß sie alle 3 verschiedener Art sind, wobei ich allerdings nicht meine, daß es sich dabei um morphologisch grundsätzlich verschiedene Typen handeln müsse: *Thrixanthocereus blossfeldiorum* hat ein echtes, also im Scheitel bereits angelegtes und ununterbrochenes einseitiges Rinnencephalium. Bei *Thrixanthocereus senilis* handelt es sich ebenfalls um ein echtes, aber periodisches Cephalium, das, ohne erkennbar vertieft zu sein, einseitig steht oder aber den ganzen Kopf ringsum erfaßt, dann aber von einem rein vegetativen Teil des Triebes durchwachsen wird, um 1 Jahr später jeweils wieder ein Cephalium zu bilden. Dadurch entstehen die Triebe entlang ringförmige Cephalienzonen. Das Cephalium des *Thrixanthocereus cullmannianus* jedoch ist offensichtlich ein Pseudocephalium, also nicht im Scheitel angelegt. Bei 3 Pflanzen des Verfassers begann die Entwicklung weißer Borstenhaare erst nachträglich 5–15 cm unterhalb des Scheitels. Die reife Frucht ist bei *Thrixanthocereus blossfeldiorum* eine trockene, seitlich aufreißende Kapsel, bei *senilis* aber eine fleischige Beere, die erst nach dem Aufplatzen trocknet und dann erst die trockenen Samen entläßt.

Toumeya Br. et R.
Kleine warzentragende kugelige oder kurzzylindrische Kakteen aus Mexiko bis Neumexiko, deren Blütenröhren weder Schuppen noch Haare oder Stacheln tragen. Die folgenden Arten wachsen wurzelecht zwar gut, aber langsam. Es empfiehlt sich, sie zu pfropfen, wodurch sie dann auch reicher blühen.

T. papyracantha (Engelm.) Br. et R. (Abb. 320). Meist einzeln. Bis 10 cm lang und bis 2,5 cm ⌀. 5–8 weiße, bis 4 mm lange Randstacheln und bis zu 4 papierartig flache, weiße bis braune, bis zu 5 cm lange Mittelstacheln. Weiße Blüten aus Scheitelnähe, bis 2,25 cm lang und bis 1,25 cm breit.

T. polaskii (Backeb.) Cullm. (Abb. 321). Flachkugelig. Bis zu 3 cm ⌀. Etwa 1,5 cm breite, blaßrosa Blüte.

T. pseudomacrochele (Backeb.) Bravo et Marsh. (Abb. 322). Flachkugelig bis kurzzylindrisch. 3–4 cm ⌀. Etwa 8 verbogene, bis 2 cm lange, borstige Stacheln. Schöne, bis 3,5 cm breite, rosa Blüte.

Trichocereus Br. et R.
Säulenkakteen aus den Andengebieten Südamerikas von Ecuador bis Argentinien mit reichlich behaarten Fruchtknoten und Blütenröhren. Die Blüten meist scheitelständig. Mehr oder weniger stark verzweigte Büsche bildend. Die Trichocereen wachsen sehr gut und stellen keine besonderen Ansprüche, sind im Gegenteil sehr unempfindlich, so daß sie die besten Pfropfunterlagen stellen. Entsprechend ihrem kräftigen Wachstum muß man ihnen auch nahrhafte Erde und Nährstoffgüsse geben. Die kleiner bleibenden Arten erfreuen uns zudem mit ihren großen und schönen Blüten, so daß man sie jedem Liebhaber nur wärmstens empfehlen kann. Im Sommer lieben sie gleichmäßige leichte Feuchtigkeit.

T. bridgesii (SD.) Br. et R. Verzweigt. Bis 5 m hoch und bis 15 cm dick werdend. Hell bläulichgrün. 4–8 Rippen. 2–6 gelblich bis bräunliche, bis zu 10 cm lange Stacheln. Bis 18 cm lange, weiße nächtliche Blüte. Gute Pfropfunterlage.

T. candicans (Gill.) Br. et R. Sehr stark variierende Art mit grasgrünen bis bläulichgrünen starken Trieben. Teils aufrecht, teils halb niederliegend. Bis zu 11, meist breite, abgerundete Rippen. Oft sehr starke Bestachelung und 20 cm lange, weiße, nächtliche, duftende Blüten. Triebe je nach Varietät oder Form bis zu 85 cm lang und bis 15 cm dick werdend.

T. grandiflorus (Br. et R.) Backeb. Kleine Gruppen bildend, meist nur bis 20 cm hoch, vereinzelt über 30 cm hoch und bis 6 cm dick werdend. Ähnelt im Körper und der Bestachelung täuschend einem kleinen *T. spachianus*. Die blutroten, schönen Tagblüten werden 8–10 cm groß, haben also ungefähr die Maße der *huascha*-Blüten. Die Pflanzen werden schon ab 10 cm Höhe blühfähig und blühen leicht. Zu *Trichocereus grandiflorus* gehören wohl auch die Trichocereen, die unter der Bezeichnung *„Vatter Nr. 15"* bekannt und verbreitet worden sind (Umschlagbild). Es finden sich darunter rosa, beige und orangefarbig blühende Arten oder Formen. Bis jetzt wurde es nicht geklärt, ob es sich nicht etwa um Natur- oder gärtnerische Hybriden handelt. Auf jeden Fall aber sind diese Pflanzen alle sehr empfehlenswert; sie sind schöne und leichte Blüher.

Abb. 321. *Toumeya polaskii*

Abb. 322. *Toumeya pseudomacrochele*

Abb. 323. *Trichocereus huascha*

Abb. 324. *Trichocereus schickendantzii*

T. huascha (Web.) Buxb. (Abb. 323). Halbniederliegende, *spachianus*-ähnliche aber kleiner bleibende tagblühende Pflanzen mit variabler Bestachelung und goldgelben oder roten, etwa 10 cm langen und breiten Blüten. Die Blüten sind also bei gleichem Blütentypus kürzer als bei den nachtblühenden Trichocereen.

T. macrogonus (SD.) Ricc. Aufrechtwachsend. Bis 2 m hoch und bis 7 cm ⌀. Grün bis blaugrün. Meist 7 Rippen. 6–9 gelbliche bis braune, bis 2 cm lange Randstacheln. 1–3 etwas längere und stärkere Mittelstacheln. 18 cm lange, weiße, nächtliche Blüte. Sehr gute Pfropfunterlage.

T. pachanoi Br. et R. Baumförmig verzweigend. Bis 6 m hoch und bis 12 cm dick. Blaugrün. 6–8 abgerundete Rippen. 3–7 gelbliche bis braune Stacheln, bis zu höchstens 2 cm lang, oft auch fast stachellos. Bis 23 cm lange, nächtliche, weiße Blüte. Sehr gute Pfropfunterlage, ganz unempfindlich, auch gegen niedrige Wintertemperaturen; kommt in den Anden bis über 3000 m vor.

T. purpureopilosus Wgt. Kleine Gruppen bildend. Meist nur 20 cm. Vereinzelt bis zu 32 cm lang und 6 cm dick. 12 Rippen. Bis zu 20 dünne, bis 7 mm lange Randstacheln. Meist 4, ausnahmsweise 5, bis zu 8 mm lange Mittelstacheln. Die Stacheln alle hornfarbig bis bräunlich und am Grunde rot. Die im Verhältnis zur Pflanzengröße riesige Blüte wird über 20 cm lang und bis 14 cm breit. Sie ist nächtlich und weiß und erscheint bereits bei 10–15 cm großen Pflanzen, die dann Jahr für Jahr zuverlässig blühen.

T. schickendantzii (Web.) Br. et R. (Abb. 324). *Spachianus*-ähnlich, aber nur bis 25 cm hoch werdend bei 5 bis 6 cm ⌀. Einige Rippen mehr als *spachianus,* ebenso mehr Stacheln. Sehr stark am Grunde sprossend und sehr weichfleischig und dadurch als Unterlage sehr geeignet für Pfröpflinge, die schlecht anwachsen. Es lohnt sich aber auch, eine Pflanze wachsen zu lassen wegen der schönen, weißen nächtlichen Blüte, die bis 22 cm lang und bis etwa 15 cm breit wird.

T. spachianus (Lem.) Ricc. Die gebräuchlichste und allgemein bekannte Pfropfunterlage. Gruppenbildend, aufrecht. Bis zu 2 m hoch und 6 cm ⌀. Glänzend grün. 10–15 abgerundete Rippen. 8–10 gelbe, bis bräunliche, stark stechende, bis zu 1 cm lange Randstacheln und 1 ebensolcher etwas längerer Mittelstachel. Die weiße, nächtliche Blüte wird etwa 20 cm lang und bis 15 cm breit.

T. terscheckii (Parm.) Br. et R. (Abb. 325). Gewaltige, sich später verzweigende Säulen, die bis 12 m Höhe und 45 cm ⌀ erreichen können. Starke gelbliche Bestachelung. Bis 20 cm lange weiße Blüten.

Turbinicarpus Bux. et Backeb.
Gehört zu *Toumeya,* eventuell als Untergattung.

T. klinkerianus Backeb. et Jacobs (Abb. 326). Flache Kugeln, bis 4 cm breit, hell bräunlichgrün. Rippen völlig aufgelöst in breitgezogene, spiralig gestellte Warzen. Weißwolliger Scheitel. Bis zu 3 höchstens 1 cm lange, weiche, leicht abfallende, weißliche bis bräunliche dicke Stacheln. Weiße, 1,5 cm lange Blüte.

T. lophophoroides (Werd.) F. Buxb. et Backeb. (Abb. 327). Ebenfalls flachkugelige bis 4,5 cm breite bläulichgrüne Körper mit starker Rübenwurzel. Weißwolliger Scheitel. 4–6 höchstens 1 cm lange hellbraune bis schwärzliche Stacheln. 3,5 cm lange rosa-weißliche Blüte.

Abb. 325. *Trichocereus terscheckii* f. *cristata*

Abb. 326. *Toumeya (Turbinicarpus)* klinkerianus

Abb. 327. *Toumeya (Turbinicarpus) lophophoroides*

Abb. 328. *Toumeya (Turbinicarpus) schmiedickeanus*

T. schmiedickeanus (Böd.) F. Buxb. et Backeb. (Abb. 328). Bis 5 cm hohe und 3 cm breite mattgrüne Körper. Rippen ganz in *Mammillaria*-artige Warzen aufgelöst. Starke gebogene bräunliche bis schwarze Stacheln, die bis 2,5 cm lang werden und den Scheitel weit überragen. 2 cm große rosa Blüte.

Uebelmannia Buin.

Es war eine Sensation für Fachleute wie für Liebhaber, als vor erst 5 Jahren eine ganz ungewöhnliche Pflanze, *Uebelmannia pectinifera* Buin. (Farbb. 43) durch BAUMHARDT und HORST gefunden und kurze Zeit später von der Kakteen-Importfirma su-ka-flor in Wohlen in den Handel gebracht wurde. Die meist 15rippigen, zunächst kugeligen Pflanzen von 10–15 cm ⌀, die mit Rübenwurzeln in Felsspalten stecken, können im Alter bis zu 50 cm Länge erreichen. Der frische junge Trieb ist zunächst schwärzlichbraun und dunpelpurpur überlaufen. Später überzieht er sich mit wachsartigen winzigen weißen Schüppchen. Die Epidermis ist hart und rauh, denn ihre Oberfläche setzt sich zusammen aus lauter winzigen Wärzchen und Grübchen. Die scharfkantigen Rippen tragen ein Band kleinster sich fast berührender Areolen. Die senkrecht, fast parallel übereinanderstehenden 0,5—1,5 cm langen schwarzen bis dunkelbräunlichen Mittelstacheln bilden einen regelrechten, senkrecht auf der Rippe stehenden Kamm. Randstacheln sind nicht vorhanden. Infolge der weißgrauen Oberhaut und der Gesamterscheinung der Pflanze dachte man zunächst an eine Zugehörigkeit oder Verwandtschaft zu *Astrophytum,* dann auch zu *Copiapoa,* von der vor allem die Art *cinerea* eine ähnlich bereifte Epidermis aufweist. Aber die Gattung *Astrophytum* hat ihre Heimat etwa 7500 km entfernt auf der anderen Seite des Äquators in Mexiko, während die Heimatgebiete der Gattung *Copiapoa* in Chile liegen, also einmal auch durch eine Entfernung von fast 3000 km und zum andern durch die gewaltige Barriere der Anden getrennt, die auf ihrer Ost- und auf ihrer Westseite die Entwicklung ganz verschiedener Gattungen zur Folge hatten. Als in der Folgezeit die ersten Blüten untersucht werden konnten, ergab es sich denn auch, daß es sich bei *Uebelmannia* um eine neue, bisher unentdeckt gebliebene Gattung handelt. Es wurden schließlich noch weitere Arten gefunden: *Ue. buiningii* Don., *Ue. gummifera* (Backeb. et Voll) Buin. und *Ue. meninensis* Buin. Die weitaus schönste und interessanteste Art ist jedoch *Ue. pectinifera.* Ihre Blüten sind etwa 1,5 cm lang, 1 cm breit und grüngelb. Sie kommen aus dem bei blühreifen Pflanzen mit grauweißem Wollfilz bedeckten Scheitel. Die zylindrischen weichfleischigen Beerenfrüchte sind leuchtend violettrot und bis zu 2,5 cm lang bei 8 mm ⌀; sie erinnern an *Melocactus*-Früchte. Die Pflanzen wurzeln in der Heimat in abgestorbenen Rückständen von Flechten und vermoderndem Laub von Bromelien, Sträuchern und Bäumen, die die Felsspalten füllen, in denen die Pflanzen stehen. Dieses Material ist ausgesprochen sauer. Der untere Teil der Pflanzen ist häufig mit Flechten überzogen, eine Folge von höherer Luftfeuchtigkeit durch reichliche Sommerregen. Wir müssen also diese schönen Pflanzen, die man uneingeschränkt empfehlen kann, in gut saurem Substrat, mit reichlich Lauberde, halten und häufig nebeln. Sie wachsen dann gut, wenn auch sehr langsam.

Utahia Br. et R.

Sehr seltene, kleine kugelige Pflanze aus Nord-Arizona mit gehöckerten Rippen und kleinen, flach geöffneten, gelben Blüten.

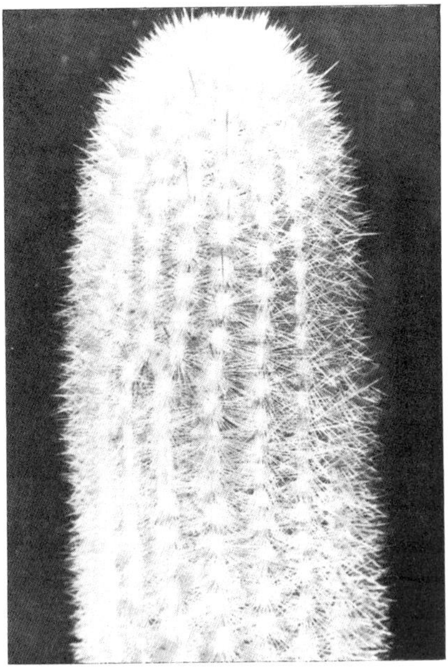

Abb. 329. *Weberbauerocereus rauhii*

Abb. 330. *Wilcoxia albiflora*

Abb. 331. *Wilcoxia nerispina*

Abb. 332. *Wilcoxia poselgeri*

U. sileri (Engelm.) Br. et R.

U. peeblesiana (Croizet) Klad.

Vatricania Backeb.
Ist eine Untergattung von *Espostoa,* die sich durch die Art der Cephalienbildung unterscheidet. Bei *Vatricania* ist das Cephalium zunächst einseitig vom Scheitel herablaufend, später umfaßt es jedoch das ganze Triebende. Eine Art:

V. guentheri (Kupp.) Backeb. (Farbb. 45). Vom Grunde verzweigend, über 2 m hoch und 10 cm dick werdend. Bis 27 Rippen. Etwa 15 gelbliche bis rötliche Stacheln verschiedener Länge und Stärke, von 0,5 bis zu 2,2 cm Länge. In der Blühzone vermehren sich die Stacheln auf etwa 25 und es treten dichte gelbliche Wollmassen und bis zu 6 cm lange Borstenhaare hinzu. Das Cephalium ist rötlichgelb bis kräftig fuchsrot. Die Blüten sind bis zu 8 cm lang bei 3 cm Breite, also schlanker als bei den übrigen *Espostoa.* Sie sind nächtlich und gelblichweiß. Heimat: Bolivien in rund 1000 m Höhe.

Weberbauerocereus Backeb.
Säulenkakteen aus Südperu mit Blüten, die sie als Übergangsform zwischen *Trichocereus* und *Borzicactus (Loxanthocereus)* kennzeichnen. *Weberbauerocereus* wächst gut, ohne besondere Ansprüche. Schnelleres Wachstum erzielt man durch Pfropfen auf *Trichocereus.*

W. rauhii Backeb. (Abb. 329). Die schönste Art. Auf kurzem Stamm verzweigend, 4–6 m hoch und bis zu 15 cm, an jungen Triebteilen bis zu 8 cm dick werdend. Bis 23 Rippen. Bis zu 60 feine weiße Haarborsten, die der Pflanze Ähnlichkeit mit *Cleistocactus strausii* verleihen und sie zu einer der schönsten Cereen machen. Aus dem weißen Borstenkleid ragen einzelne gelbe bis braune Mittelstacheln, die bei alten Trieben bis 7 cm Länge erreichen können. Die rötlichweiße Blüte ist bis zu 10 cm lang bei höchstens 4 cm ⌀.

Weberocereus Br. et R.
Schlanke, klimmende Epiphyten aus Costa Rica und Panama mit nächtlichen rosa Blüten.

W. biolleyi (Web.) Br. et R. (Farbb. 40). Eine epiphytisch auf Bäumen wachsende, verzweigt herabhängende Pflanze mit nur bleistiftstarken Trieben, die etwa 80 cm lang werden. 3–4 schwach ausgeprägte Rippen. Die weit voneinander entfernten Areolen tragen wenige ganz zarte, kurze gelbliche Stachelchen. Die hellrosa Blüte erreicht die für die zarten Triebe erstaunliche Größe von 5 cm. Da die Pflanze gut wächst und auch gerne blüht, ist sie sehr empfehlenswert. Ihres hängenden Wuchses wegen zieht man sie am besten in einer Ampel.

Weingartia Werd.
Einzeln wachsende Kugelkakteen aus Südbolivien und Nordargentinien mit kleinen kurzröhrigen Blüten, deren Fruchtknoten und Röhren Schuppen, aber weder Haare noch Borsten tragen. Aus einer Areole können gleichzeitig mehrere Blüten entstehen.

W. neumanniana (Backeb.) Werd. Längliche bräunlichgrüne Kugeln von 7 cm Höhe und 5 cm Breite mit langer Rübenwurzel. Etwa 14 durch Querfurchen in undeutliche Höcker zerlegte Rippen. 6 gerade, knapp 2 cm lange Randstacheln und meist 1 etwas längerer Mittelstachel, alle Stacheln rötlich dunkelbraun. Die 2,5 cm große Blüte ist bräunlichgelb bis orangerot.

W. neocumingii Backeb. Kugelig, im Alter länglich. Bis zu 10 cm ⌀. Rippen in Höcker aufgelöst. Etwa 20 bis zu 1 cm lange, gelbliche Randstacheln, 2–8 wenig stärkere und längere, mehr bräunliche Mittelstacheln. Blüten oft sehr zahlreich um den Scheitel, bis zu 2,5 cm lang und breit, goldgelb bis rötlichgelb. Wächst und blüht sehr willig sowohl wurzelecht als auch gepfropft. Wurzelechte Pflanzen wachsen am besten in nahrhaftem Humusboden bei gleichmäßiger Feuchtigkeit im Sommer.

P. Hutchison hat *Weingartia* wegen der nahen Verwandtschaft in die Gattung *Gymnocalycium* einbezogen, fand dabei aber nur vereinzelt Zustimmung.

Werckleocereus Br. et R.
Epiphytische, klimmende, Luftwurzeln treibende Cereen aus Mittelamerika. Ohne Liebhaberwert.

Wigginsia Porter (= *Malacocarpus*) = Notocactus.

Wilcoxia Br. et R.
Zwergige Sträucher aus Nordmexiko und Südtexas mit dünnen, weichfleischigen Trieben, oft enorm großen Wurzelknollen und Tagblüten, die manchmal endständig sind, d. h. der Sproß geht unmittelbar in den Fruchtknoten über. Die Gattung ist nicht genügend erforscht, wie die Untersuchung der verschiedenen Blüten zeigt. Manche Arten scheinen zu den Gattungen *Cullmannia* und *Peniocereus* zu gehören. Wir sind der Meinung, daß alle mit langen holzigen Trieben wachsenden, sowie die mit samtiger Epidermis ausgestatteten Arten nicht zu *Wilcoxia* gehören. Die Wilcoxien sind sehr schön und dankbar blühende Pflanzen, die jedem Liebhaber empfohlen werden können. Wegen der meist ziemlich großen Wurzelknollen hält man sie am besten gepfropft. Sie wachsen auf diese Weise ausgezeichnet und blühen um so reicher, einerlei, ob man ihnen Vollsonne oder fast nur Schatten zur Verfügung stellen kann. Das Pfropfen von der Länge nach halbierten ca. 4 cm langen Triebstücken, die man waagerecht auf die Unterlage bringt, ist auch die beste Art der Vermehrung, da die Pflanzen außerordentlich schlecht und langsam wurzeln.

W. albiflora Backeb. (Abb. 330). Sehr kleine Art mit reichverzweigten, höchstens 20 cm langen und etwa 6 mm dicken Trieben. 9–12 anliegende feine, nur etwa 1 mm lange Stacheln. Weiße kurzröhrige, meist endständige Blüte von 2,5 cm Breite, mit dunklerem Auge (grünlich-bräunlich).

W. nerispina Schmoll? (Abb. 331). 1–2 cm dicke zylindrische Triebe, verzweigend, schwärzliche Bestachelung. Lilarosa Blüten, die größtenteils an den Sciten der Triebe entstehen. Endständige Blüten sind bei dieser Art seltener. Eine gültige Beschreibung der Pflanze konnten wir nicht feststellen.

W. poselgeri (Lem.) Br. et R. (syn. *Cereus tuberosus*) (Abb. 332). Straff aufrechte Sträucher bis zu etwa 50 cm hoch, die Triebe knapp 1 cm dick. 9–12 dünne, 2 mm lange Randstacheln, 1 oder 2 nach oben und unten zeigende Mittelstacheln, weiß oder schwarz und bis 5 mm lang. Etwa 4–5 cm lange und etwa 3 cm breite hell purpurfarbige Blüten, meist an den Triebenden entstehend.

W. schmollii (Wgt.) Backeb. Sehr weichfleischige Sträucher mit Trieben von 15 bis 25 cm Länge und unter 1 cm (gepfropft bis 2 cm) dick. 9—10 Rippen. Bis zu 35 feine weiße, graue oder schwärzliche Haare bis 7 mm lang. 3,5 cm große, hell purpurfarbige Blüte.

Wilmattea Br. et R.
Epiphytische, dünne Klimmer aus Guatemala und Honduras. Dreikantige, ca. 1 cm dicke Triebe mit Luftwurzeln. Sehr kurzröhrige, weiße nächtliche Blüten mit ganz schmalen spitzen Petalen, etwa 5 cm breit.

Winteria Ritt. s. *Hildewintera.*

Wittia Schum.
Epiphytische Sträucher mit *Epiphyllum*-ähnlichen „Blatt"-Trieben und lang- und engröhrigen, fast zylindrischen Blüten von roter Farbe und etwa 3 cm Länge.

Yungasocereus Ritt. n. n.
Baumartig verzweigte große Pflanzen mit glockigen weißen Blüten. Eine gültige Beschreibung konnte nicht festgestellt werden.

Zehntnerella Br. et R.
Vorkommen: Nordost-Brasilien.
Verzweigte bis 4 m hoch werdende Säulenkakteen, die Triebe bis 7 cm ⌀, mit nur 3 cm großen, fast zylindrischen weißen Blüten. Diese mit einem Haarring am Röhrengrund.

Zygocactus Schum., s. bei *Schlumbergera.*

Ergänzungen zur 3. und 4. Auflage

Arrojadoa aureispina Buin. et Bred. Bis 1 m hoch und bis 5,5 cm dick werdende schöne Art mit goldgelber Bestachelung und leuchtend dunkelrosa Blüten. Wie allgemein bei der Gattung wird der Jahrestrieb mit einem gelblichweißen feinborstigen Cephalium abgeschlossen, das dann in der nächsten Vegetationsperiode durchwachsen wird, worauf sich am Triebende wieder ein Cephalium bildet. So entsteht jedes Jahr ein neues endständiges Cephalium. Die meisten Blüten entstehen aus dem jüngsten Cephalium, einzelne aber auch noch aus dem vorletzten und selbst dem drittletzten.

Aylostera heliosa, beschrieben als *Rebutia heliosa* Rausch. Ein besonders wertvoller und schöner Neufund von Rausch, eine zwergige, Gruppen bildende Art mit dichter, feinster weißlicher Bestachelung und verhältnismäßig großen, leuchtend orangefarbenen Blüten. Die kleinen Kugeln erinnern an *Epithelantha.* Man sollte sie wurzelecht kultivieren, weil gepfropfte Pflanzen zu mastig wachsen und bei ihnen die Bestachelung lockerer wird und eine mehr bräunliche Farbe annimmt.

Buiningia purpurea Buin. et Bred. Etwas größer werdend als *brevicylindrica,* mit purpurroten Blüten.

Coleocephalocereus aureispinus Buin. et Bred. Sehr schöne goldgelbe 1–2 m hohe Säulen; die 3,4 cm langen Blüten sind außen hell- bis gelblichrosa und innen weiß; ganz auffallend sind die blauen, knapp 4 cm langen kahlen Früchte.

Discocactus horstii Buin. et Bred. Auffallend schöne flache Kugeln von bis zu 6 cm Breite; bräunlichgrün; bis zu 22 abgerundete Rippen; die bräunlichen bis grauweißen Stacheln sind kurz und kammartig auf der Areole anliegend, wie mit Mehl überpudert und nach außen und unten gerichtet; das bis 2 cm breite Cephalium weißwollig, von einzelnen braunen Borsten durchsetzt und von dicken, senkrecht nach oben stehenden 1 cm langen, grauen, braungespitzten Stacheln eingefaßt; bis zu 6 cm große weiße Blüten; die zylindrischen weißen Früchte sind 3 cm lang und 4 mm dick und erinnern stark an manche Mammillarienfrüchte.

Frailea curvispina Buin. et Bred. Bis 5 cm hohe und 3 cm breite Pflänzchen, die durch ihre wirr gebogene, dichte, weißliche bis gelbliche, glasartige Bestachelung auffallen; Blüten gelb und bis zu 3 cm groß.

Lobivia cardenasiana Rausch. Einer der besten Neufunde der letzten Jahre; 8–10 cm große Kugeln mit weißer bis gelblicher, braungespitzter Bestachelung; bis zu 10 cm lange und 7 cm breite, leuchtend bläulichrote Blüten, die in ihrer Form *Echinopsis*-Blüten ähneln; sehr große Blühwilligkeit.

Lobivia fričii Rausch. Flachkugelige bis 7 cm breite Körper; bis zu 20 gerade herablaufende abgerundete Rippen; weiße spinnenartig anliegende verdrehte Stacheln, die die Pflanze als eine der schönsten unter den Lobivien erscheinen lassen.

Bei *Mammillaria theresae* ist anzufügen: Dieser ganz nahestehend, ebenfalls mit ungewöhnlich großen, schönen rosa Blüten, sind die weiter entdeckten niederkalifornischen *M. de herdtiana, M. goldii* und *M. saboae.*

Melocactus albicephalus Buin. et Bred. 12–15 cm große, grüne Kugeln mit dicht weißwolligem Cephalium; Blüten karminrot und größer als sonst bei der Gattung gewohnt, bis 23 mm lang und bis 10 mm breit.

Melocactus azureus Buin. et Bred. Eine schöne Bereicherung der Melocactus-Gruppe durch die stark blau bereiften, ca. 14 cm ⌀ aufweisenden Körper mit einem weißen Cephalium, das von feinen roten Borsten durchsetzt ist; kräftige grauweiße Stacheln vereinzelt bis 4 cm lang; schlanke Blütchen bis 14 mm lang, karmin bis violettkarmin.

Melocactus concinnus Buin. Grüne scharfrippige Kugeln von etwa 9 cm ⌀; Cephalium weiß mit roten Borsten; Blühwilligkeit besonders groß; Blüten karmin.

Parodia salmonea Brandt. Eine der schönsten Parodias durch die auffallend stark- und dichtwolligen Areolen; Körper grün, bis 14 cm hoch bei 11 cm ⌀, mit 20 Rippen; nur kurze hellbraune Randstacheln; Areolenwolle kremweiß; Blüten von Lachsrosa bis Blutrot und Karmin variierend.

Pseudopilocereus fulvilanatus Buin. et Bred. Besonders schöne fünfrippige Säulen, deren grüne, im Neutrieb blaugrüne Rippen durch Aneinanderrücken der starkwolligen Areolen ein auffallendes goldbraunes Wollband tragen; die nächtlichen Blüten sind außen grün und innen weiß; auch ohne Blüten einer der schönsten Cereen überhaupt.

Für den Anfänger geeignete Arten

die bei Beachtung der wichtigsten Pflegevorschriften niemals versagen. Die Seitenzahlen beziehen sich auf die Beschreibungen im Text.

Arthrocereus, sämtliche Arten (113)
Aylostera, sämtliche Arten (115)
Bolivicereus, sämtliche Arten (117)
Chamaecereus silvestrii (122)
Cleistocactus, sämtliche Arten (122 ff.)
Digitorebutia, sämtliche Arten (136)
Dolichothele longimamma (139)
Echinocactus grusonii (139)
Echinocereus salm-dyckianus, E. scheerii sowie alle grobbestachelten grünen Arten (140)
Echinofossulocactus, alle im Handel erhältlichen Arten (145)
Echinopsis, alle im Handel erhältlichen Arten (145 f.)
Epiphyllum, die Blattkakteen (146)
Gymnocalycium, sämtliche Arten (155 ff.)
Haageocereus, sämtliche Arten (159 f.)
Hamatocactus setispinus (160)
Hildewintera aureispina (163)
Leptocladodia elongata (168)
Lobivia, sämtliche Arten (173 ff.)
Mammillaria, fast alle üblichen Arten, vor allem alle stark bestachelten, insbesondere *M. bocasana, M. compressa, M. mazatlanensis, M. prolifera, M. rhodantha, M. spinosissima, M. wildii, M. zeilmanniana* (181–201)
Mediolobivia, sämtliche Arten (206)
Neochilenia, alle Arten, aber möglichst gepfropft, wenn nur ein Zimmerfenster zur Verfügung steht (214 f.)
Notocactus, sämtliche Arten (220 ff.)
Opuntia, alle im Handel befindlichen Arten (225–231)
Parodia, sämtliche Arten (232 ff.)
Rebutia, sämtliche Arten (247 ff.)
Rhipsalidopsis, der „Osterkaktus", und seine Kreuzungen (249)
Selenicereus, darunter die „Königin der Nacht" (253 ff.)
Trichocereus, sämtliche Arten (268 ff.)
Weingartia neocumingii (275)
Wilcoxia, alle Arten, wenn gepfropft (275 f.)
Zygocactus-Hybriden, der bekannte „Weihnachtskaktus" (253, bei *Schlumbergera)*

Erklärung der häufiger vorkommenden Fachwörter

(Weitere Fachwörter sind bereits im Kapitel über Morphologie, Anatomie und Physiologie der Kakteen, Seite 35 ff., ausführlich erläutert.)

Areolen, die Stacheln, Borsten oder Haare tragenden Endpunkte der im Körper verlaufenden Seitensprosse.
Axillen, Seitensproßabzweigungs-Endpunkte zwischen den Warzen; soweit Axillen vorhanden sind, erscheinen daraus normalerweise die Blüten.
Cactaceae, lateinische Bezeichnung der Pflanzenfamilie der Kakteen.
Cereus, (a) Name einer Kakteen-Gattung oder (b) allgemein übliche Bezeichnung für einen Säulen-Kaktus.
Cristata, Kammform oder Hahnenkamm, abnormale Wuchsform, bei der der sonst punktförmig wachsende Vegetationsscheitel der Pflanzen linien- oder bandförmig verbreitert ist; die botanische Bezeichnung dafür ist „Fasciation".
endständige Blüten sind solche, bei denen der Pflanzenkörper an seinem obersten Triebende direkt in die Blüte übergeht.
Filialgeneration 1, die erste Generation der aus einer Kreuzung hervorgegangenen Pflanzen.

Fruchtknoten, der unterste Teil der Blüte, der die Samenanlagen umschließt.

hort. in Verbindung mit einem Pflanzennamen bedeutet, daß es sich nicht um einen botanisch gültigen Namen, sondern um einen gärtnerisch gebräuchlichen Namen handelt.

humos, Bezeichnung für eine Erde, die in erster Linie aus organischen, namentlich pflanzlichen Bestandteilen besteht.

Hybriden, Nachwuchs aus Kreuzungen zwischen verschiedenen Arten.

kammförmige Bestachelung. Die Stacheln einer ländlichen Areole stehen waagerecht und ± parallel zueinander nach rechts und links ab.

Leitgefäße, die zu Bündeln zusammengefaßten, beim Schnitt quer durch den Pflanzenkörper deutlich zu sehenden, ringförmig um die Zentralachse der Pflanze angeordneten Leitungsbahnen für Wasser und Stoffwechselsäfte.

mineralische Erden sind in erster Linie aus der Verwitterung von Mineralien, von Gesteinen entstanden und enthalten kaum organische Bestandteile; z. B. Lehm.

monotyp, Bezeichnung für eine Gattung, zu der nur eine einzige Art gehört.

monstrosus oder *forma monstrosa* in Verbindung mit einem Pflanzennamen bedeutet, daß es sich um eine „Monstrosität", eine anormale Wuchsform, handelt.

Mutation, eine unerklärbare, plötzliche Veränderung der Erbanlagen.

n. n. (= nomen nudum) nach einem Pflanzennamen sagt, daß es sich um einen botanisch nicht gültigen Namen handelt.

pectinat, kammförmig (s. oben).

Petalen, die inneren Blütenblätter.

rasenförmiger Wuchs liegt dann vor, wenn sich kleinbleibende Pflanzen vom Grunde aus so stark verzweigen, daß sie Polster bilden.

Sepalen, die äußeren Blütenblätter (Kelchblätter).

species nova (= sp. n.), eine neugefundene oder neubeschriebene Art.

Stempel, der weibliche Teil der Blüte, der sich aus Fruchtknoten, Griffel und Narbenstrahlen zusammensetzt.

Sukkulenten, wasserspeichernde Pflanzen, die mehr oder weniger lange Trockenperioden überstehen können.

Synonym, Doppelname, gleichbedeutender Name; im Zweifelsfall ist der ältere Name der gültige.

Systemgift, s. die Kapitel über Krankheiten und Schädlinge, Seiten 93 und 94 ff.

var. (= v.), Varietät.

Vegetationspunkt oder *-scheitel*, die Triebspitze einer Pflanze.

Wurzelhals oder *-stuhl*, der körpernächste Teil des Wurzelsystems und dessen Übergangsstelle zum Körper.

zygomorph, Bezeichnung für schiefsaumige Blüten, die also in ihren Längsschnitten nicht allseits symmetrisch sind.

Literatur

BACKEBERG, C.: Die Cactaceae. Gustav Fischer Verlag, Jena 1958–1962.

BACKEBERG, C.: Neue Kakteen. Trowitzsch Verlag, Frankfurt/Oder 1931.

BACKEBERG, C.: Wunderwelt Kakteen. Gustav Fischer Verlag, Jena 1961.

BACKEBERG, C.: Das Kakteenlexikon. Gustav Fischer Verlag, Jena 1966.

BERGER, A.: Kakteen. Eugen Ulmer Verlag, Stuttgart 1929.
BORG, J.: Cacti. Blandford Press, London, 2. Aufl. 1951.
BUXBAUM, F.: Kakteen-Pflege biologisch richtig. Franckh'sche Verlagshandlung, Stuttga 1959.
BUXBAUM, F.: Die behaartblütigen Cephalienträger Südamerikas. Österr. bot. Z., H. 1/ 1959.
CRAIG, R. T.: The Mammillaria Handbook. Abbey Garden Press, Pasadena 1945.
HAAGE, W.: Freude mit Kakteen. Neumann Verlag, Radebeul 1954.
HAAGE, W.: Das praktische Kakteenbuch, in Farben. Neumann Verlag, Radebeul 1961.
HAAGE, W.: Schöne Kakteen richtig pflegen. Neumann Verlag, Radebeul 1962.
KRAINZ, H. (Hrsg.): Die Kakteen. Franckh'sche Verlagshandlung, Stuttgart, seit 1956.
MARSDEN, C.: Mammillaria. Cleaver Hume Press, London 1957.
RAUH, W.: Beitrag zur Kenntnis der peruanischen Kakteenvegetation. Springer Verlag Heidelberg 1958.
SCHELLE, E.: Kakteen. Alexander Fischer Verlag, Tübingen 1926.
WERDERMANN, E.: Blühende Kakteen. Neumann Verlag, Neudamm 1931–1939.
Jahrbücher der Schweizerischen Kakteengesellschaft 1947–1963.
Zeitschriften der Cactus and Succulent Society of America, ab 1955.
Zeitschriften der Deutschen Kakteengesellschaft, ab 1935.
Zeitschriften der National Cactus and Succulent Society, England, ab 1955.
Zeitschriften der Nederlands-Belgische Vereniging van Liefhebbers van Cactussen e andere Vetplanten, ab 1957.

Bezugsquellen

Zur Erleichterung für den Leser werden im folgenden einige Lieferanten-Anschrifte für Kakteenpflanzen, -samen und Zubehörmittel genannt. Die Liste erhebt keine Anspruch auf Vollständigkeit, und sie stellt keine Bewertung dar. Ergänzungsvorschläg werden gerne entgegengenommen und nach Möglichkeit in einer neuen Auflage be rücksichtigt.

Fa. Acriform, 8000 München 55, Am Brombeerschlag 9 a (Kakteenfrühbeete)
Dieter Andrae, 6111 Otzberg-Lengfeld, Heringer Weg (Samen und Pflanzen)
H. Born, 5810 Witten, Postfach 1207 (Samen, Geräte, Hilfsmittel, Bücher)
H. van Donkelaar, Werkendam, Niederlande (Pflanzen)
Otto Ebner, Kakteen, CH 8143 Stallikon/ZH, Schweiz (Importen)
H. Heimerdinger, 7531 Pforzheim-Würm (Nährsalze)
C. de Herdt, Kaphaanlei 80, B 2511 Mortsel, Belgien (Samen, Pflanzen)
F. Jansen, Leyweg 24, Den Haag, Niederlande (Pflanzen und Samen)
G. Köhres, 6106 Erzhausen, Bahnstr. 101 (Kakteen, Samen)
A. Schenkel, 2000 Hamburg-Blankenese, Strandweg 32 (Samen)
M. Schleipfer, 8901 Neusäß über Augsburg (Pflanzen und Samen)
E. Schulz, 6751 Münchweiler, Schulstr. 7 (Pflanzen)
Fa. su-ka-flor, W. Uebelmann, CH-5614 Sarmensdorf, Schweiz (Samen und Pflanzen)
P. Terlinden, 4231 Birten (Hobby-Gewächshäuser)
K. Uhlig, 7053 Rommelshausen, Lilienstr. 5 (Pflanzen und Samen)
G. Wacker, 6900 Heidelberg, Kirchheimerweg 16 (Pflanzen und Samen)
W. Wessner, Kakteenzentrale, 7553 Muggensturm (Pflanzen, Samen, Hilfsmittel und Geräte, Bücher)